脳の専門家が選んだ

「賢い子」を育てる100のおはなし

瀧 靖之 監修
東北大学 加齢医学研究所教授

宝島社

はじめに

子《こ》どもたちのまわりには、おもしろいことや不思議《ふしぎ》なものが驚《おどろ》くほどたくさんあふれています。そして子《こ》どもたちは、いつも、私《わたし》たち大人《おとな》とはちがう視線《しせん》で、日々《ひび》の発見《はっけん》や「なぜ」「なに」の解明《かいめい》に夢中《むちゅう》になっています。

私《わたし》がおこなってきた脳《のう》の研究《けんきゅう》から、賢《かしこ》い子《こ》に育《そだ》てるには、この子《こ》どもたちの「好奇心《こうきしん》」を引《ひ》きだし、のばすことが重要《じゅうよう》であることがわかりました。

この本《ほん》には、そんな子《こ》どもたちの好奇心《こうきしん》を刺激《しげき》する、100のおはなしをあつめました。身近《みぢか》な自然《しぜん》・科学《かがく》の謎《なぞ》や、自分《じぶん》たちの暮《く》らす社会《しゃかい》のこと、視野《しや》を広《ひろ》める国内外《こくないがい》の文化《ぶんか》など、さまざまな視点《してん》でテーマを設定《せってい》しています。まずは、お子《こ》さんが興味《きょうみ》をもった項目《こうもく》から、読《よ》み聞《き》かせをはじめてください。

それぞれのおはなしには、さらに好奇心《こうきしん》をのばすヒントも記《しる》されています。子《こ》どもは小《ちい》さな「なぜ」「なに」の種《たね》から、枝葉《えだは》をのばすようにいろんなことを学《まな》んでいく力《ちから》をもっています。ぜひこの本《ほん》をきっかけに、興味《きょうみ》や関心《かんしん》の幅《はば》を広《ひろ》げ、親子《おやこ》で楽《たの》しく好奇心《こうきしん》の芽《め》を育《そだ》ててください。

東北大学《とうほくだいがく》 加齢医学研究所教授《かれいいがくけんきゅうじょきょうじゅ》・医学博士《いがくはくし》
瀧《たき》 靖之《やすゆき》

世界最先端《せかいさいせんたん》の脳《のう》研究《けんきゅう》からわかった！「賢《かしこ》い子《こ》」の育《そだ》て方《かた》とは？

東北大学 加齢医学研究所
教授・医学博士

瀧 靖之
（たき・やすゆき）

1970年生まれ。医師、医学博士。東北大学大学院医学系研究科博士課程修了。東北大学加齢医学研究所機能画像医学研究分野教授。東日本大震災後、被災地の健康調査や医療支援をおこなうために設立された東北大学東北メディカル・メガバンク機構教授。脳の発達、加齢のメカニズムを明らかにする世界最先端の脳画像研究をおこなう。読影や解析をした脳MRIはこれまでに16万人にのぼる。

人間《にんげん》の脳《のう》には未知《みち》の部分《ぶぶん》が多《おお》くあります。その謎《なぞ》を解《と》き明《あ》かすため、私《わたし》が所属《しょぞく》する東北大学加齢医学研究所《とうほくだいがくかれいいがくけんきゅうしょ》は、脳《のう》の発達《はったつ》の研究《けんきゅう》を世界《せかい》に先《さき》がけておこなってきました。研究所《けんきゅうしょ》にはおよそ16万人《まんにん》以上《いじょう》の脳画像《のうがぞう》データが蓄積《ちくせき》されています。これは世界《せかい》でも類《るい》を見《み》ない量《りょう》で、日々《ひび》さまざまなアプローチによる解析《かいせき》が進《すす》められています。そのなかで近年《きんねん》は、賢《かしこ》い子《こ》を育《そだ》てるコツも明《あき》らかになってきました。

ところで賢《かしこ》い子《こ》とは、どんな子《こ》でしょうか。勉強《べんきょう》のできる子《こ》？　いえ、学力《がくりょく》はそれほど重要《じゅうよう》ではありません。私《わたし》の考《かんが》える賢《かしこ》い子《こ》は、知的好奇心《ちてきこうきしん》のつよい子《こ》です。知的好奇心《ちてきこうきしん》をもつ子《こ》は、なにごともおもしろいと思《おも》い、みずから本《ほん》や図鑑《ずかん》を読《よ》んで調《しら》べる力《ちから》をもちます。「知《し》らないことを知《し》りたい」とい

う欲求《よっきゅう》のまま、やりたいことに取《と》り組《く》みますから、勉強《べんきょう》も苦《く》になりません。結果的《けっかてき》に、自然《しぜん》と学力《がくりょく》も高《たか》くなります。

子《こ》どもの知的好奇心《ちてきこうきしん》はどうしたらのびるのでしょう。人《ひと》は誰《だれ》でも「やりなさい」と言《い》われたら、やる気《き》をなくします。ではどうすればいいのかというと、親《おや》が楽《たの》しむ姿《すがた》を見《み》せればいいのです。子《こ》どもにピアノをやらせたかったら、まず親《おや》がピアノを楽《たの》しそうに練習《れんしゅう》する。子《こ》どもはその姿《すがた》を見《み》て、「楽《たの》しそう！　やってみたいな」と思《おも》うようになります。親《おや》も趣《しゅ》味《み》をもって人生《じんせい》を楽《たの》しめば、ストレスが減《へ》って長生《ながい》きにつながり、認知症《にんちしょう》のリスクも下《さ》がる。まさにいいことづくめです。

そうは言《い》っても、子《こ》どもに何《なに》をやらせたらいいのかわからない方《かた》も多《おお》いと思《おも》います。そんなときは、いろんなものに触《ふ》れて、趣味《しゅみ》の幅《はば》を広《ひろ》げてあげてください。本書《ほんしょ》には、いきもの、科学《かがく》、地理《ちり》、生活《せいかつ》、スポーツなど、幅広《はばひろ》いテーマの話《はなし》がそろっています。1話《わ》ずつ読《よ》み聞《き》かせをするうち、子《こ》どもの中《なか》でピンとくるものがあるかもしれません。ぜひ、親子《おやこ》で好《こう》奇心《きしん》の種《たね》を探《さが》してみてください。

興味《きょうみ》をもったら実物《じつぶつ》を見《み》せる！子《こ》どもをぐんぐんのばすポイント

背中《せなか》を押《お》してあげるとみずから学《まな》ぶようになる

子《こ》どもが好奇心《こうきしん》をもつようになったら、次《つぎ》に親《おや》ができることは、その背中《せなか》を押《お》してあげることです。

たとえば子《こ》どもが星《ほし》に興味《きょうみ》をもったとしたら、星《ほし》の図鑑《ずかん》をみるのもいいでしょう。それから、プラネタリウムに行ったり、星《ほし》がよく見《み》える土地《とち》へ出《で》かけてみるのもいいと思《おも》います。本《ほん》や図鑑《ずかん》で知《し》った星《ほし》を、実際《じっさい》の星空《ほしぞら》で見《み》たときに、子《こ》どもの心《こころ》はワクワクでいっぱいになり、好奇心《こうきしん》がさらに刺激《しげき》されます。その子《こ》はきっと、星《ほし》のことをもっと知《し》りたくなって、みずから学《まな》ぶようになるのです。

でも、うちの子《こ》は何《なに》に興味《きょうみ》があるのかわからなくて……と迷《まよ》う親御《おやご》さんもいらっしゃるでしょう。そんなときは、旅行《りょこう》がおすすめです。土地《とち》が変《か》われば、食《た》べものや気候《きこう》が変《か》わります。海外《かいがい》に行《い》けば、人種《じんしゅ》や言語《げんご》も違《ちが》います。小《ちい》さいうちにいろんな土地《とち》へ行《い》くと、世界《せかい》の広《ひろ》がりを知《し》ることへの抵抗感《ていこうかん》や恐《おそ》れがなくなり、世《よ》の中《なか》の多様性《たようせい》を知《し》ることができます。旅行《りょこう》へ出《で》かけるうちに、子《こ》どもは食《た》べものや風景《ふうけい》など、何《なに》かに興味《きょうみ》を示《しめ》すよう

になると思《おも》います。それを見《み》つけて、のばしてあげればいいのです。

子《こ》どもはときどき、大人《おとな》がびっくりするような鋭《するど》いことを言《い》います。素朴《そぼく》だからこそ、答《こた》えるのが難《むずか》しい質問《しつもん》を投《な》げかけてくることもあります。もちろん大人《おとな》だって、すべての質問《しつもん》に答《こた》えられるわけではありません。でも、そんなときこそチャンスです。もし子《こ》どもが何《なに》かに興味《きょうみ》をもち、「なぜ」「なに」を投《な》げかけてきたら、「おもしろいことに気《き》づいたね！」とほめてあげてください。そして、「いっしょに調《しら》べよう」と誘《さそ》いましょう。

私《わたし》には4歳《さい》の息子《むすこ》がいて、将来《しょうらい》は恐竜学者《きょうりゅうがくしゃ》になると言《い》っています。おかげで最近《さいきん》、私《わたし》もすっかり恐竜《きょうりゅう》の種類《しゅるい》にくわしくなってきました。親《おや》にとっても子《こ》にとっても、知《し》らないことをいっしょに調《しら》べるのは、とても楽《たの》しいことですし、絆《きずな》も深《ふか》まります。

今日《きょう》から実践《じっせん》！ 1日《にち》1話《わ》の読《よ》み聞《き》かせで賢《かしこ》くなる

望《のぞ》むかぎり何度《なんど》でも読《よ》んであげよう

子《こ》どもを賢《かしこ》くしたいなら、小《ちい》さいうちから読《よ》み聞《き》かせをするのがいちばんです。脳《のう》の発達研究《はったつけんきゅう》においても、この理論《りろん》は裏付《うらづ》けできます。

生《う》まれてすぐの赤《あか》ちゃんは、視覚《しかく》や聴覚《ちょうかく》がものすごいスピードで発達《はったつ》しています。そのため言葉《ことば》を理解《りかい》していなくても、読《よ》み聞《き》かせはとても効果《こうか》的《てき》です。このころは愛着《あいちゃく》（アタッチメント）を形成《けいせい》する時期《じき》ですから、肌《はだ》で触《ふ》れ、目《め》で見《み》て、話《はな》しかけ、五感《ごかん》にかかわることをしてあげるのがいちばんです。はじめは聞《き》いているだけですが、しだいに絵本《えほん》や図鑑《ずかん》の絵《え》などを見《み》て、視覚的《しかくてき》な刺激《しげき》も受《う》けるようになります。親《おや》のぬくもりを感《かん》じながら、声《こえ》を聞《き》いていると、リラックスできるのでしょう。読《よ》み聞《き》かせをしてもらった子《こ》は、言葉《ことば》の発達《はったつ》が驚《おどろ》くほど早《はや》いのです。

幼児期《ようじき》を過《す》ぎて文字《もじ》が読《よ》めるようになっても、子《こ》どもが望《のぞ》むかぎり、読《よ》み聞《き》かせは続《つづ》けてください。子《こ》どもにとって、親《おや》は安全基地《あんぜんきち》ですから、近《ちか》い距離《きょり》で親《おや》の声《こえ》を聞《き》いていると、守《まも》ってもらえるという安心感《あんしんかん》に包《つつ》まれます。

子《こ》どもが何度《なんど》も同《おな》じページを読《よ》みたがることも

あるでしょう。そんなときはがまん強《づよ》く、何度《なんど》でも読《よ》んであげてください。そのうち本《ほん》を丸暗記《まるあんき》して、親《おや》を驚《おどろ》かせることがあるかもしれません。これは機械暗記《きかいあんき》というもので、大人《おとな》にはなかなかできないことです。機械暗記《きかいあんき》そのものが特別《とくしゅ》な意味《いみ》をもつわけではありませんが、記憶力《きおくりょく》は使《つか》うとのびますので、将来的《しょうらいてき》にいろんなポテンシャルが引《ひ》き出《だ》される可能性《かのうせい》があります。

本書《ほんしょ》には、1日《にち》1話《わ》ずつ読《よ》み聞《き》かせをするのにちょうどいい分量《ぶんりょう》のおはなしが100話掲載《わけいさい》されています。1話《わ》につき、3分《ぷん》ほどで読《よ》めるようになっています。気《き》になるジャンルやテーマから読《よ》んでみてください。くり返《かえ》しますが、教育《きょういく》とは子《こ》どもに何《なに》かをやらせることではなく、親《おや》がものごとに興味《きょうみ》や関心《かんしん》をもち、楽《たの》しく学《まな》ぶ姿《すがた》を見《み》せることなのです。読《よ》み聞《き》かせの時間《じかん》を、ぜひ楽《たの》しく過《す》ごしてください。

Contents

いきもの

この本《ほん》の使《つか》い方《かた》

ここに注目《ちゅうもく》！

13のジャンルに分《わ》け、それぞれマークで示《しめ》しています。おもしろそう！と思《おも》ったおはなしから読《よ》みましょう。

…いきもの

…ひとのからだ

…しぜん

…うちゅう

…せいかつ

…たべもの

…どうぐ

…こうさく

…のりもの

…スポーツ

…にっぽん

…せかい

…しごと

ひとのからだ

しぜん

うちゅう

たべもの

せいかつ

どうぐ

こうさく

スポーツ

せかい

しごと

にっぽん

いきもの

1
動物《どうぶつ》はなぜしっぽがあるの？

身《み》のまわりの動物《どうぶつ》を見《み》てみると、どれもしっぽがありますね。それは、どうしてなのかかんがえてみたことがありますか？

おもしろいことに、動物《どうぶつ》はもともとはみんな魚《さかな》だったのです。魚《さかな》の尾《お》びれがどんどん変化《へんか》して、しっぽになったといわれています。

いまから約《やく》5億年前《おくねんまえ》、地球上《ちきゅうじょう》のいきものはすべて海《うみ》の中《なか》にすんでいました。その後《ご》、魚《さかな》の一部《いちぶ》が陸《りく》に上《あ》がっていってせいかつするようになり、そこからさらにいろいろな動物《どうぶつ》に分《わ》かれていったのですが、魚《さかな》のときにひれだったところが動物《どうぶつ》の手《て》や足《あし》に、尾《お》びれだったところがしっぽに変化《へんか》したのです。

しっぽにはいろんな役《やく》わりがある!

しっぽはただのかざりではなく
体《からだ》の一部《いちぶ》としてかつやくしているよ。

サルは木《き》の枝《えだ》にしっぽを巻《ま》きつけて移動《いどう》したり、カンガルーはしっぽで体《からだ》を支《ささ》えて相手《あいて》をキック!

そのしっぽに注目《ちゅうもく》してみると、たとえばイヌは、うれしいときやおこっているときなどは、しっぽのふり方《かた》を変《か》えて感情《かんじょう》をあらわしています。

また、ゾウやウシは虫《むし》を追《お》いはらうのにつかい、サルはしっぽを巻《ま》きつけて木《き》にぶら下《さ》がり、カンガルーはきょうれつなキックをするときに体《からだ》を支《ささ》えるなど、動物《どうぶつ》によってしっぽはさまざまなはたらきをしています。そのいっぽうで、数《かず》は少《すく》ないですが、モグラやコアラのようにしっぽのつかい道《みち》がないためにしっぽが退化《たいか》してしまった動物《どうぶつ》もいます。

じつは、人間《にんげん》の祖先《そせん》の大昔《おおむかし》の動物《どうぶつ》にはしっぽがあったといわれています。２本足《ほんあし》で歩《ある》くようになり、いつのまにかなくなってしまいました。

でも、人間《にんげん》にもしっぽのなごりがあるんですよ。おしりのあたり、背骨《せぼね》にそって手《て》をおろしていくと骨《ほね》が出《で》ているところがありませんか？

それが、しっぽのなごりといわれる「尾《び》てい骨《こつ》」です。

瀧靖之先生の実践アドバイス

このおはなしに興味《きょうみ》をもったら・・・

身近《みぢか》にいるイヌやネコのしっぽを観察《かんさつ》してみよう

まずは身近《みぢか》な動物《どうぶつ》に目《め》を向《む》けさせることで、いきものへの興味《きょうみ》がしぜんにわいてきますよ。

　イヌやネコは、うれしいとき、悲《かな》しいとき、おこっているとき、それぞれどのようにしっぽを動《うご》かしているでしょう。また、寝《ね》ているときのしっぽはどのようになっているでしょうか？　ふだんから意《い》識《しき》してよく観察《かんさつ》してみましょう。

いきもの

2

恐竜《きょうりゅう》ってほんとにいたの？

　トリケラトプスやティラノサウルス、ステゴサウルスなど、恐竜《きょうりゅう》の名《な》前《まえ》をみなさんはいくつ知《し》っていますか？　いまでは考《かんが》えられないかもしれませんが、これらはみんな、とおい昔《むかし》ほんとうに生《い》きていて、約《やく》1億《おく》6000万年《まんねん》ものあいだ地球上《ちきゅうじょう》を支配《しはい》していたんですよ。恐竜《きょうりゅう》はどれも超大型《ちょうおおがた》で、ティラノサウルスのように頭《あたま》が大《おお》きい肉食《にくしょく》の恐竜《きょうりゅう》もいれば、ステゴサウルスのように背中《せなか》に板《いた》のようなものがある草食《そうしょく》の恐竜《きょうりゅう》、また、プテラノドンのように空《そら》を飛《と》ぶ恐竜《きょうりゅう》もいました。

　ではなぜ、恐竜《きょうりゅう》がどれくらいのあいだ生《い》きていて、どんな姿《すがた》をしていたのかがわかるのでしょう。

最強《さいきょう》の恐竜《きょうりゅう》はティラノサウルス！

ティラノサウルスは恐竜《きょうりゅう》のなかで
いちばん知《し》られた肉食恐竜《にくしょくきょうりゅう》だよ。

大型《おおがた》の草食恐竜《そうしょくきょうりゅう》の骨《ほね》もバリバリ食《た》べてしまうほどのつよいアゴ、するどく大《おお》きな歯《は》をもつあばれものだった！

それは、化石《かせき》（生物《せいぶつ》の死《し》がいなどが土《つち》の中《なか》にうもれて何千年《なんぜんねん》、何万年《なんまんねん》もの長《なが》い年月《ねんげつ》をかけてかたくなったもの）と化石《かせき》がみつかった地層《ちそう》から知《し》ることができます。

化石《かせき》となった骨《ほね》や歯《は》の大《おお》きさなどからは、体《からだ》の大《おお》きさやすがたかたち、どんなものを食《た》べていたかなどまでも知《し》ることができます。また、地層《ちそう》は土《つち》や砂《すな》、岩石《がんせき》などが積《つ》み重《かさ》なってできたもの。どのあたりの地層《ちそう》から恐竜《きょうりゅう》の化石《かせき》がみつかったかで、恐竜《きょうりゅう》が生《い》きていた年代《ねんだい》がわかるのです。恐竜《きょうりゅう》の化石《かせき》は約《やく》６５００万年《まんねん》ごろの地層《ちそう》を最後《さいご》に発見《はっけん》されていないので、絶滅《ぜつめつ》したのもそのころだと考《かんが》えられています。

ところで、恐竜《きょうりゅう》はは虫類《ちゅうるい》の仲間《なかま》なんですよ。ちがいは立《た》ち方《かた》や歩《ある》き方《かた》。恐竜《きょうりゅう》はひざがのびて２本足《ほんあし》または４本足《ほんあし》で歩《ある》きましたが、は虫類《ちゅうるい》は体《からだ》の横《よこ》から足《あし》が出《で》て、ひざが曲《まが》がっていてはうようにして歩《ある》きます。もし、とかげをみつけたら注目《ちゅうもく》してみてくださいね。

瀧靖之先生の実践アドバイス

このおはなしに興味《きょうみ》をもったら・・・

本物《ほんもの》の恐竜《きょうりゅう》に会《あ》いにいってみよう！

子《こ》どもたちに人気《にんき》の恐竜《きょうりゅう》は、全国《ぜんこく》のあちこちで特別展《とくべつてん》やイベントが随時《ずいじ》おこなわれています。恐竜《きょうりゅう》の化石《かせき》や実際《じっさい》の大《おお》きさなどを体感《たいかん》できる貴重《きちょう》なチャンスなので、情報《じょうほう》をチェックして出《で》かけてみましょう。

国立科学博物館《こくりつかがくはくぶつかん》（東京都《とうきょうと》）や福井県立恐竜博物館《ふくいけんりつきょうりゅうはくぶつかん》など通年《つうねん》で展示《てんじ》しているところもあるので、休日《きゅうじつ》に出《で》かけてみるのもおすすめです。

いきもの

3 クマはなぜ冬眠《とうみん》するの？

ときどき、テレビや新聞《しんぶん》で「クマが山《やま》からおりてきて、町《まち》や村《むら》にあらわれた！」と話《わ》だいになりますが、それは春《はる》から秋《あき》にかけてのこと。冬《ふゆ》はそのようなニュースは聞《き》きません。なぜだとおもいますか？

それは、冬《ふゆ》のあいだ、野生《やせい》のクマは冬眠《とうみん》をするからです。クマは体《からだ》が大《おお》きいため、1日《にち》にたくさんのりょうを食《た》べます。春《はる》から夏《なつ》、秋《あき》にかけては木《き》の実《み》や草《くさ》、魚《さかな》や昆虫《こんちゅう》など食《た》べものもたくさんあるのでいいのですが、さむい冬《ふゆ》はいきものが姿《すがた》をけし、木《き》の実《み》が雪《ゆき》にうもれて食《た》べものがとれなくなってしまいます。そのため、秋《あき》のうちにたくさん食《た》べて太《ふと》っておき、あたたかい春《はる》になるまで眠《ねむ》って冬《ふゆ》をやりすごすのです。

クマは春《はる》までたっぷり眠《ねむ》るよ！

クマは食《た》べものがとれなくなる
冬《ふゆ》は巣穴《すあな》でぐっすり眠《ねむ》る。

日本《にっぽん》に生息《せいそく》するヒグマやツキノワグマの冬眠期間《とうみんきかん》は４カ月半《げつはん》ほど。冬眠中《とうみんちゅう》に赤《あか》ちゃんを産《う》んで子《こ》そだてもするよ！

冬眠《とうみん》するクマは、秋《あき》ごろから、穴《あな》に草《くさ》や笹《ささ》、枝《えだ》などをしきつめて過《す》ごしやすいように場所《ばしょ》をととのえはじめます。そして、気温《きおん》がさがって寒《さむ》い日《ひ》がつづくようになると、春《はる》までうとうとと眠《ねむ》りはじめます。あさい眠《ねむ》りなので小《ちい》さな衝撃《しょうげき》で目《め》をさますことはありますが、基本的《きほんてき》に途中《とちゅう》で目《め》をさますことはありません。冬眠中《とうみんちゅう》は、体温《たいおん》を通常《つうじょう》の38度《ど》ぐらいから数度《すうど》さげただけで眠《ねむ》りつづけるので、冬《ふゆ》ごもりともよばれます。このあいだ、なにも食《た》べないうえに、うんちもおしっこもしないんですよ。

ところで、動物園《どうぶつえん》のクマは冬眠《とうみん》するのでしょうか？　じつは、動物園《どうぶつえん》のクマは冬眠《とうみん》しません。毎日《まいにち》、飼育員《しいくいん》さんから決《き》まった時間《じかん》にエサをもらえるので食《た》べものにこまらないからです。そのため冬《ふゆ》にそなえて太《ふと》る必要《ひつよう》がなく、冬眠《とうみん》もしないのです。

ただ、近年《きんねん》は野生《やせい》と同《おな》じ冬眠状態《とうみんじょうたい》になるように環境《かんきょう》を調整《ちょうせい》する動物園《どうぶつえん》もあり、上野動物園《うえのどうぶつえん》（東京都《とうきょうと》）では「冬眠展示《とうみんてんじ》」をしています。

瀧靖之先生の実践アドバイス

このおはなしに興味《きょうみ》をもったら・・・

クマ以外《いがい》にも冬眠《とうみん》する動物《どうぶつ》はいるかな？

動物《どうぶつ》の生態《せいたい》を学《まな》ぶとその動物《どうぶつ》への興味《きょうみ》がうまれて、理解《りかい》がより深《ふか》まります。

クマ以外《いがい》にも冬眠《とうみん》する動物《どうぶつ》がいるかどうか、また、冬眠《とうみん》する動物《どうぶつ》たちはどのような環境《かんきょう》のなかでどのようにして冬《ふゆ》を越《こ》しているのかなど、図鑑《ずかん》やインターネットなどを使《つか》ったりして調《しら》べてみましょう。

親子《おやこ》で図書館《としょかん》へ行《い》ってみるのもおすすめです。

いきもの

4

ゾウの鼻《はな》はどうして長《なが》いの？

みなさんは動物園《どうぶつえん》に行《い》ったことがありますか？　動物《どうぶつ》たちを見《み》ていると、あんなに長《なが》い鼻《はな》をもっているのはゾウだけです。どうしてゾウの鼻《はな》だけ長いのでしょう。どうやら、大昔《おおむかし》はゾウも鼻《はな》はみじかかったのですが、長年《ながねん》のゾウをとりまく環境《かんきょう》によって鼻《はな》がのびてきたようです。

今《いま》から約《やく》６０００万年前《まんねんまえ》のゾウの先祖《せんぞ》は湿地《しっち》や森《もり》にすんでいました。体《からだ》はそんなに大《おお》きくなく、鼻《はな》も長《なが》くはありませんでした。そのうちに生《せい》活《かつ》の場《ば》が草原《そうげん》にうつりかわったのですが、草原《そうげん》には食《た》べものがたくさんあったため、ゾウの体《からだ》はだんだんと大《おお》きくなっていきました。

そうなると立《た》ったままでは足《あし》もとの食料《しょくりょう》に口《くち》をつけることができませ

ゾウの鼻《はな》はこんなはたらきも！

ゾウの鼻《はな》はいろいろ器用《きよう》に動《うご》いて
とおくのにおいもかぐことができるよ。

ゾウは鼻《はな》を高《たか》くかかげてとおくのにおいをかぎわける。また、おたがいに長《なが》い鼻《はな》をかわしてあいさつもするよ！

ん。食事《しょくじ》のたびにひざを曲《ま》げてかがむことは、体《からだ》が大《おお》きくなったゾウにはとてもたいへんです。

たとえば、ゾウのなかでも陸上最大《りくじょうさいだい》の動物《どうぶつ》といわれるアフリカゾウのオスの体重《たいじゅう》は3・6〜6トンで、1日《にち》に190リットルの水《みず》を飲《の》み、100〜300キログラムの食《た》べものを食《た》べます。これだけのものを食《た》べたり飲《の》んだりするたびにひざを曲《ま》げていては体《からだ》がつかれてしまいますよね。そのため、体《からだ》が大《おお》きくなるにつれて食事《しょくじ》のたびにかがまなくてもいいように、鼻《はな》もしだいにのびてきたのです。

ところで、ゾウのあの長《なが》い鼻《はな》はどのようなはたらきをすると思《おも》いますか？　水《みず》を吸《す》ってシャワーのようにはきだしたり、ものをすくいとったり（やわらかい豆腐《とうふ》もすくえるんですよ）、鼻先《はなさき》でものをつかんだり、いろいろ器用《きよう》に動《うご》きます。じつは、ゾウの鼻《はな》は上《うわ》くちびると鼻《はな》がのびて筋肉《きんにく》がついたものなので、骨《ほね》はないというから驚《おどろ》きですね。

瀧靖之先生の実践アドバイス

このおはなしに興味《きょうみ》をもったら・・・

動物園《どうぶつえん》へ行《い》って ゾウを観察《かんさつ》してみよう

頭《あたま》で理解《りかい》したことをしっかり記憶《きおく》として定《てい》着《ちゃく》させるには、実際《じっさい》に自分《じぶん》の目《め》で見《み》ることが大切《たいせつ》です。

ゾウは鼻《はな》のどの部分《ぶぶん》を使《つか》って器用《きよう》に物《もの》をつかんだりしているのか、よく見《み》て確《たし》かめましょう。また、ゾウの体《からだ》の大《おお》きさと鼻《はな》の長《なが》さの関《かん》係《けい》はどうでしょうか。

目的《もくてき》をもって見《み》ることで、観察力《かんさつりょく》が養《やしな》われていきますよ。

いきもの

5 キリンの首《くび》はなぜ長《なが》いの？

キリンといえばあの長《なが》い首《くび》がとくちょうです。でも、昔《むかし》から首《くび》が長《なが》かったかといえば、そうではありません。何千万年《なんぜんまんねん》も前《まえ》にアフリカなどの森《もり》にすんでいたキリンの祖先《そせん》は、現在《げんざい》のキリンよりも体《からだ》が小《ちい》さく、首《くび》もあまり長《なが》くありませんでした。

そんなキリンの首《くび》が長《なが》くなった理由《りゆう》は、森《もり》を出《で》て平原《へいげん》でくらすようになったから。草原《そうげん》には食料《しょくりょう》が豊富《ほうふ》でたくさん食《た》べることができ、体《からだ》が大《おお》きくなるにつれて首《くび》も足《あし》も長《なが》くなっていったのです。しばらくは首《くび》の長《なが》いキリンと首《くび》の短《みじか》いキリンがいたのですが、いろいろな理由《りゆう》で首《くび》の短《みじか》いキリンはいなくなってしまいました。

首《くび》が長《なが》いといろいろ便《べん》利《り》！

キリンは首《くび》が長《なが》くなったおかげで
生《い》きのびることができたよ。

首《くび》が長《なが》いキリンは高《たか》い木《き》の葉《は》も食《た》べることができたよ。いちはやくとおくの敵《てき》を見《み》つけることもとくい！

敵《てき》の多《おお》い平原《へいげん》のくらしでは、キリンの首《くび》は長《なが》いほうがべんりだったようです。

たとえば、水《みず》を飲《の》むときはひざを曲《ま》げてかがまなくていいのですぐに動《うご》けるし、体長約《たいちょうやく》５メートルと背《せ》が高《たか》いので、とおくの敵《てき》を見《み》つけては、長《なが》い足《あし》でさっさと逃《に》げることもできました。また、キリンは長《なが》い首《くび》をいかして、５メートルもある高《たか》い木《き》の葉《は》っぱなどを食《た》べることができたので、食料《しょくりょう》にこまることもありませんでした。このような理由《りゆう》から、首《くび》の長《なが》いキリンは生《い》き残《のこ》ることができたのです。

ところで、キリンは体重《たいじゅう》が約《やく》１・２〜１・９トンあり、首《くび》だけで約《やく》２００キログラム以上《いじょう》の重《おも》さがあるといわれています。それなのに、あの長《なが》い首《くび》を支《ささ》える骨《ほね》の数《かず》はわたしたち人間《にんげん》と同《おな》じ７本《ほん》で、１こ１この骨《ほね》がとても長《なが》いんですよ。人間《にんげん》とキリン、首《くび》の長《なが》さがちがうのに骨《ほね》の数《かず》が同《おな》じだなんておもしろいですね。

瀧靖之先生の実践アドバイス

このおはなしに興味《きょうみ》をもったら・・・

キリンの祖先《そせん》!? オカピを見《み》に行《い》こう!

キリンの祖先《そせん》の姿《すがた》を残《のこ》しているといわれているキリン科《か》のオカピ。

キリン科《か》に属《ぞく》するのはキリンとオカピの2種《しゅ》だけで、警戒心《けいかいしん》が強《つよ》く20世紀《せいき》になってはじめて見《み》つかった動物《どうぶつ》です。

どんな姿《すがた》をしているのか調《しら》べてみましょう。

日本《にほん》では上野動物園《うえのどうぶつえん》（東京都《とうきょうと》）、よこはま動物園《どうぶつえん》ズーラシア、金沢動物園《かなざわどうぶつえん》（ともに神奈川県《かながわけん》）で見《み》ることができますよ。

いきもの

6

オウムはなぜしゃべれるの？

オウムに「おはよう」と声《こえ》をかけると「オハヨウ」とおなじことばをかえしてくれます。鳥《とり》なのにどうして人間《にんげん》のことばを話《はな》せるんだろうとふしぎにおもったことはありませんか？

カラスを見《み》ているとわかるように、鳥《とり》はもともと鳴《な》き声《ごえ》で気《き》もちやかんがえをつたえあういきものです。ほんとうならヒナのころから親鳥《おやどり》などから鳴《な》きかたをまなんで成長《せいちょう》します。それが、ペットのオウムの場合《ばあい》は、近《ちか》くに親《おや》や仲間《なかま》がいないため、オウム本来《ほんらい》の鳴《な》きかたをしらないまま、かい主《ぬし》が話《はな》すことばをまなんでまねしてしまうのです。それでわたしたちは、オウムが「しゃべった！」とかんちがいするのです。

ことばを話《はな》すオウムはのどがちがう

人《ひと》のことばをまねて話《はな》す鳥《とり》は
舌《した》やのどのつくりにひみつが！

オウムは厚《あつ》くてやわらかな舌《した》を器用《きよう》に動《うご》かして話《はな》すよ。のどのしくみも人間《にんげん》に似《に》ているんだって！

ところで、もしかしたら「ウチの小鳥《ことり》はおしゃべりしないなぁ」という人もおおいかもしれませんね。

人間《にんげん》のことばをまねて話《はな》す鳥《とり》はすくなくて、オウムのほかにはインコや九官鳥《きゅうかんちょう》がいます。これらの鳥《とり》は、ほかの鳥《とり》にくらべて厚《あつ》くてやわらかい舌《した》をもち、よく動《うご》くように発達《はったつ》しているのがとくちょうです。のどのしくみも人間《にんげん》に少《すこ》し似《に》ているため、人間《にんげん》のことばをまねて話《はな》すことができるんですよ。ただ、ことばを話《はな》すといっても、そのことばの意味《いみ》や内容《ないよう》までもを理解《りかい》しているわけではありません。相手《あいて》のことばをそのままくりかえしているだけなのです。

人間《にんげん》にかわれている鳥《とり》はみんな、かい主《ぬし》と同《おな》じことばで気《き》もちをつたえあいたいと思《おも》っています。でも、舌《した》のつくりやのどのしくみが人間《にんげん》とはちがうために、ざんねんながらまねできないのです。オウムやインコはほかの鳥《とり》からうらやましがられているかもしれませんね。

瀧靖之先生の実践アドバイス

このおはなしに興味《きょうみ》をもったら・・・

わたしたちはどうして声《こえ》が出《だ》せるのかな？

オウムは人間《にんげん》と同《おな》じように厚《あつ》みのあるやわらかな舌《した》とのどのしくみをもっているから、人間《にんげん》の言葉《ことば》をまねることができると紹介《しょうかい》しました。では、わたしたちはどのようなしくみで声《こえ》が出《だ》せているのでしょうか？

人間《にんげん》の声《こえ》は、のどの奥《おく》にある声帯《せいたい》という左《さ》右《ゆう》の膜《まく》をふるわせて出《だ》しています。呼吸《こきゅう》をするとき声帯《せいたい》はふだん開《ひら》いているのですが、声《こえ》を出《だ》すときには閉《と》じます。そのときにできたすき間《ま》を空気《くうき》が通《とお》ることで声帯《せいたい》をふるわせ、音《おと》を出《だ》しているのです。その音《おと》は舌《した》や唇《くちびる》などを器用《きよう》に動《うご》かして言《こと》葉《ば》となり、声《こえ》となって出《で》ています。

のどをやさしくさわって声《こえ》を出《だ》すと振動《しんどう》を感《かん》じますが、それは声《せい》帯《たい》がふるえているからなんですよ。

いきもの

7

魚《さかな》はなぜ水《みず》の中《なか》で息《いき》ができるの？

プールで泳《およ》いでいるとき、わたしたちはうまく息《いき》つぎができないと呼《こ》吸《きゅう》がくるしくなってしまいます。でも、魚《さかな》は水《みず》の中《なか》で息《いき》つぎもせずゆうゆうと泳《およ》いでいます。魚《さかな》はなぜ水《みず》の中《なか》で呼吸《こきゅう》ができるのでしょう？

それは、えら呼吸《こきゅう》にひみつがあります。水《みず》の中《なか》にすむ魚《さかな》は、水《みず》にとけている酸素《さんそ》をえらでとりこんでいて、それで水中《すいちゅう》でも息《いき》ができるのです。もうすこしくわしくいうと、魚《さかな》は呼吸《こきゅう》をするとき、えらの部分《ぶぶん》を閉《と》じて口《くち》から水《みず》をすいこみ、口《くち》を閉《と》じてえらぶたを開《あ》け、水《みず》をえらから外《そと》に抜《ぬ》けさせます。そのとき、えらにたくさん集《あつ》まっている細《ほそ》い血管《けっかん》がフィルターのような役目《やくめ》をして、水中《すいちゅう》の酸素《さんそ》をこしとって体《からだ》に送《おく》ってい

魚《さかな》は水《みず》の中《なか》でえら呼吸《こきゅう》するよ！

水《みず》の中《なか》で生《い》きていけるのは

えらにひみつがある！

魚《さかな》は口《くち》から水《みず》をすい、えらをとおして水《みず》を出《だ》すよ。このときえらは酸素《さんそ》だけを体《からだ》にとりこんでいるんだって。

るのです。

魚《さかな》が水面《すいめん》で口《くち》をパクパクさせていることがありますが、それは水中《すいちゅう》の酸《さん》素《そ》が少《すく》なくなったときにする行動《こうどう》。水《みず》と空気《くうき》をまぜあわせて酸素《さんそ》を水《すい》中《ちゅう》にとりこみ、えらに送《おく》っているのです。とくに水《すい》そうでは水《みず》の中《なか》の酸《さん》素《そ》が減《へ》りがちです。水《すい》そうにエアーポンプがついているのは、水《みず》の中《なか》に空気《くうき》を送《おく》りこんで魚《さかな》がきちんと呼吸《こきゅう》できるようにするためなんですよ。酸素《さんそ》がほうふな海《うみ》にすむ魚《さかな》にはこのような行動《こうどう》は見《み》られません。

ところで、魚《さかな》は陸上《りくじょう》にあがると呼吸《こきゅう》ができなくてすぐに死《し》んでしまうものがほとんどですが、なかには例外《れいがい》もあります。ウナギは、えらだけでなく皮《ひ》ふをつかって呼吸《こきゅう》ができます。また、空気呼吸《くうきこきゅう》ができる特別《とくべつ》なしくみをもったライギョ、キノボリウオ、肺呼吸《はいこきゅう》ができるハイギョもいます。これらはみんな一時的《いちじてき》ではありますが、陸《りく》の上《うえ》で生《い》きることができるんですよ。

瀧靖之先生の実践アドバイス

このおはなしに興味《きょうみ》をもったら・・・

水族館《すいぞくかん》へ行《い》って魚《さかな》の呼吸《こきゅう》を調《しら》べてみよう

魚《さかな》も水中《すいちゅう》で呼吸《こきゅう》していることを学《まな》んだら、水族館《すいぞくかん》へ出《で》かけて実際《じっさい》に魚《さかな》が呼吸《こきゅう》しているようすを観察《かんさつ》しましょう。

水族館《すいぞくかん》の水《すい》そうには空気《くうき》を送《おく》りこむ装置《そうち》がついているか、魚以外《さかないがい》の水中《すいちゅう》のいきものたちはどのようにして呼吸《こきゅう》しているかなど、わかったことはどんどんメモするのもいいですね。実際《じっさい》に自分《じぶん》の目《め》で見《み》て学《まな》んでみましょう。

いきもの

8 アリはどうやってあまいものを見《み》つけるの？

みなさんはアリの行列《ぎょうれつ》を見《み》たことがありますか？　アリたちが何《なに》かを運《はこ》んでいて、行列《ぎょうれつ》をたどっていったその先《さき》にはアメやクッキーが落《お》ちていた……なんていう場面《ばめん》を見《み》たことがある人《ひと》も多《おお》いと思《おも》います。アリは小《ちい》さくて遠《とお》くのものも見《み》えないのに、どうやってエサを見《み》つけているのでしょう。

アリをよく見《み》てみると、頭《あたま》の部分《ぶぶん》にツノのようなものが2本《ほん》ついています。これは触覚《しょっかく》といって、いわばにおいをかぎつけるセンサー。アリは目《め》があまりよくないかわりに触覚《しょっかく》が発達《はったつ》していて、空気中《くうきちゅう》にただようエサのにおいを敏感《びんかん》にかぎつけます。そしてエサに近《ちか》づき、それが小《ちい》さ

大《おお》きなエサは協力《きょうりょく》して運《はこ》ぶよ!

エサを探《さが》して運《はこ》ぶのは「はたらきアリ」。
巣《す》をつくって守《まも》っているよ。

大《おお》きなエサを見《み》つけたとき、アリは
おなかのあたりからにおいを出《だ》して
仲間《なかま》の協力《きょうりょく》を求《もと》めるんだよ。

ければ一匹《いっぴき》で巣《す》にもちかえります。エサが大《おお》きい場合《ばあい》は、いちどに運《はこ》べないので、また同《おな》じ場所《ばしょ》に戻《もど》れるようにおなかのあたりからにおい物質《ぶっしつ》を出《だ》し、地面《じめん》につけながら巣《す》に戻《もど》ります。すると仲間《なかま》のアリたちはそのにおいを触覚《しょっかく》でキャッチしてエサにたどりつきます。そのあとはみなさんが目《め》にしたことのあるおなじみのアリの行列《ぎょうれつ》となって、みんなで協力《きょうりょく》して巣《す》にエサを運《はこ》ぶのです。

アリは、たとえば家《いえ》の中《なか》に落《お》ちていたクッキーのかけらでもにおいをたどって家《いえ》の中《なか》にやってきてしまうんですよ。でも、アリは触覚《しょっかく》でにおいをたよりにエサを探《さが》すため、しっかりと封《ふう》がされていたらクッキーが目《め》の前《まえ》にあっても気《き》がつかないんです。おもしろいですね。

ところで、アリはみんなあまいものが好《す》きなのかというと、そうではありません。アリの種類《しゅるい》によっては昆虫《こんちゅう》の死《し》がいやタネなどもエサにして、巣《す》の中《なか》に運《はこ》んでいるんですよ。

瀧靖之先生の実践アドバイス

このおはなしに興味《きょうみ》をもったら・・・

アリがエサを運《はこ》ぶようすを観察《かんさつ》してみよう

公園《こうえん》や道《みち》ばた、木《き》の幹《みき》など、アリが行列《ぎょうれつ》しているところはないか親子《おやこ》で探《さが》しに出《で》かけてみましょう。

そのとき、アリはどんなエサを運《はこ》んでいるでしょうか？　また、どのようにして運《はこ》んでいるのか、巣《す》はどんなところにあるのかなど、じっと観察《かんさつ》してみるとおもしろいですよ。アリの観察《かんさつ》キットをつかってもいいですね。

いきもの

9

ホタルはどうして光《ひか》るの？

みなさんはホタルの光《ひかり》を見《み》たことがありますか？　暗《くら》やみに光《ひか》るホタルを見《み》ると、まるで夢《ゆめ》の世界《せかい》にいるような気分《きぶん》になりますね。日本《にほん》には40～50種類《しゅるい》のホタルがいますが、すべてのホタルが光るわけではありません。光るホタルでとくに有名《ゆうめい》なのがゲンジボタルとヘイケボタルで、光《ひかり》を出《だ》しておたがいに自分《じぶん》の居場所《いばしょ》をおしえあっています。ホタルは光《ひかり》でコミュニケーションをとっているのです。

では、どのようなしくみで光《ひか》らせているのでしょう？

ホタルのおしりには発光器《はっこうき》というきいろい部分《ぶぶん》があります。そこには光《ひかり》を出《だ》すためのいろいろな物質《ぶっしつ》がふくまれていて、空気中《くうきちゅう》の酸素《さんそ》とむす

ホタルは光《ひかり》でおはなしするよ！

ホタルはおしりをいろいろに点滅《てんめつ》させて
相手《あいて》のホタルと会話《かいわ》するよ。

オス　　メス

オスとメスをくらべると、メスは体《からだ》が大《おお》きく、おしりの部分《ぶぶん》にある発光《はっこう》器《き》は小《ちい》さめ。あわい光《ひかり》をはなつよ。

びついて発光《はっこう》しています。

また、とびながら光《ひかり》を出《だ》しているのはオスのほうで、メスは木《き》や葉《は》っぱの上《うえ》にじっととまって光《ひかり》を出《だ》しています。オスはつよい光《ひかり》、メスはあわい光《ひかり》を出《だ》して、結婚相手《けっこんあいて》を見《み》つけたり、敵《てき》をおどろかせたり、目的《もくてき》によって光《ひかり》りかたをかえているんですよ。

また、ホタルの光《ひかり》にはきいろやオレンジなどがありますが、それは、発光器《はっこうき》の光《ひかり》を出《だ》す物質《ぶっしつ》がホタルの種類《しゅるい》によってちがうから。ホタルがあたたかそうな光《ひかり》を発《はっ》していても、おしりがあつくなることはありません。

ホタルの見《み》ごろは地域《ちいき》によってことなりますが、一般的《いっぱんてき》にゲンジボタルは５～７月《がつ》、ヘイケボタルは６～８月《がつ》といわれています。くもっていて月《つき》あかりがなく、風《かぜ》がないむしあつい日《ひ》の夜《よる》は活動《かつどう》がさかんになります。１日《にち》のなかでは、日没《にちぼつ》の７時《じ》ごろからとびはじめ、８～９時《じ》ごろにはたくさんのホタルが光《ひかり》を出《だ》してとびかいます。

瀧靖之先生の実践アドバイス

このおはなしに興味《きょうみ》をもったら・・・

ホタル観賞《かんしょう》に出《で》かけてみよう

夏《なつ》の夜《よる》、ホタルを探《さが》しに親子《おやこ》で出《で》かけてみましょう。ホタルはどんなところにすんでいるでしょうか？ オスやメスの発光《はっこう》のようすはどうでしょうか？ 実際《じっさい》に見《み》て気《き》づいたことを親子《おやこ》で話《はな》しあってみましょう。

なお、ホタルは明《あか》るさが苦手《にがて》で、暗《くら》いところでよく光《ひかり》を発《はっ》します。夜道《よみち》は暗《くら》く危険《きけん》なので、歩行《ほこう》に注意《ちゅうい》を。

いきもの

10 タネからどうやって花《はな》がさくの？

みなさんは野菜《やさい》やくだもの、花《はな》のタネを土《つち》にまいたことがありますか？　水《みず》やりをしているとそのうちに芽《め》が出《で》てきますが、土《つち》にタネをまいただけなのにどのようにして成長《せいちょう》しているのでしょう。

タネは土《つち》にまかれたり散《ち》らばったりすると、地面《じめん》の温度《おんど》を感《かん》じとります。そのタネにとって土《つち》の温度《おんど》がちょうどいいあたたかさになり、雨《あめ》や水《みず》やりなどで適度《てきど》な水分《すいぶん》がもらえると、根《ね》が出《で》はじめ、芽《め》が出《で》はじめます。そして、ふたばの次《つぎ》の葉《は》（本葉《ほんば》）が出《で》るまでは、タネがあらかじめもっていた栄養分《えいようぶん》をつかってそだつんですよ。

本葉《ほんば》が出《で》ると、今度《こんど》は根《ね》から土《つち》の中《なか》の水分《すいぶん》と栄養分《えいようぶん》をとりこむように

タネの栄養《えいよう》→光合成《こうごうせい》で成長《せいちょう》！

タネには栄養《えいよう》がつまっていて、
ふたばまではその栄養《えいよう》でそだつよ。

ふたばのあとの本葉《ほんば》が出《で》ると、植物《しょくぶつ》は土《つち》の中《なか》の栄養《えいよう》を吸収《きゅうしゅう》したり太陽《たいよう》の光《ひかり》をあびて成長《せいちょう》していくよ。

なります。

その一方《いっぽう》で、葉《は》を大きくひろげ、太陽《たいよう》の光《ひかり》をあびて光合成《こうごうせい》（植物《しょくぶつ》が光《ひかり》を利用《りよう》して空気中《くうきちゅう》の二酸化炭素《にさんかたんそ》と水《みず》からデンプンをつくるはたらき）をおこなうようになり、栄養分《えいようぶん》をつくりだし、それを利用《りよう》してどんどん大《おお》きくなっていきます。

さらに、根《ね》もあちこちにのび、土《つち》の中《なか》の水《みず》や栄養分《えいようぶん》をどんどん吸収《きゅうしゅう》して大きくなっていきます。こうして成長《せいちょう》したあと、そのタネごとにつぼみになっていろいろな花《はな》をさかせ、実《み》をならせたりするのです。

花《はな》やくだものなどからとれたタネには、そのタネをもっていた花《はな》やくだものとおなじ情報《じょうほう》がぎゅっとつまっていて、あちこちに仲間《なかま》をふやす役《やく》わりがあります。

タネにおなじものをつくる情報《じょうほう》が入《はい》っているから、わたしたちは毎年《まいとし》おなじ花《はな》を見《み》たり、野菜《やさい》やくだものを食《た》べることができるんですよ。

瀧靖之先生の実践アドバイス

このおはなしに興味《きょうみ》をもったら・・・

タネがないくだものの成長《せいちょう》のしかたを調《しら》べよう

植物《しょくぶつ》はほとんどがタネから成長《せいちょう》していきますが、タネのないブドウやスイカはどのようにして成長《せいちょう》しているのでしょう？ タネのない柿《かき》はどうやって増《ふ》やしているのでしょう？

イチゴやバナナにもタネやそのなごりがあるのですが、それはどこにあるでしょう？

身近《みぢか》な野菜《やさい》やくだものをとりあげて調《しら》べるとおもしろいですよ。

ひとのからだ

11

人《ひと》のからだは何《なに》でできているの？

人間《にんげん》のからだは、何《なに》でできているのでしょうか。目《め》に見《み》えるものでは、皮《ひ》ふやかみの毛《け》、目《め》や歯《は》などがありますね。ふだんは見《み》えないからだの中《なか》には、骨《ほね》や筋肉《きんにく》、心臓《しんぞう》や胃《い》などの内臓《ないぞう》があり、血《ち》が流《なが》れています。

わたしたちは、食《た》べものから栄養《えいよう》をとりこんで生《い》きています。食《た》べものは口《くち》から食道《しょくどう》を通《とお》り、胃《い》に運《はこ》ばれます。胃《い》は食《た》べものをとかして、からだが栄養《えいよう》をとりこめるかたちにします。腸《ちょう》が栄養《えいよう》をとりこみ、栄養《えいよう》は血《ち》にのって、からだじゅうをめぐります。また、肺《はい》は空気《くうき》の中《なか》の酸素《さんそ》をからだにとりいれ、いらなくなった二酸化炭素《にさんかたんそ》を外《そと》に出《だ》すはたらきをしています。肺《はい》でとりこんだ酸素《さんそ》は、血《ち》にのって全身《ぜんしん》に運《はこ》ばれます。からだ

からだはこんなものでできているよ！

「ざいりょう」と「はたらき」、
ふたつの見《み》かたができるよ。

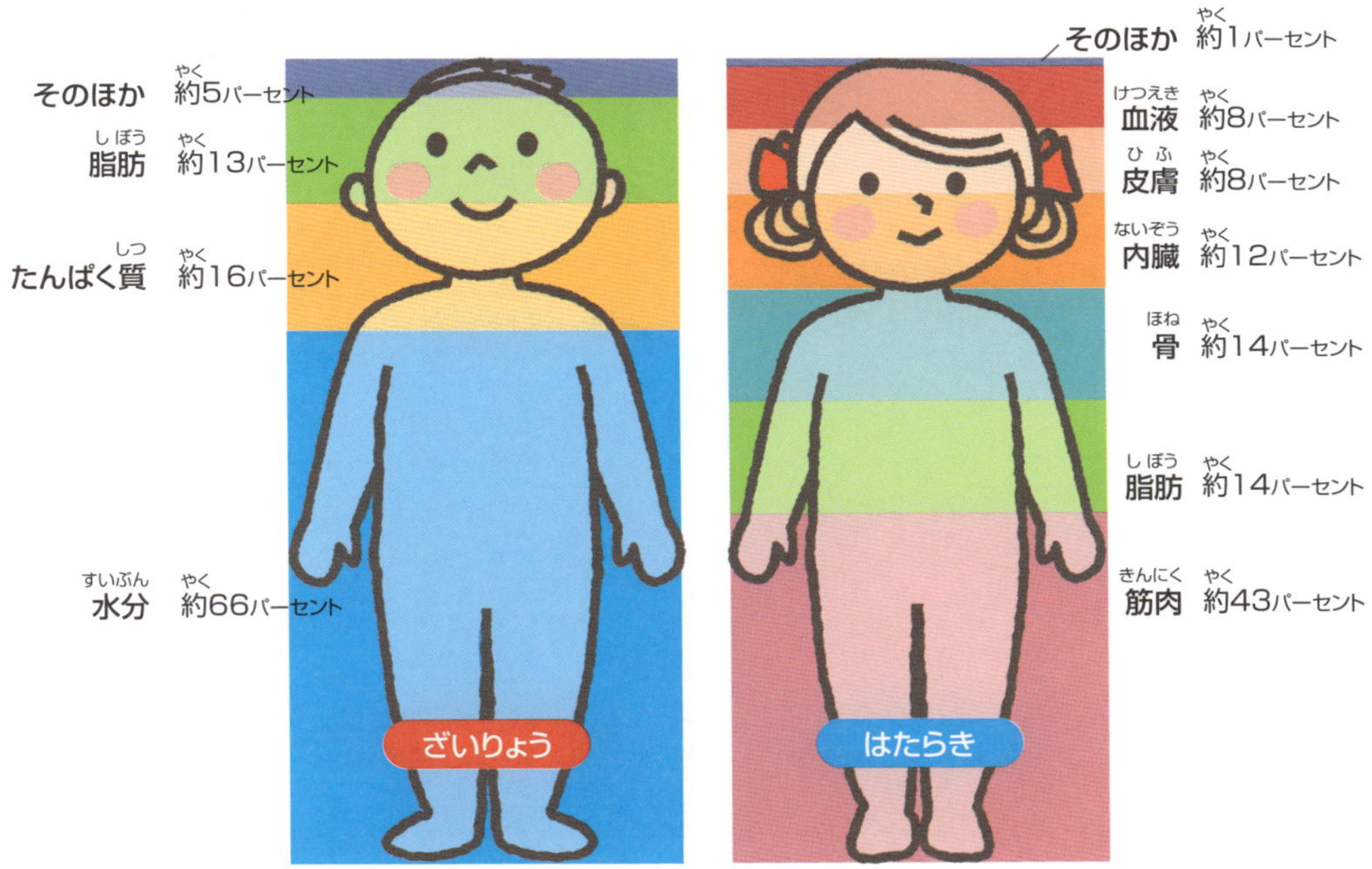

ざいりょうで見《み》ると、人間《にんげん》のからだのほとんどは、水分《すいぶん》とたんぱく質《しつ》と脂肪《しぼう》でできているんだね！

じゅうを流《なが》れる血《ち》は、栄養《えいよう》や酸素《さんそ》を運《はこ》ぶだいじなはたらきをしています。

また、いきもののからだはすべて細胞《さいぼう》でできています。細胞《さいぼう》はけんびきょうをつかわないと見《み》ることができないほど小《ち》さいのですが、いきものを形《かたち》づくる最小《さいしょう》たんいです。人間《にんげん》やウシやブタ、魚《さかな》や植物《しょくぶつ》も、すべて細胞《さいぼう》でできています。細胞《さいぼう》は小《ち》さな部屋《へや》のようになっていて、なかにはエネルギーをつくったり、つぎのからだをつくったりするための部品《ぶひん》がつまっています。この細胞《さいぼう》が、人間《にんげん》の大人《おとな》のからだには60兆《ちょう》こもあるといわれています。

そして血《ち》や細胞《さいぼう》など、からだの大《おお》きな部分《ぶぶん》をしめるものは、ほとんど水《みず》でできています。なんと人間《にんげん》のからだは、70パーセント近《ちか》くが水《みず》でできているのです。そのほか、脂肪《しぼう》やたんぱく質《しつ》などでできています。さらにナトリウム、マグネシウム、鉄《てつ》など「ミネラル」とよばれるものも、いきるためにひつようですが、ひつような量《りょう》は、ごくわずかです。

瀧靖之先生の実践アドバイス

このおはなしに興味《きょうみ》をもったら・・・

内臓《ないぞう》ってどんなかたち？ 魚《さかな》のからだをみてみよう

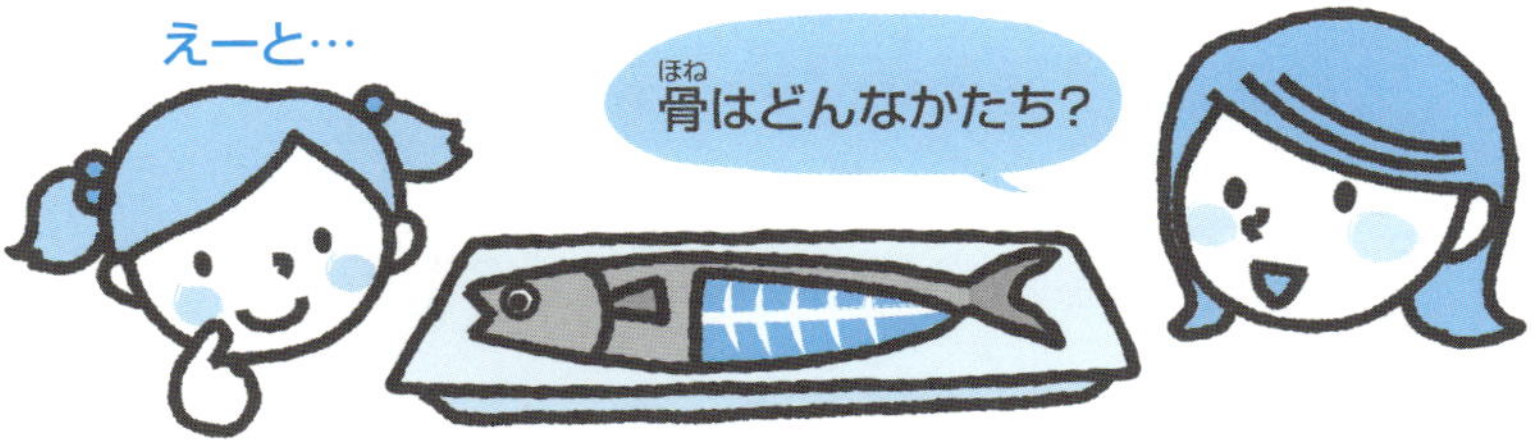

人間《にんげん》も動物《どうぶつ》も植物《しょくぶつ》も、生《い》きているものの基《もと》となっているのが細《さい》胞《ぼう》です。でも、「内臓《ないぞう》や筋肉《きんにく》は細胞《さいぼう》のあつまり」と聞《き》いても、なかなかイメージがわきません。そんなときは、魚《さかな》をさばいて、実際《じっさい》にいきもののからだの中《なか》を観察《かんさつ》してみましょう。生魚《なまざかな》の扱《あつか》いが難《むずか》しければ、焼《や》き魚《ざかな》や、焼《や》き鳥《とり》の部位《ぶい》でもかまいません。「内臓《ないぞう》はどれかな」「骨《ほね》はどんなかたち？」「血《ち》はどこを流《なが》れているのかな」など、確認《かくにん》しながらみることで、いきもののからだのふくざつさを知《し》ることができるでしょう。

　そして「人間《にんげん》のからだの中《なか》には何《なに》があるの？」「細胞《さいぼう》ってどんなかたち？」など疑問《ぎもん》が出《で》てきたら、からだの図鑑《ずかん》をみたり、自然《しぜん》博物館《はくぶつかん》の展示《てんじ》をみに行《い》くのもおすすめです。

ひとのからだ

12 おしっこはなぜ出《で》るの？

トイレでおしっこをするのがめんどくさいと思《おも》っていませんか？　でも、おしっこは、とても大事《だいじ》なんですよ。

おしっこはなぜ出《で》るのでしょうか。まず、からだにとりこまれた酸素《さんそ》や栄養《えいよう》は、血《ち》の流《なが》れにのって、全身《ぜんしん》の細胞《さいぼう》にとどいてつかわれます。そのあと、いらなくなったものはゴミとして、血《ち》の流《なが》れにのって運《はこ》ばれます。そのゴミがじんぞうに届《とど》くと、じんぞうはゴミを血《ち》からこしとって、いらない水分《すいぶん》といっしょにぼうこうにおくります。これが、おしっこです。

ぼうこうは筋肉《きんにく》でできたふくろで、からのときは小《ちい》さくちぢんでいま

おしっこはこんなふうにできるよ！

からだのなかのゴミが、
血《ち》の流《なが》れにのって運《はこ》ばれるよ。

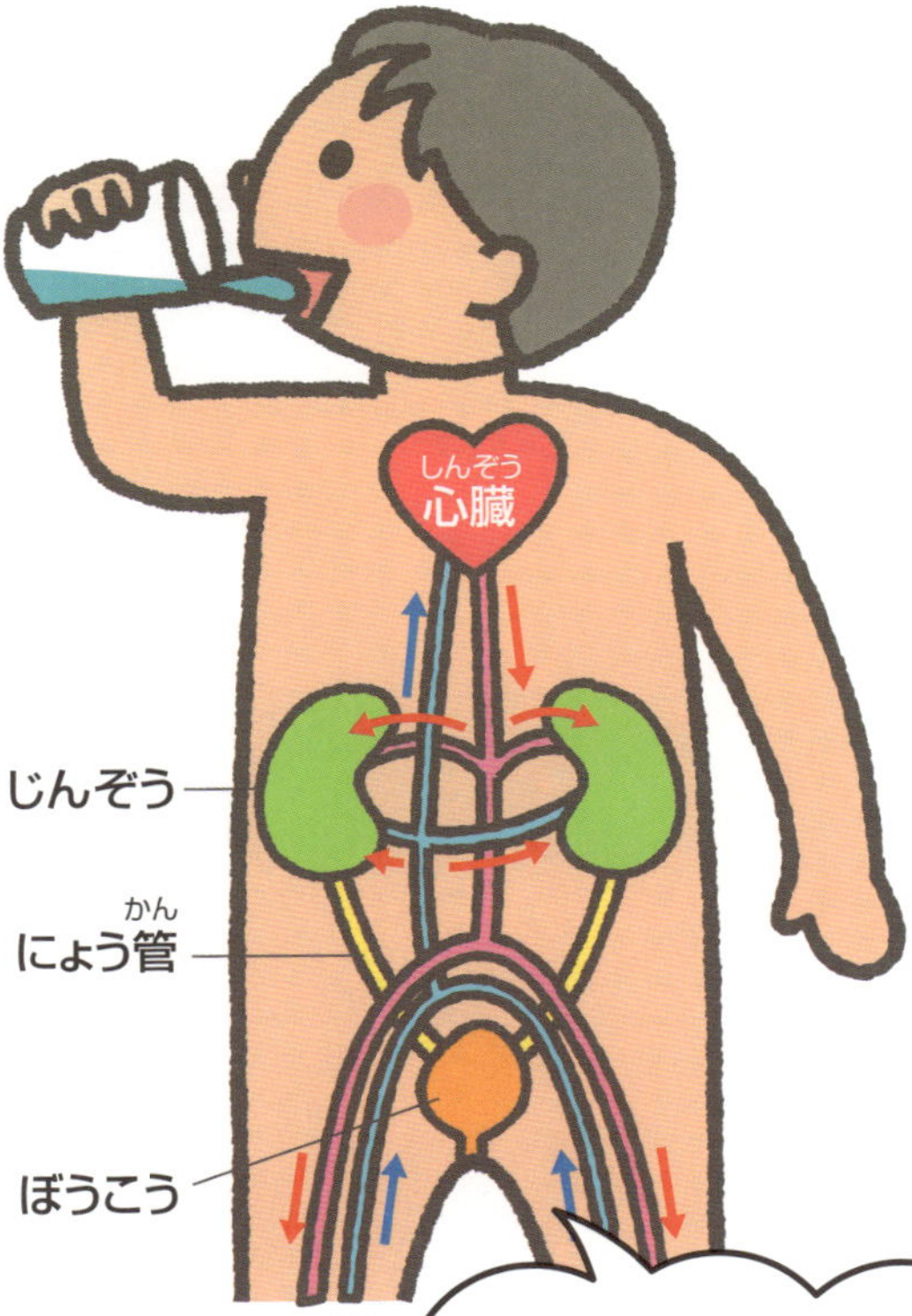

じんぞうがゴミを血《ち》からこしとり、いらない水分《すいぶん》といっしょにぼうこうにおくると、おしっこになるんだ。

す。おしっこがたまると、ふうせんのようにふくれて、大《おお》きくなります。ぼうこうにおしっこが半分《はんぶん》くらいたまると、脳《のう》にその情報《じょうほう》がつたえられ、「おしっこに行《い》きたい」と思《おも》うようになります。

もしおしっこをがまんしたら、じんぞうでおしっこがもういちどとりこまれてしまいます。いらないゴミがまたからだにもどってしまうので、トイレをがまんすることはからだによくありません。また、ねているあいだは、脳《のう》がじんぞうに「おしっこの量《りょう》を少《すく》なくしろ」と命令《めいれい》しているので、トイレに行《い》かず朝《あさ》までねむることができます。ただ、小《ちい》さな子《こ》どもは命令《めいれい》がじんぞうにうまくとどかず、ねながらおしっこをしてしまうこともあります。これが、おねしょです。

トイレで、おしっこを観察《かんさつ》してみてください。健康《けんこう》なひとのおしっこは、うすい黄色《きいろ》です。おしっこの中《なか》のゴミが多《おお》いと、色《いろ》が濃《こ》くなります。とても濃《こ》いときは、からだに水分《すいぶん》がたりていないのかもしれません。

瀧靖之先生の実践アドバイス

このおはなしに興味《きょうみ》をもったら・・・

動物《どうぶつ》や虫《むし》のおしっこを調《しら》べてみよう

動物《どうぶつ》たちも、からだの中《なか》のいらないものを外《そと》に出《だ》すため、おしっこをします。イヌがおさんぽ中《ちゅう》におしっこをしている姿《すがた》を見《み》たことのある人《ひと》は多《おお》いでしょう。

　では、ゾウやキリンは、いつ、どのようにおしっこをしているのでしょうか。気《き》になる動《どう》物《ぶつ》を調《しら》べてみましょう。虫《むし》は？　魚《さかな》は？　いろんないきものに目《め》を向《む》けてみましょう。

ひとのからだ

13 うんちはなぜくさいの？

みなさんのからだから出《で》てくる、うんちは何《なに》でできているのでしょう。まずは、うんちができるまでの道《みち》のりをおはなししましょう。

わたしたちが口《くち》から食《た》べたものは食道《しょくどう》を通《とお》り、胃《い》でとかされ、小腸《しょうちょう》に運《はこ》ばれます。小腸《しょうちょう》では細菌《さいきん》が食《た》べものをさらに小《ちい》さくして、栄養《えいよう》がからだにとりこまれます。ここで小《ちい》さくしきれなかった食《た》べものが大腸《だいちょう》に運《はこ》ばれ、また細菌《さいきん》が食《た》べものをさらに小《ちい》さくして、栄養《えいよう》がからだにとりこまれます。ここでいらない食《た》べものの残《のこ》りかすが、うんちとなります。

残《のこ》りかすはドロドロですが、大腸《だいちょう》を進《すす》むうちに水分《すいぶん》がとりこまれ、おしりの出口《でぐち》に近《ちか》づくころは、みなさんがトイレで見《み》るうんちのかたちにな

うんちはこんなふうにできるよ！

腸《ちょう》のなかでは、細菌《さいきん》が食《た》べたものを
小《ちい》さくしてくれるよ。

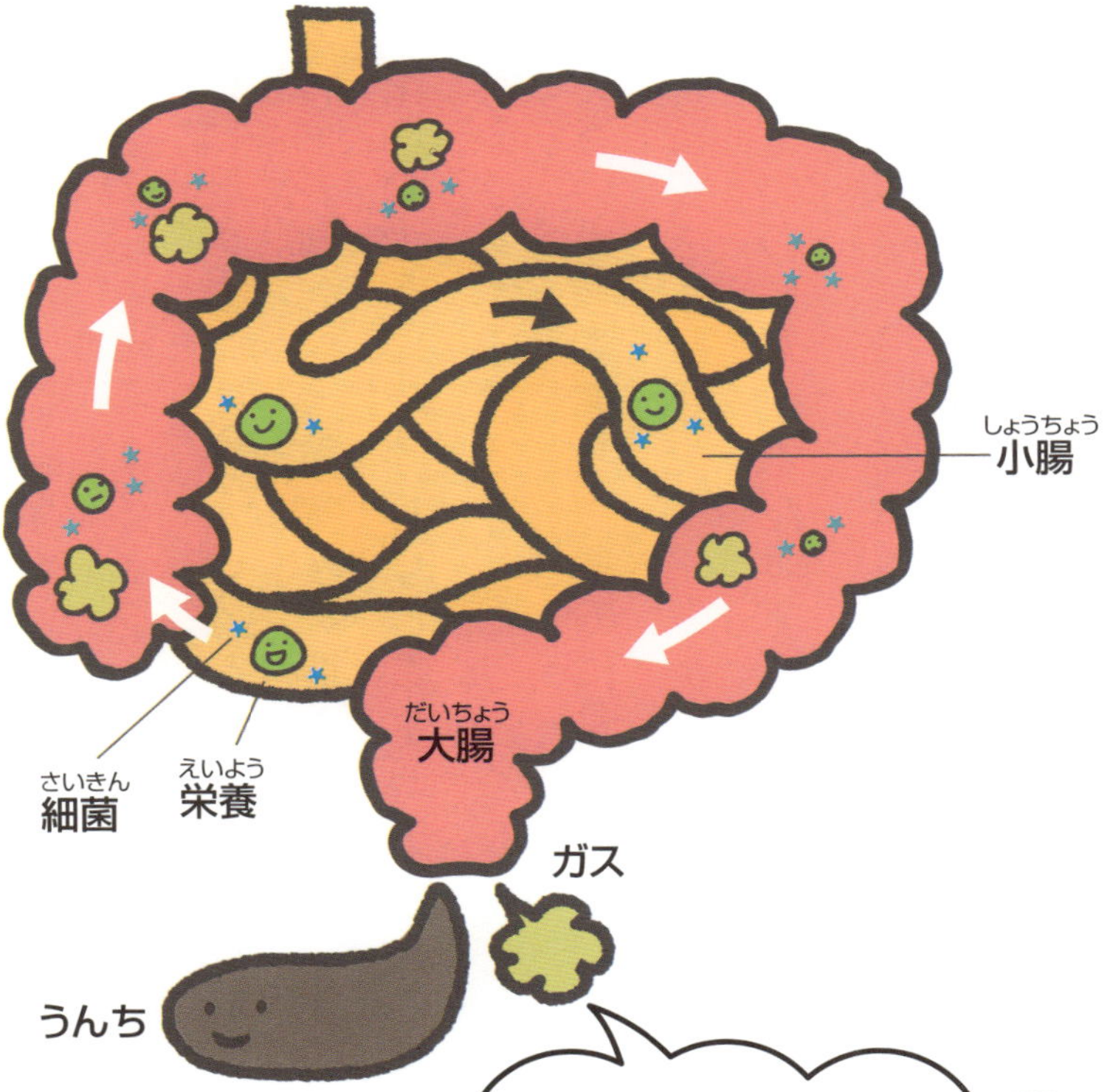

細菌《さいきん》が食《た》べものを小《ちい》さくするとき、
くさいガスが出《で》る。これがうんちの
においのもとだよ。

ります。食《た》べたもののうち、およそ10分《ぶん》の1がうんちとして出《で》ます。

　小腸《しょうちょう》と大腸《だいちょう》には、たくさんの細菌《さいきん》がいます。細菌《さいきん》は、ひとつの細胞《さいぼう》でできた小《ちい》さないきもので、成長《せいちょう》すると2つにわかれてどんどんふえていきます。みなさんは腸内《ちょうない》フローラということばを聞《き》いたことがありますか。フローラとはお花畑《はなばたけ》という意味《いみ》で、腸《ちょう》の中《なか》にはたくさんの種類《しゅるい》の細菌《さいきん》が、まるでお花畑《はなばたけ》のようにびっしりと集《あつ》まっています。この細菌《さいきん》が腸《ちょう》の中《なか》で食《た》べものを小《ちい》さくするのですが、このとき、いろいろなガスが出《で》ます。なかにはくさいガスもあり、そのにおいがうんちについたり、うんちといっしょに出《で》てきたりします。だから、うんちはくさいのです。

　うんちには食《た》べものの残《のこ》りかすだけではなく、役目《やくめ》を終《お》えた細菌《さいきん》もまじっています。うんちのもととなるのは、およそ半分《はんぶん》が食《た》べものの残《のこ》りかすと、古《ふる》くなった胃《い》や腸《ちょう》の細菌《さいきん》がはがれたもの。もう半分《はんぶん》が、腸《ちょう》ではたらいていた細菌《さいきん》です。

瀧靖之先生の実践アドバイス

このおはなしに興味《きょうみ》をもったら・・・

いいうんち、出《で》てる？
絵本《えほん》でうんちの種類《しゅるい》を知《し》ろう

うんちは健康《けんこう》のバロメーターといわれます。絵本《えほん》『うんぴ・うんにょ・うんち・うんご―うんこのえほん』（ほるぷ出版《しゅっぱん》）では、いろんなうんちに、それぞれ名《な》前《まえ》をつけて観察《かんさつ》をうながします。どんなときに、どんなうんちが出《で》るのか。いいうんちを出《だ》すために、なにを食《た》べて、どんな生活《せいかつ》をするといいのか。親子《おやこ》で勉強《べんきょう》しましょう。

ひとのからだ

14

おならはなぜ出《で》るの？

おしりからプーッと出《で》ちゃう、おなら。だれかに気《き》づかれたら、ちょっとはずかしいですよね。でも、おならが出《で》るのは、からだの中《なか》で腸《ちょう》がしっかりはたらいているしょうこなんですよ。

私《わたし》たちが口《くち》から食《た》べたものは食道《しょくどう》を通《とお》り、胃《い》でとかされて、腸《ちょう》に運《はこ》ばれます。腸《ちょう》にはたくさんの細菌《さいきん》がいて、食《た》べものをからだにとりこめるかたちにしてくれます。これを「分解《ぶんかい》」といいますが、細菌《さいきん》が食《た》べものを分解《ぶんかい》するとき、いろいろなガスが出《で》ます。これがおならのしょうたいです。ガスには、くさいものと、あまりくさくないものがあります。

焼《や》きいもを食《た》べたら、おならがいっぱい出《で》たことはありませんか。サ

おならが出《で》るしくみ

おならのもとは、腸内《ちょうない》のガスと、
口《くち》からのみこんだ空気《くうき》だよ。

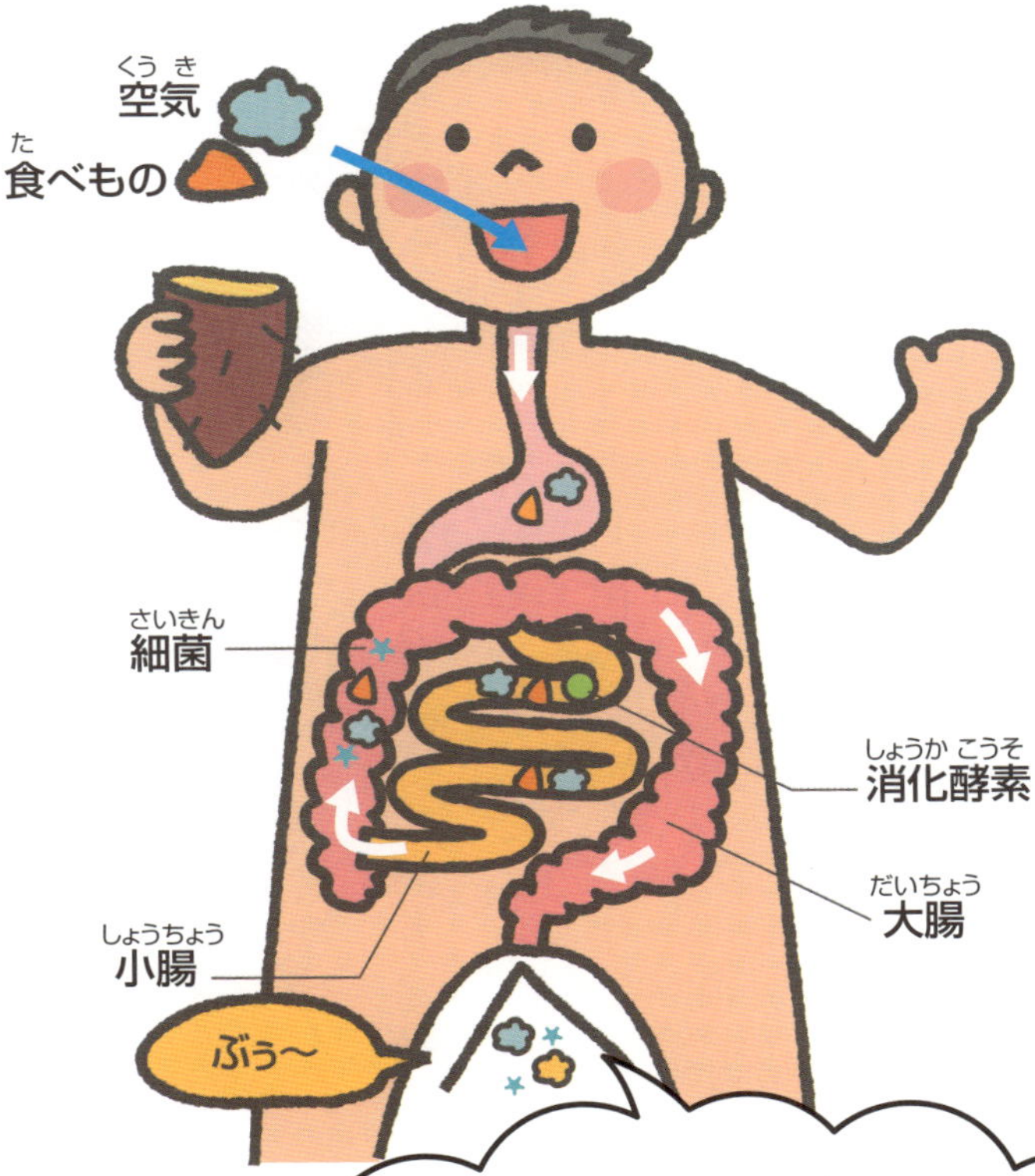

腸《ちょう》のなかで、細菌《さいきん》が食《た》べものを小《ちい》さくするときに出《で》るガスがおなら。くさいものと、あまりくさくないものがあるよ。

ツマイモには、食物《しょくもつ》せんいがたっぷり入《はい》っています。食物《しょくもつ》せんいは胃《い》でとかされることなく、腸《ちょう》へ送《おく》られます。腸《ちょう》にいる細菌《さいきん》は食物《しょくもつ》せんいがやってくると、がんばって分解《ぶんかい》しようとします。そのぶんガスも多《おお》く出《で》るため、おならが増《ふ》えるのです。食物《しょくもつ》せんいは、ゴボウ、豆《まめ》、きのこ、海《かい》そう類《るい》などにもふくまれています。ただし、食物《しょくもつ》せんいの多《おお》い食《た》べものをとったときに出《で》るおならは、あまりくさくありません。おならをくさくする食《た》べものは、肉《にく》や魚《さかな》、卵《たまご》などです。だから、ライオンやヒョウなど、肉《にく》をよく食《た》べる動物《どうぶつ》のおならはくさいんですよ。

もうひとつ、おならのもとになるのが、食《た》べたり飲《の》んだりするときに口《くち》からいっしょに入《はい》った空気《くうき》です。この空気《くうき》とガスがおしりにあつまって、外《そと》に出《で》るとおならになります。じつは、おならは気《き》づかないうちにおしりから少《すこ》しずつ出《で》ています。たくさんたまったときに一気《いっき》に出《で》ると、おしりの穴《あな》（肛門《こうもん》）がふるえて、プーッという音《おと》が聞《き》こえます。

瀧靖之先生の実践アドバイス

このおはなしに興味《きょうみ》をもったら・・・

くさくないおならを出《だ》す食《た》べものをさがそう

くさくないおならのもと

くさいおならのもと

腸《ちょう》の健康《けんこう》に役立《やくだ》つことがわかり、「第六《だいろく》の栄養素《えいようそ》」として注目《ちゅうもく》されている食物《しょくもつ》せんい。この食物《しょくもつ》せんいには、水《みず》に溶《と》けやすいもの（水溶性食物《すいようせいしょくもつ》せんい）と、水《みず》に溶《と》けないもの（不《ふ》溶性食物《ようせいしょくもつ》せんい）があり、どちらもバランスよく食《た》べることがたいせつです。それぞれ、どんな食《た》べものに入《はい》っているでしょうか。食《た》べものの図鑑《ずかん》などで調《しら》べてみましょう。

また、おならは宇宙《うちゅう》開発《かいはつ》の歴史《れきし》とも深《ふか》い関《かん》係《けい》があります。宇宙開《うちゅうかい》発《はつ》で有名《ゆうめい》なアメリカ航《こう》空宇宙局《くううちゅうきょく》（NASA《ナサ》）は、おならの研究《けんきゅう》を熱心《ねっしん》にしていました。絵本《えほん》『うんちの正体《しょうたい》 菌《きん》は人《じん》類《るい》をすくう』（ポプラ社《しゃ》）などを参考《さんこう》に調《しら》べてみてください。「おならって、燃《も》えるんだよ」といったおもしろいおはなしがのっていますよ。

ひとのからだ

15

血《ち》はどうして赤《あか》いの？

わたしたちのからだには、たくさんの血《ち》が流《なが》れています。ころんでひざやうでをすりむいたときには、赤《あか》い血《ち》が出てきてびっくりしますよね。どうして血《ち》は赤《あか》いのでしょうか。

わたしたちのからだに流《なが》れている血《ち》（血《けつ》えき）の中《なか》には、赤血球《せっけっきゅう》という、赤《あか》い円《えん》ばんのようなかたちをした細胞《さいぼう》がたくさんはいっています。赤血球《せっけっきゅう》は、からだにとりこんだ酸素《さんそ》を運《はこ》ぶたいせつなはたらきをしています。この赤血球《せっけっきゅう》には、ヘモグロビンとよばれる成分《せいぶん》がはいっています。このヘモグロビンが、赤《あか》い色《いろ》のしょうたいです。

人間《にんげん》は、口《くち》や鼻《はな》からいきをして、空気《くうき》の中《なか》から酸素《さんそ》をとりこんでいま

血《ち》にふくまれる成分《せいぶん》

血《ち》が赤《あか》いのは、赤血球《せっけっきゅう》にはいっている

ヘモグロビンが赤《あか》いからだよ。

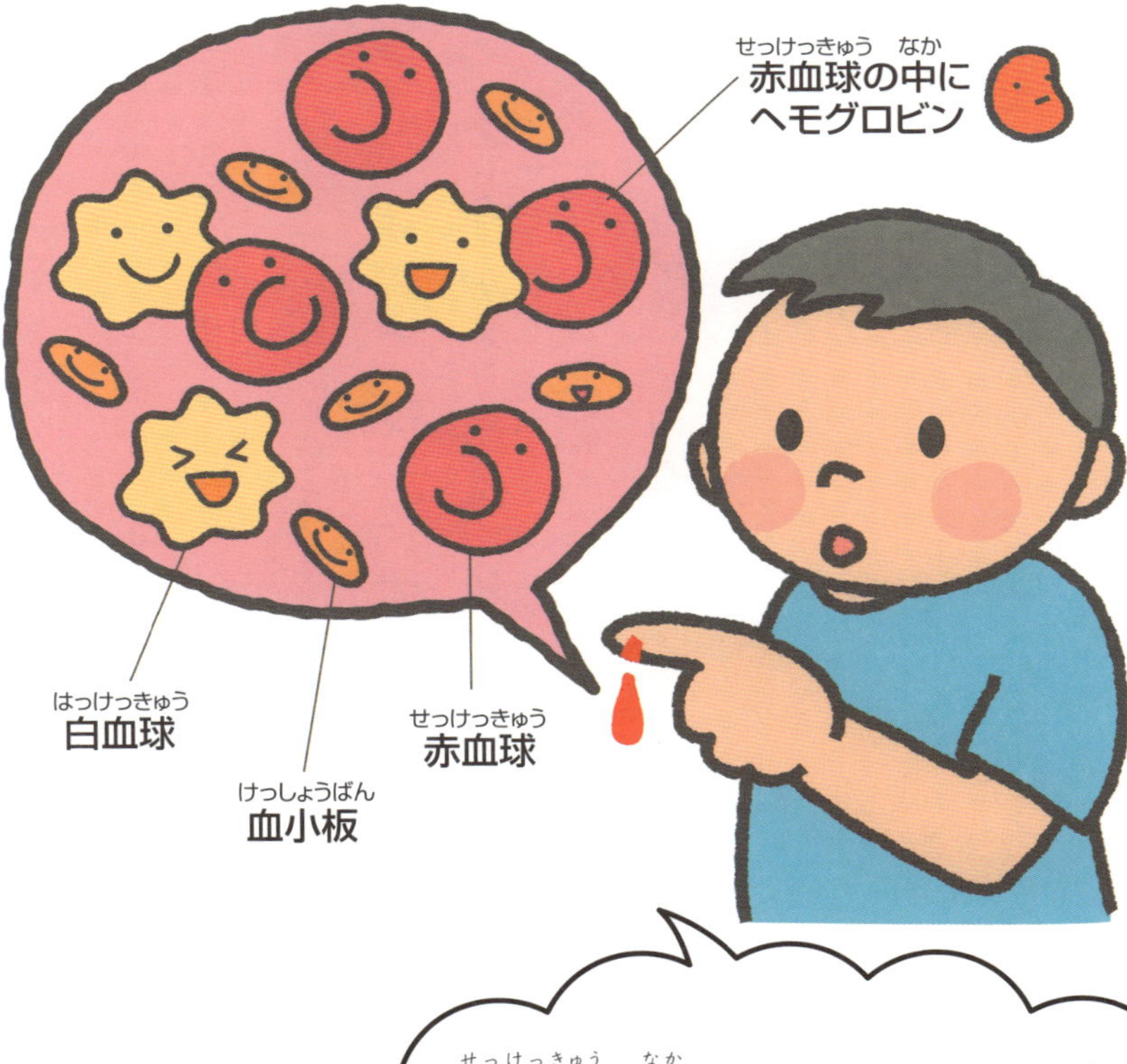

赤血球《せっけっきゅう》の中《なか》にはいっているヘモグロビンは、酸素《さんそ》とくっついて、あざやかな赤《あか》い色《いろ》になるんだ。

す。とりいれた酸素《さんそ》を血《けつ》えきがからだ中《じゅう》にとどけるのですが、このときヘモグロビンは、酸素《さんそ》とくっついて、あざやかな赤《あか》い色《いろ》になるのです。

酸素《さんそ》をたっぷりとりこんだ血《ち》は、心《しん》ぞうからおくりだされ、動脈《どうみゃく》という血《ち》のとおり道《みち》（血《けっ》かん）をすすんでいきます。心《しん》ぞうからはなれると血《けっ》かんはどんどんほそくなり、その中《なか》をさらにすすみ、からだのすみずみまで酸素《さんそ》をとどけます。そしてかえり道《みち》は、とどけた酸素《さんそ》のかわりに、いらなくなった二酸化炭素《にさんかたんそ》をもって、心《しん》ぞうへともどります。酸素《さんそ》がすくなくなった血《ち》は、あざやかな赤色《あかいろ》ではなく、くろっぽい赤《あか》になっています。

動脈《どうみゃく》は、酸素《さんそ》と栄養《えいよう》を運《はこ》ぶ道《みち》で、たいていはからだの奥《おく》のほうにあります。静脈《じょうみゃく》は、いらなくなったものをからだのすみずみからひきとって心《しん》ぞうへもどる道《みち》で、からだの表面《ひょうめん》にも道《みち》がとおっています。手《て》のこうを見《み》てください。ここには静脈《じょうみゃく》がとおっています。赤《あか》ぐろい血《ち》と血《けっ》かんの色《いろ》がまじって、青《あお》っぽく見《み》えるはずです。

瀧靖之先生の実践アドバイス

このおはなしに興味《きょうみ》をもったら・・・

青《あお》い血《ち》をもった いきものを探《さが》してみよう

ヘモグロビンがないんだよ
ぼくたちの血《ち》は青《あお》いよ!

人間《にんげん》の血《ち》は赤色《あかいろ》ですが、いきものすべての血《ち》が赤《あか》いわけではありません。イカやタコなど、青《あお》い血《ち》が流《なが》れているいきものもいます。血《けつ》えきの中《なか》にヘモグロビンがなく、かわりに酸素《さんそ》を運《はこ》ぶ青色《あおいろ》のものが入《はい》っているからです。ほかにも貝《かい》や虫《むし》など、青《あお》い血《ち》をもついきものがいます。どんな種類《しゅるい》がいるのか調《しら》べてみましょう。

ひとのからだ

16 つめは何《なん》のためにあるの？

わたしたちの手《て》と足《あし》のゆびさきにある、つめ。生《う》まれたばかりの赤《あか》ちゃんにも、ちいさなつめがちょこんとついています。つめは毎日《まいにち》すこしずつのびて、ときどきパチンと切《き》るひつようがありますね。からだの一部《いちぶ》なのに、切《き》ってもいたくないのは、なぜでしょう。

たとえばゆびさきを切《き》ると、いたくて、血《ち》が出《で》ます。これは、からだをおおっている皮《ひ》ふに、いたみをかんじる神経《しんけい》と、血《ち》の流《なが》れる血《けっ》かんがあるからです。そして皮《ひ》ふのいちばん外《そと》がわは、角質層《かくしつそう》というものにおおわれています。角質層《かくしつそう》には神経《しんけい》も血《けっ》かんもとおっていません。からだの中《なか》にある神経《しんけい》や血《けっ》かんをまもってくれる、洋服《ようふく》のようなはたらきをし

つめがのびるしくみ

つめは、皮《ひ》ふの外《そと》がわにある
角質層《かくしつそう》が変化《へんか》してできたものだよ。

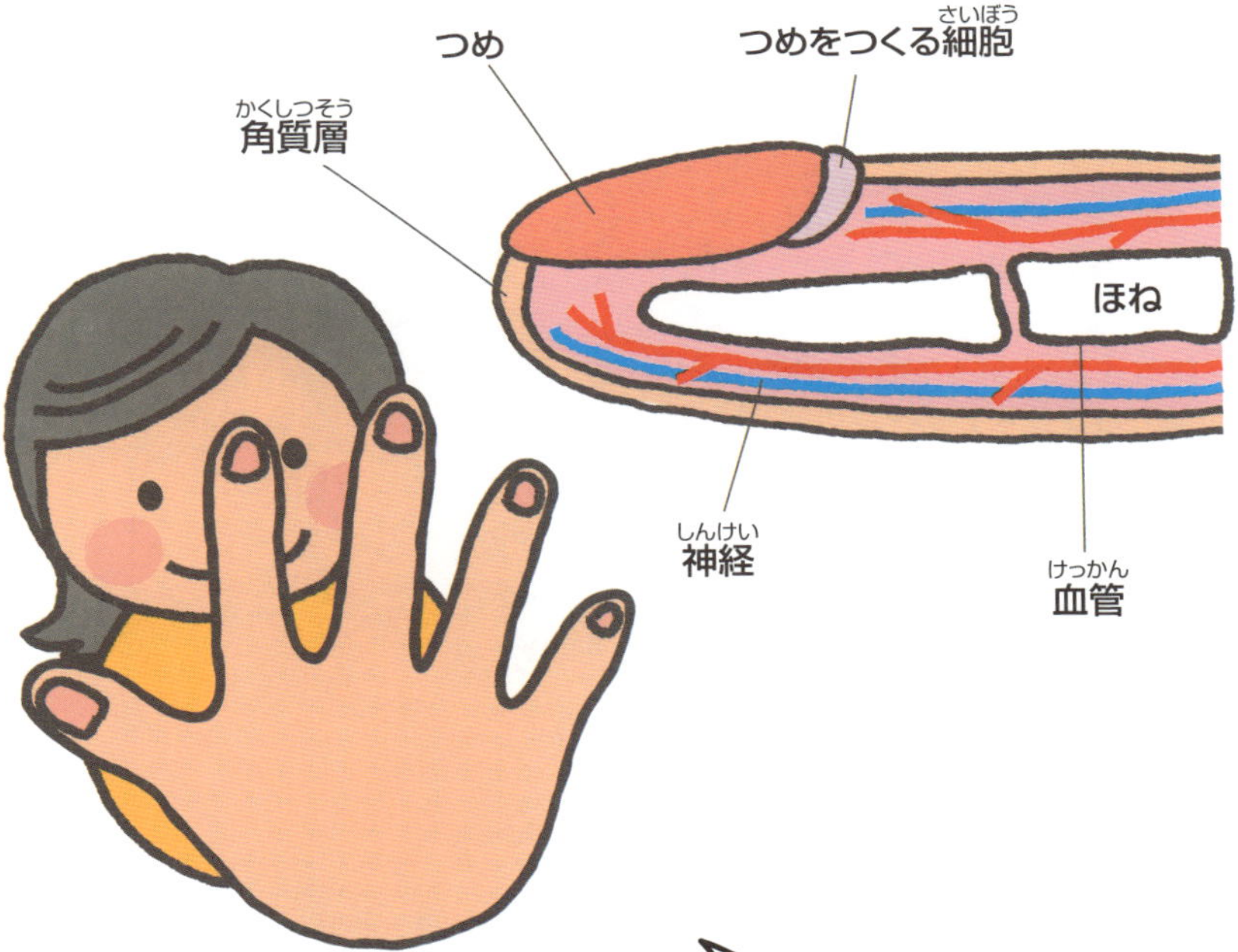

人間《にんげん》は、つめのおかげでゆびさきに力《ちから》を入《い》れたり、ゆびさきをしなやかに動《うご》かすことができるんだ。

ています。つめは、この角質層《かくしつそう》が変化《へんか》してできたものです。ですから、パチンと切《き》ってもいたくないし、血《ち》も出《で》ません。

つめの根元《ねもと》にはつめをつくる細胞《さいぼう》があり、つぎつぎとあたらしいつめをつくっています。つめはふつう、10日《とおか》で約《やく》1ミリほどのびます。つめはとてもかたくて、ものがあたっても、きずつかないようにゆびさきをまもってくれています。ゆびさきには神経《しんけい》がたくさんあり、つめはその感覚《かんかく》をするどくするのにも役《やく》だっています。かたいつめを支《ささ》えにすることで、ゆびさきに力《ちから》を入《い》れられるのです。そのおかげで、小《ちい》さなものをつまんだり、ひっぱったり、いろいろなことができるようになっています。足《あし》のつめはからだを支《ささ》え、歩《ある》いたり走《はし》ったりするときに力《ちから》を入《い》れるはたらきがあります。手《て》も足《あし》も、つめがのびすぎると、ひっかけてわれてしまったり、つめとゆびのあいだにばい菌《きん》が入《はい》ってしまったりするので、こまめに切《き》ってせいけつにしましょう。

瀧靖之先生の実践アドバイス

このおはなしに興味《きょうみ》をもったら・・・

人間以外《にんげんいがい》の動物《どうぶつ》について調《しら》べてみよう

人間《にんげん》のつめは、平《ひら》づめというとくべつなかたちをしています。わたしたちはものをつかめる指《ゆび》のかたちと、それを支《ささ》えるつめによって、こまかい作業《さぎょう》をしたり、道具《どうぐ》を使《つか》ったりすることができます。そして道具《どうぐ》を使《つか》う手《て》の発達《はったつ》が、脳《のう》の進化《しんか》をもたらしたと考《かんが》えている人《ひと》もいます。ふだんなにげなく切《き》っているつめも、人間《にんげん》の進化《しんか》の過《か》程《てい》を探《さぐ》る手《て》がかりとなるのです。

また、動物《どうぶつ》にも、皮《ひ》ふが変化《へんか》してできたものがあります。ウマやウシのひづめ、シカやヒツジやサイの角《つの》は、皮《ひ》ふの一部《いちぶ》が固《かた》くなってできたものです。それぞれ人間《にんげん》のつめのように、だいじな役《やく》わりがあります。どんなふうに役《やく》だっているのか、動物図鑑《どうぶつずかん》で調《しら》べてみましょう。

ひとのからだ

17

泣《な》くとなぜ涙《なみだ》が出《で》るの？

みなさんは、どんなときに涙《なみだ》を流《なが》しますか。おかあさんにしかられてかなしいとき？　ころんでひざをすりむいたとき？　あくびをしたときも涙《なみだ》が出《で》ることがありますね。涙《なみだ》はどこからやってくるのでしょう。じつは涙《なみだ》は、みなさんが目《め》をあけているとき、いつも出《で》ています。涙《なみだ》は目《め》をぬらしてかわかないようにするはたらきがあります。そして栄養《えいよう》や酸素《さんそ》をとどけたり、目《め》についたゴミやばいきんを洗《あら》いながしてくれます。砂《すな》がはいると目《め》がいたくて、涙《なみだ》がたくさん出《で》ますよね。それはからだが、目《め》をきずつける砂《すな》を涙《なみだ》といっしょに目《め》の外《そと》に出《だ》そうとするからです。涙《なみだ》は上《うえ》のまぶたのうらがわにある涙《るい》せんというところでつくられま

目《め》をまもる涙《なみだ》のはたらき

目《め》はいつも涙《なみだ》のまくにまもられている。
涙《なみだ》にはいろんなはたらきがあるよ！

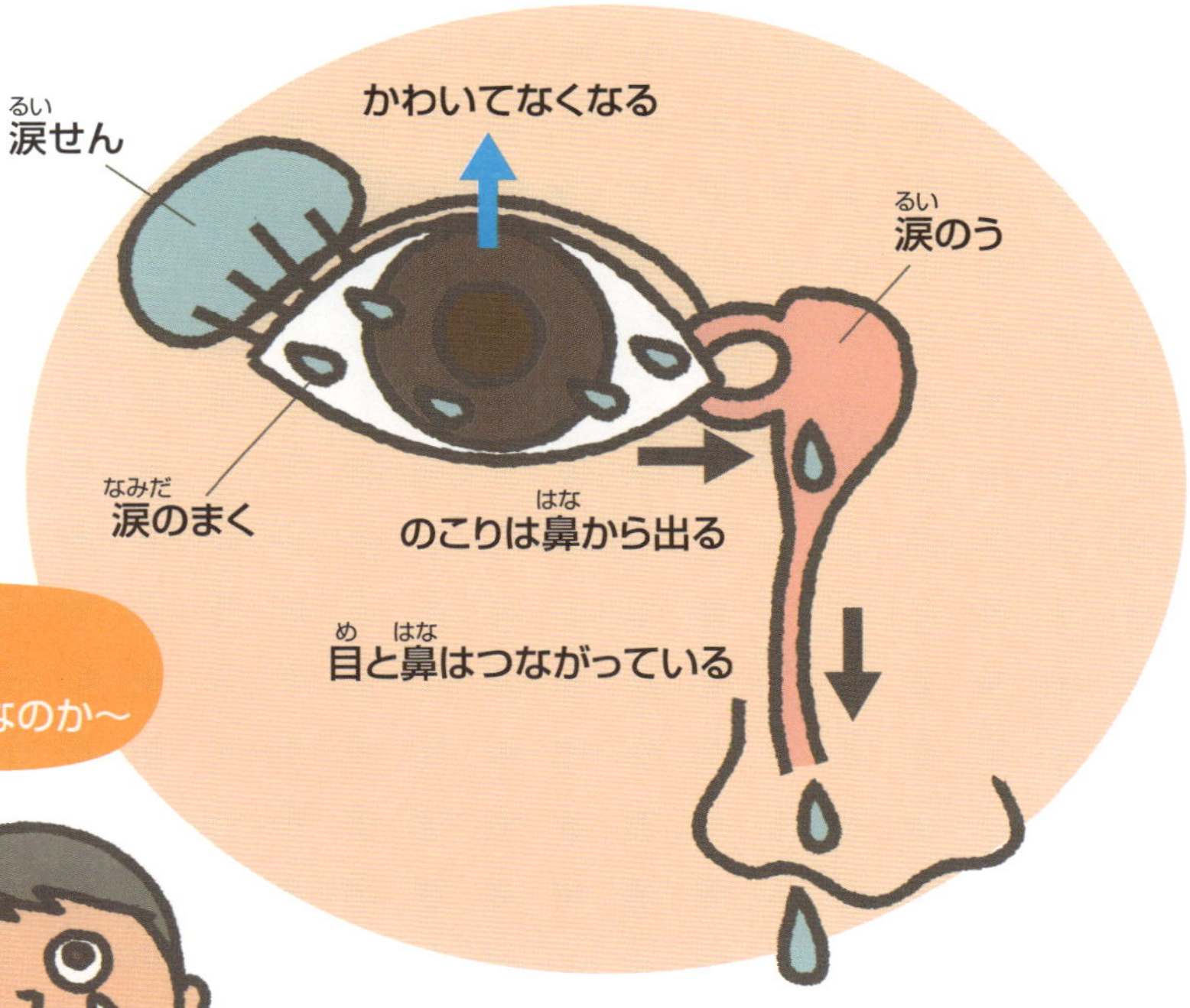

涙《なみだ》は上《うえ》のまぶたのうらがわにある涙《るい》せんでつくられる。古《ふる》くなった涙《なみだ》は涙《るい》のうをとおって鼻《はな》から出《で》るよ。

す。そしてパチパチとまばたきすることで、目《め》に涙《なみだ》のまくをつくります。一部《いちぶ》はかわいてなくなり、のこりは古《ふる》くなった涙《なみだ》をためる涙《るい》のうというふくろをとおって鼻《はな》から出《で》ます。口《くち》を大《おお》きくあけてあくびをすると、顔《かお》の筋肉《きんにく》が大《おお》きくうごいて涙《るい》のうがおされ、たまっていた涙《なみだ》が出《で》てきます。

では、なぜかなしいときにも涙《なみだ》が出《で》るのでしょう。わたしたちのからだには、知《し》らないあいだにちょうしをととのえてくれる神経《しんけい》があります。これを自律神経《じりつしんけい》といい、そのなかには、こころとからだが動《うご》くときにはたらく交感神経《こうかんしんけい》と、からだを休《やす》ませるときにはたらく副交感神経《ふくこうかんしんけい》があります。かなしいときは気持《きも》ちがきんちょうして、交感神経《こうかんしんけい》がたくさんはたらきます。そのため副交感神経《ふくこうかんしんけい》がきんちょうをゆるませようとして、涙《なみだ》を出《だ》すようにはたらきます。このように涙《なみだ》は、こころとからだのバランスをととのえるスイッチのような役《やく》わりもあるのです。

瀧靖之先生の実践アドバイス

このおはなしに興味《きょうみ》をもったら・・・

泣《な》かずにはいられない!? たまねぎ切《き》りに挑戦《ちょうせん》しよう

包丁《ほうちょう》でたまねぎを切《き》ってみましょう。目《め》がツーンといたくなって、涙《なみだ》が出《で》ます。これは、たまねぎを切《き》ったときに出《で》る成分《せいぶん》が、涙《るい》せんのまわりの神経《しんけい》を刺激《しげき》するからです。では、目《め》がいたくならないようにするにはどうしたらいいでしょうか。くわしくは２２８ページを読《よ》んでくださいね。包丁《ほうちょう》の使《つか》い方《かた》は２０８ページにあります。

ひとのからだ

18

なぜ虫歯《むしば》になるの？

みなさんの歯《は》は、けんこうですか。口《くち》を大《おお》きくあけて、かがみでかんさつしてみましょう。たくさんある歯《は》の１本《ぽん》１本《ぽん》が、だいじなはたらきをしています。だからわたしたちは毎日《まいにち》歯《は》をみがいて、たいせつにしなければいけません。もしも歯《は》みがきをしないで、あまいものばかり食《た》べていると、虫歯《むしば》になってしまいます。虫歯《むしば》をつくるはんにんは、「虫歯《むしば》菌《きん》」という目《め》には見《み》えないものです。

わたしたちの歯《は》は、いろいろなものを食《た》べることができるように、とてもかたくできています。とくにいちばん外《そと》がわにあるエナメルしつは、人間《にんげん》のからだの中《なか》で、いちばんかたいところです。でも、虫歯《むしば》

虫歯菌《むしばきん》が歯《は》をとかす!?

虫歯菌《むしばきん》は、かたい歯《は》を少《すこ》しずつ
とかして、穴《あな》をつくるよ。

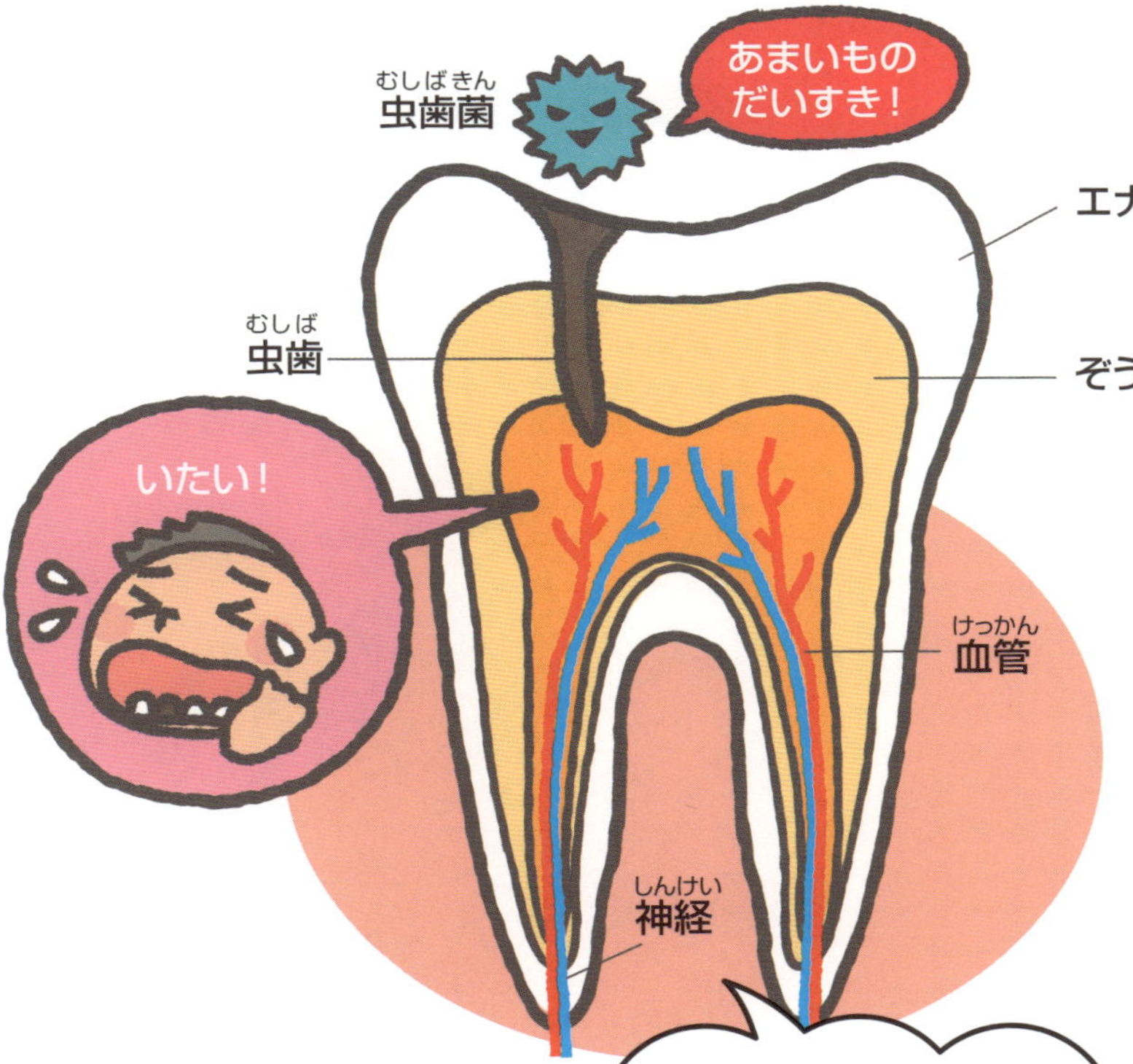

虫歯菌《むしばきん》の出《だ》す酸《さん》がエナメルしつと、ぞうげしつをとかして、神経《しんけい》に届《とど》くと……たいへんだ!!

菌《きん》は、このかたいエナメルしつをとかすことができます。虫歯菌《むしばきん》は、ジュースやおかしなど、あまくておいしいものが大好《だいす》きです。だからあなたがあまいものばかり食《た》べていると、虫歯菌《むしばきん》がよろこんで、どんどんはたらき、仲間《なかま》をふやします。そしてこのとき、酸《さん》というどくを出《だ》します。この酸《さん》が、かたいエナメルしつを少《すこ》しずつとかします。さらに酸《さん》はエナメルしつの下《した》にある、ぞうげしつもとかして穴《あな》をつくり、そのおくにある神経《しんけい》と血管《けっかん》までとどくと、「いたい！」と感《かん》じるようになります。「いたい！」と思《おも》ったら、りっぱな虫歯《むしば》ができているしょうこ。すぐに、歯《は》いしゃさんでちりょうしてもらわなければいけません。

口《くち》の中《なか》の虫歯菌《むしばきん》をやっつけるには、どうしたらいいでしょうか。そう、毎日《まいにち》がんばって歯《は》をみがくことです。虫歯菌《むしばきん》は歯《は》についたよごれにかくれて、あなたの歯《は》をいつもねらっています。食《た》べたあとはしっかり歯《は》みがきをして、食《た》べかすをとりのぞきましょう。

瀧靖之先生の実践アドバイス

このおはなしに興味《きょうみ》をもったら・・・

昔《むかし》の女《おんな》の人《ひと》は、歯《は》が黒《くろ》かったって本当《ほんとう》？

明治《めいじ》初期《しょき》まで日本女《にほんじょ》性《せい》の習慣《しゅうかん》として長《なが》く続《つづ》けられた「お歯黒《はぐろ》」。結婚《けっこん》した女性《じょせい》は、おけしょうのひとつとして、歯《は》を黒《くろ》くすることがおしゃれとされていました。このお歯黒《はぐろ》は、虫歯《むしば》を予防《よぼう》するのにも役立《やくだ》っていたといわれています。江戸時《えどじ》代《だい》の浮世絵《うきよえ》には、歯《は》を黒《くろ》く染《そ》めた女性《じょせい》が描《えが》かれているので、探《さが》してみましょう。

ひとのからだ

19

あついとなぜ汗《あせ》が出《で》るの？

夏《なつ》のあつい日《ひ》、汗《あせ》をたくさんかきますよね。走《はし》ったときなど、からだをたくさん動《うご》かしたときも汗《あせ》が出ます。じつはこの汗《あせ》は、あつくなったからだをさますという、たいせつなはたらきをしています。

人間《にんげん》のからだは皮《ひ》ふにおおわれていて、皮《ひ》ふの中《なか》には汗《かん》せんという汗《あせ》を出《だ》すところがあります。あつい場所《ばしょ》にいたり、運動《うんどう》したあとは、脳《のう》が汗《かん》せんに「汗《あせ》を出《だ》せ」とめいれいします。汗《あせ》はほとんどが水《みず》でできているので、かわくときにからだの熱《ねつ》をいっしょにもっていきます。人間《にんげん》は体温《たいおん》が上《あ》がりすぎるとからだがうまく動《うご》かなくなるため、からだに熱《ねつ》がたまったときは、汗《あせ》をかいてちょうどいい温度《おんど》まで下《さ》げているのです。

汗《あせ》はからだをさますよ！

からだに熱《ねつ》がたまると、脳《のう》が汗《かん》せんに

「汗《あせ》を出《だ》せ」とめいれいするよ。

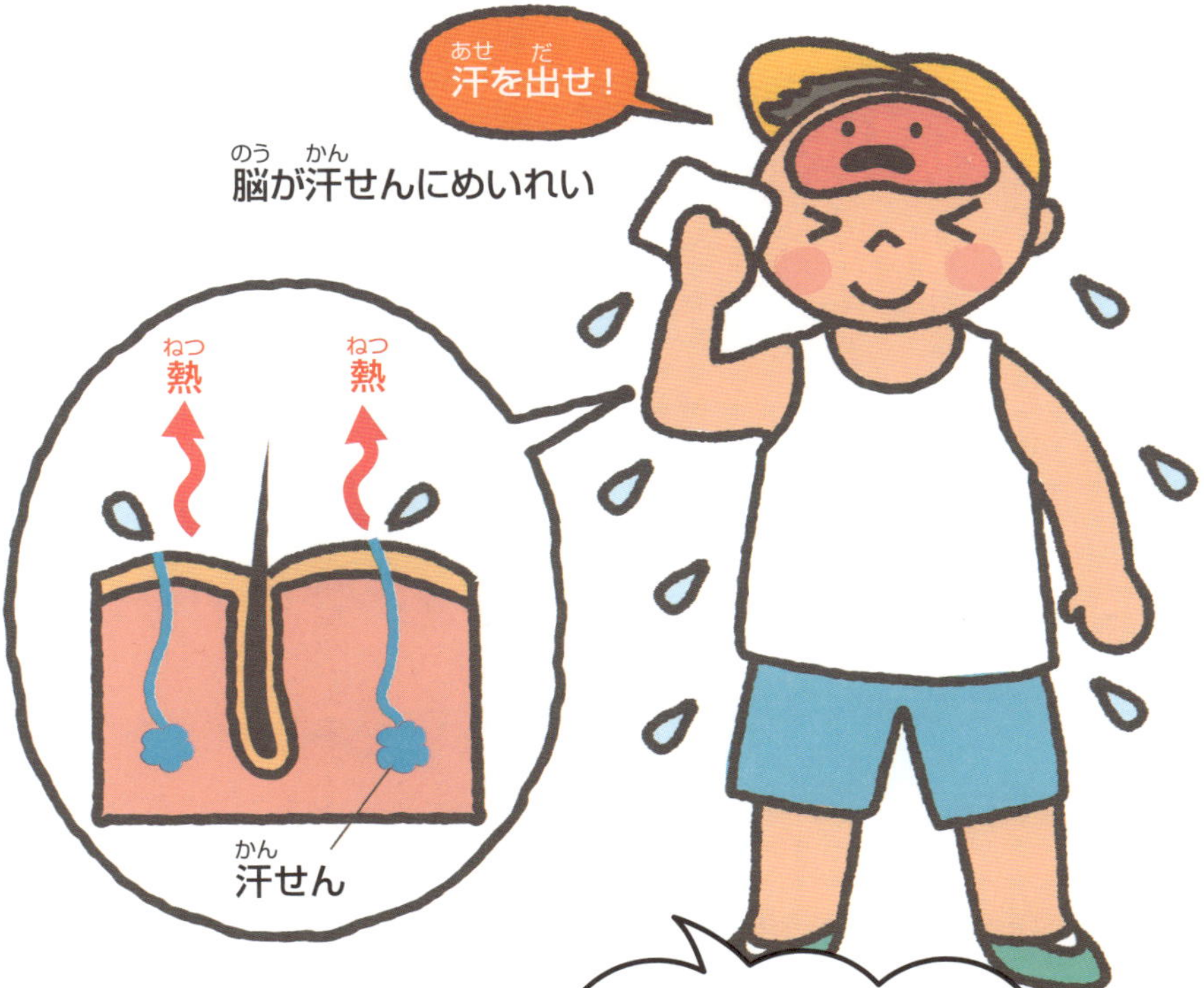

汗《あせ》がかわくとき、からだの熱《ねつ》をいっしょにもっていって、ちょうどいい温《おん》度《ど》まで下《さ》げてくれるんだ。

とてもあつい日《ひ》は、何《なん》リットルもの汗《あせ》をかきます。たくさん汗《あせ》をかいたときに水分《すいぶん》をとらないと、からだの水分《すいぶん》が足《た》りなくなり、汗《あせ》がかけなくなって、からだが熱《ねつ》をもったままになってしまうことがあります。そのため、あつい夏《なつ》には、熱中症《ねっちゅうしょう》などの病気《びょうき》が多《おお》くなります。熱中症《ねっちゅうしょう》になると、気持《きも》ちが悪《わる》くなったり、頭《あたま》がいたくなったり、意識《いしき》をうしなったりします。命《いのち》にかかわることもある危険《きけん》な病気《びょうき》です。

また、汗《あせ》の中《なか》にはすこし塩分《えんぶん》がはいっています。ですから汗《あせ》をたくさんかいたときは、汗《あせ》をつくるために水分《すいぶん》と、すこしの塩分《えんぶん》をとる必要《ひつよう》があります。

わたしたちは寝《ね》ているときも、汗《あせ》をかいています。寝《ね》ているあいだ、大人《おとな》の人《ひと》ならコップ１杯《ぱい》の汗《あせ》をかくといわれます。さむい冬《ふゆ》の日《ひ》も、暖《だん》房《ぼう》のきいた部屋《へや》などにはいったときに、いがいと汗《あせ》をかいています。汗《あせ》をかいたと感《かん》じていないときも、水分《すいぶん》はこまめにとりましょう。

瀧靖之先生の実践アドバイス

このおはなしに興味《きょうみ》をもったら・・・

手《て》づくりスポーツドリンクで熱中症《ねっちゅうしょう》を予防《よぼう》しよう

たくさん汗《あせ》をかくときは、水分《すいぶん》といっしょに塩分《えんぶん》も失《うしな》うため、塩《えん》分《ぶん》を補給《ほきゅう》できる飲《の》みものをとることが必要《ひつよう》です。多《おお》くのスポーツドリンクが市販《しはん》されていますが、塩《しお》や梅《うめ》ぼし、はちみつ、レモン汁《じる》など手《て》にはいりやすい食《しょく》材《ざい》でつくることもできます。いろんなレシピを試《ため》して、好《す》きな味《あじ》のスポーツドリンクをつくってみませんか？

ひとのからだ

20 どうしてかぜをひくの？

みなさんが「かぜをひいちゃった」と思《おも》うのは、どんなときでしょうか。ねつが出《で》たり、くしゃみやせきをしたり、鼻水《はなみず》が出《で》たり、のどがいたくなったり、いろんなしょうじょうがありますよね。これは、かぜのげんいんとなるものに、たくさんの種類《しゅるい》があるからです。

わたしたちの身《み》のまわりには、ウイルスという目《め》に見《み》えないほど小《ちい》さなものがいます。かぜのほとんどのげんいんはウイルスで、そのなかまは２００種類《しゅるい》以上《いじょう》がみつかっています。かぜのウイルスは鼻《はな》や口《くち》から入《はい》りこみ、からだの中《なか》でふえていきます。ウイルスは自分《じぶん》でふえることができないので、ほかのいきものの細胞《さいぼう》に入《はい》って、なかまをふやします。

くしゃみでウイルスがとぶ!?

かぜをひいた人が、せきやくしゃみをすると、ウイルスが空気中《くうきちゅう》にとび出《だ》す!

せきやくしゃみでウイルスがとびちると、1〜2メートルの距離《きょり》にいた人《ひと》がすいこんでしまうかも!

ウイルスがやってきたとき、わたしたちのからだもたたかいをはじめます。ウイルスが鼻《はな》に入《はい》ったら鼻水《はなみず》といっしょにおしながそうとし、口《くち》から入《はい》ったら、くしゃみやせきではじき出《だ》そうとします。それでもからだの中《なか》に入《はい》ってしまったら、リンパ球《きゅう》など、からだを守《まも》る細胞《さいぼう》たちがたたかいます。このとき、リンパ球《きゅう》がウイルスとたたかうところ（耳《みみ》の下《した》、手足《てあし》のつけ根《ね》など）がはれて、いたくなったりします。ねつが出《で》たり、せきや鼻水《はなみず》がひどくなったりもします。これは、からだがウイルスをたいじしようとがんばっているしょうこです。

かぜをひいた人《ひと》がせきやくしゃみをすると、ウイルスが空気中《くうきちゅう》にとび出《だ》し、それをほかの人《ひと》が吸《す》いこんでしまったりします。こうしてかぜのウイルスは、空気《くうき》やものをとおして、人《ひと》から人《ひと》へうつります。ですから、かぜをひいたときはおうちでゆっくりからだをやすめたり、マスクをして人《ひと》にうつさないように気《き》をつけてすごしましょう。

瀧靖之先生の実践アドバイス

このおはなしに興味《きょうみ》をもったら・・・

ウイルスにまけないからだをつくるには？

ウイルスにまけないよ！
元気《げんき》なからだ
KING

わたしたちのからだが元気《げんき》なときは、からだに入《はい》ってくるウイルスをはじき出《だ》そうとし、たとえウイルスが入《はい》りこんでも、ふえるまえにたいじすることができます。かぜになりにくい元気《げんき》なからだをつくるためには、どうすればいいのでしょうか。食《た》べものや生活《せいかつ》しゅうかんなど、毎日《まいにち》の生活《せいかつ》の中《なか》で、できることを探《さが》してみましょう。

21 空《そら》はなぜ色《いろ》がかわるの？

はれた日《ひ》のお昼《ひる》ごろ、空《そら》を見《み》あげると、きれいな青《あお》い色《いろ》が広《ひろ》がっていますね。そして夕方《ゆうがた》になると、赤《あか》い夕《ゆう》やけ空《ぞら》にかわっていきます。なぜ空《そら》は、1日《にち》のうちに、いろんな色《いろ》をみせるのでしょうか。

空《そら》の色《いろ》がかわるのは、太陽《たいよう》の光《ひかり》が関係《かんけい》しています。みなさんは太陽《たいよう》を絵《え》にかくとき、どんな色《いろ》をつかいますか。赤《あか》や黄色《きいろ》をつかうひとが多《おお》いかもしれませんね。でも、じつは太陽《たいよう》の光《ひかり》は、7つの色《いろ》がまざりあってできています。どんな色《いろ》かというと、虹《にじ》の色《いろ》と同《おな》じで、赤色《あかいろ》、だいだい色《いろ》、黄色《きいろ》、緑色《みどりいろ》、青色《あおいろ》、あい色《いろ》、むらさき色《いろ》です。この7色《いろ》がまざると、白色光《はくしょくこう》という白《しろ》に近《ちか》い色《いろ》に見《み》えます。

太陽《たいよう》の光《ひかり》は地球《ちきゅう》にどうとどく？

昼《ひる》と夕方《ゆうがた》で空《そら》の色《いろ》がかわるのは、
太陽《たいよう》の位置《いち》がかわるからだよ。

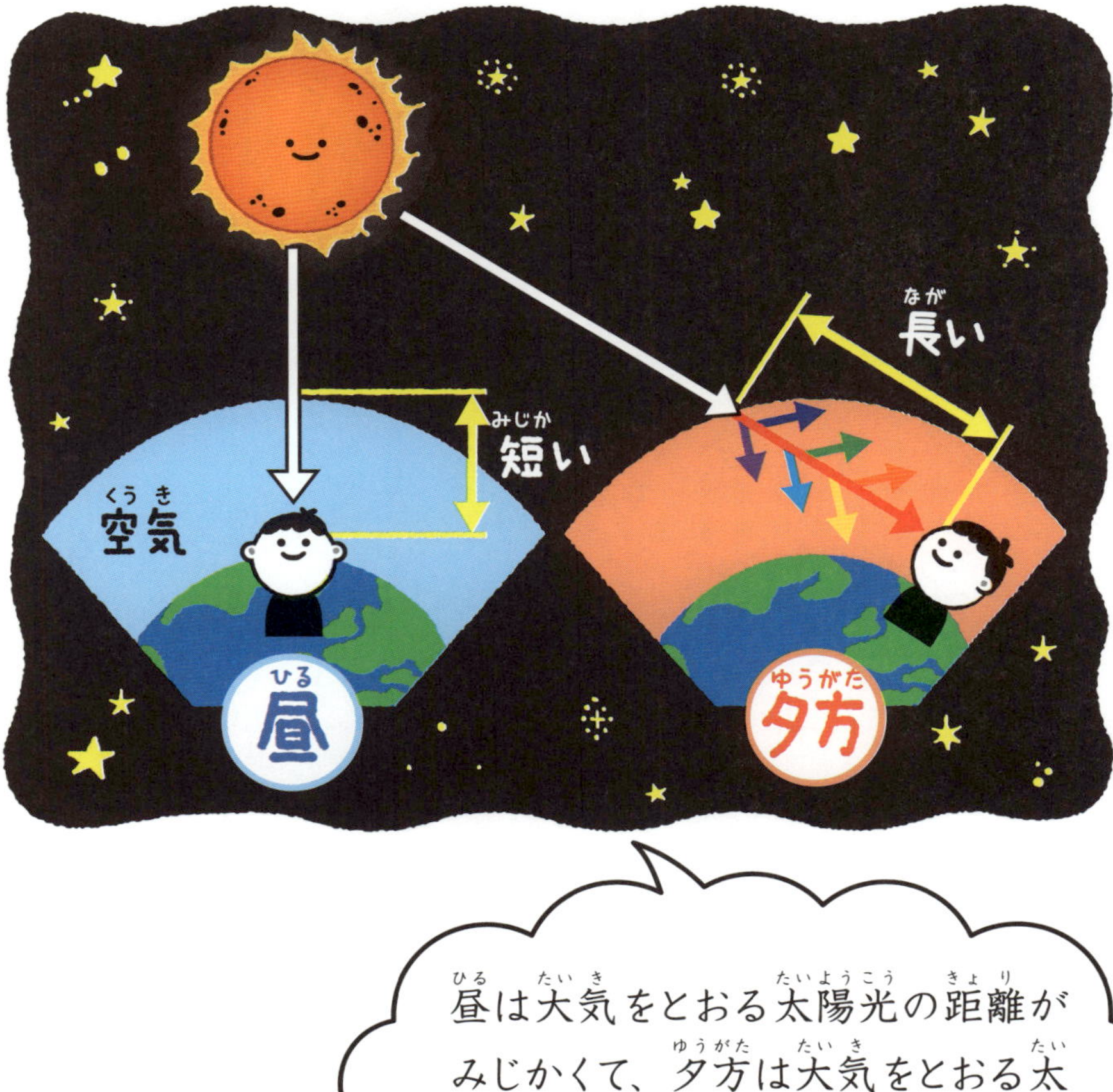

昼《ひる》は大気《たいき》をとおる太陽光《たいようこう》の距離《きょり》がみじかくて、夕方《ゆうがた》は大気《たいき》をとおる太陽光《たいようこう》の距離《きょり》が長《なが》くなるんだ。

地球《ちきゅう》の空《そら》たかくをつつんでいる空気《くうき》（大気《たいき》）のなかには、目《め》に見《み》えない小《ちい》さな分子《ぶんし》がたくさんあります。太陽《たいよう》の7色《いろ》の光《ひかり》は分子《ぶんし》にぶつかると、あちこちにちらばります。大気《たいき》のなかの分子《ぶんし》は、7色《いろ》の光《ひかり》のなかでも、とくに青《あお》い光《ひかり》をたくさんつかまえて、まきちらすせいしつがあります。そうしてまきちらされた青《あお》い光《ひかり》が空《そら》いっぱいに広《ひろ》がるため、わたしたちの目《め》には空《そら》が青《あお》く見《み》えるのです。

では、夕方《ゆうがた》になるとなぜ空《そら》が赤《あか》くなるのでしょう。それは、太陽《たいよう》の光《ひかり》がとおる大気《たいき》のあつさが関係《かんけい》します。太陽《たいよう》は時間《じかん》とともにわたしたちの上《うえ》から横《よこ》にうごき、夕方《ゆうがた》になると太陽《たいよう》の光《ひかり》は地球《ちきゅう》へななめにとどきます。そうすると太陽《たいよう》の光《ひかり》は大気《たいき》の中《なか》を長《なが》くとおることになり、青い光はどんどん分子《ぶんし》とぶつかって散《ち》らばり、見《み》えなくなります。しかし赤《あか》い光《ひかり》は分子《ぶんし》とぶつかっても散《ち》らばりにくく、まっすぐ地球《ちきゅう》へとどきます。そして赤《あか》い光《ひかり》が空《そら》いっぱいに広《ひろ》がるため、夕《ゆう》やけの空《そら》は赤《あか》く見《み》えます。

瀧靖之先生の実践アドバイス

このおはなしに興味《きょうみ》をもったら・・・

色《いろ》を混《ま》ぜると白《しろ》くなる!? 光《ひかり》と絵《え》の具《ぐ》で実験《じっけん》しよう

光《ひかり》は、赤色《あかいろ》、緑色《みどりいろ》、青色《あおいろ》の3色《しょく》を混《ま》ぜると白《しろ》く見《み》えます。これを「光《ひかり》の三原色《さんげんしょく》」といいます。3色《しょく》のセロファンを用意《ようい》して、ペンライトなどで光《ひかり》を通《とお》して、実際《じっさい》に観察《かんさつ》してみましょう。また、絵《え》の具《ぐ》でこの3色《しょく》を混《ま》ぜると、どうなるでしょうか。こちらは「色《いろ》の三《さん》原色《げんしょく》」といって、光《ひかり》とは違《ちが》う色《いろ》になりますので、試《ため》してみましょう。

しぜん

22 雨《あめ》はどうしてふるの？

雨《あめ》がふっているとき、空《そら》を見《み》あげたことはありますか。雨《あめ》がふると、太陽《たいよう》は見《み》えず、空《そら》は灰色《はいいろ》で、なんだかどんよりとおもいかんじがしますね。それは、空《そら》いっぱいに雲《くも》が広《ひろ》がっているからです。雨《あめ》は、この雲《くも》からできています。

雨《あめ》をふらす雲《くも》は、どうやってできるのでしょうか。まず、わたしたちの住《す》む地球《ちきゅう》には、海《うみ》の水《みず》や、地面《じめん》にふくまれた水分《すいぶん》などがあり、それが太陽《たいよう》の熱《ねつ》であたためられるとじょうはつして水《すい》じょう気《き》になります。じょうはつとは、水《みず》があたためられて、気体《きたい》のかたちにかわることで、おふろのお湯《ゆ》の上《うえ》にゆらゆらとみえるゆげも水《すい》じょう気《き》です。水《みず》がじょ

かたちをかえて水《みず》はめぐる

雨《あめ》をふらす雲《くも》は、海《うみ》の水《みず》などが
じょうはつしてできたものだよ。

水分《すいぶん》は空《そら》と陸《りく》、海《うみ》とのあいだを、
かたちをかえながら行《い》ったり来《き》たり、グルグルまわっているんだよ。

うはつして水《すい》じょう気《き》になると、空《そら》にのぼっていきます。空《そら》の上《うえ》は温度《おんど》が低《ひく》いので、水《すい》じょう気《き》は冷《ひ》やされて、小《ちい》さい水《みず》や氷《こおり》のつぶになります。

こうして水《みず》や氷《こおり》のつぶがたくさんあつまって空《そら》にうかんでいるのが、雲《くも》です。雲《くも》をつくっている水《みず》や氷《こおり》のつぶは、どんどんくっついて、大《おお》きくなっていきます。そして大《おお》きくおもくなりすぎて空《そら》にうかんでいられなくなると、下《した》におちてきます。これが、雨《あめ》です。雨《あめ》は海《うみ》や地面《じめん》にふり、その水分《すいぶん》はまた太陽《たいよう》の熱《ねつ》によって水《すい》じょう気《き》になります。こうして水《みず》はかたちをかえて、地球《ちきゅう》の上《うえ》と空《そら》のあいだをグルグルまわっています。

ときどき、空《そら》がはれていて雲《くも》がないのに雨《あめ》がふってくることがあります。これを〝てんき雨《あめ》〟や〝キツネのよめ入《い》り〟といいます。てんき雨《あめ》は空《そら》の上《うえ》でつよい風《かぜ》がふいて、地上《ちじょう》に雨《あめ》がふるころには風《かぜ》で雲《くも》が流《なが》されて見《み》えなくなっていたり、とおくにある雲《くも》から風《かぜ》にのって雨《あま》つぶがとばされてきておこるげんしょうです。

瀧靖之先生の実践アドバイス

このおはなしに興味《きょうみ》をもったら・・・

おふろに入《はい》ったときに たしかめてみよう

おふろに入《はい》っているとき、天井《てんじょう》からしずくがポタポタおちてくるのを見《み》たことがありませんか？ 雨《あめ》がふるしくみは、これににています。おふろでは、水《すい》じょう気《き》が天井《てんじょう》で冷《ひ》やされて水《みず》のつぶになり、つぶどうしがくっつきあって、しずくになっておちてくるのです。おふろでのたのしみがひとつ、ふえましたね！

しぜん

23 虹《にじ》はどうしてできるの？

雨《あめ》がふったあと、空《そら》にかかるきれいな虹《にじ》。みつけるとうれしくなって、だれかに知《し》らせたくなりますよね。ゆっくり見《み》たかったのに、すぐにきえてしまったこともあるかもしれません。

ときどき空《そら》にあらわれる虹《にじ》は、どうやってできるのでしょうか。

雨《あめ》があがったあとの空気《くうき》には、雨《あめ》のつぶがたくさんただよっています。

虹《にじ》は、この雨《あめ》のつぶに太陽《たいよう》の光《ひかり》があたることで、できるものです。太陽《たいよう》の光《ひかり》はふだん白《しろ》っぽく見《み》えていますが、じつは赤色《あかいろ》、だいだい色、黄色《きいろ》、緑色《みどりいろ》、青色《あおいろ》、あい色《いろ》、むらさき色《いろ》の7色《いろ》がまざりあってできています。そう、この7つの色《いろ》は、虹《にじ》の色《いろ》と同《おな》じですね。太陽《たいよう》の7色《いろ》の光《ひかり》

太《た》陽《いよう》の光《ひかり》が、虹《にじ》としてあらわれるよ

空気《くうき》のなかにただよう雨《あめ》のつぶと、
太陽《たいよう》の光《ひかり》が虹《にじ》をつくるよ。

太陽《たいよう》の7色《いろ》の光《ひかり》が雨《あめ》のつぶにあたると、まざりあったそれぞれの光《ひかり》の色《いろ》が、わかれて見《み》えるんだ。

は、雨《あめ》のつぶにあたると、7色《いろ》それぞれにはねかえったり、おれまがったりします。その光《ひかり》のまがりかたのちがいから、もともとの色《いろ》にわかれてわたしたちの目《め》に見《み》えるのです。

雨《あめ》がやんだあと、太陽《たいよう》の光《ひかり》がさしこんできたら、虹《にじ》をみつけるチャンスです。空気《くうき》のなかに雨《あめ》のつぶがたくさんまじっていて、つぶが大《おお》きければ大《おお》きいほど、虹《にじ》はきれいにはっきりと見《み》えます。

水《みず》しぶきをあげる滝《たき》や、ホースで水《みず》まきをしたときも、空気《くうき》のなかに水《みず》のつぶがまじって、虹《にじ》が見《み》えることがあります。もしも自分《じぶん》で虹《にじ》をつくってみたいとおもったら、太陽《たいよう》の光《ひかり》が出《で》ているときに、ホースやきり吹《ふ》きなどで空中《くうちゅう》に水《みず》をまいてみましょう。このとき、太陽《たいよう》の光《ひかり》を背中《せなか》がわにするのがたいせつなポイントです。また、太陽《たいよう》が高《たか》い位置《いち》にあるときよりも、午前中《ごぜんちゅう》や夕方《ゆうがた》のように、太陽《たいよう》の光《ひかり》がななめにさしこむ時間帯《じかんたい》のほうが、虹《にじ》は見《み》えやすくなります。

瀧靖之先生の実践アドバイス

このおはなしに興味《きょうみ》をもったら・・・

かいちゅう電灯《でんとう》で虹《にじ》をつくってみよう

かいちゅう電灯《でんとう》と丸《まる》い筒《つつ》のかたちをしたペットボトルを使《つか》って、7色《いろ》の光《ひかり》を見《み》ることもできます。アルミホイルに5センチほどの切《き》りこみを入《い》れて、かいちゅう電灯《でんとう》にかぶせて輪《わ》ゴムでとめます。

そして部屋《へや》を暗《くら》くして、水《みず》を入《い》れたペットボトルをかいちゅう電《でん》灯《とう》で照《て》らすと、反射《はんしゃ》した光が虹《にじ》のように7色《いろ》に分《わ》かれて見《み》えますよ。

しぜん

24

雲《くも》は何《なに》でできているの？

はれた日《ひ》に空《そら》を見《み》あげると、ふわふわとうかぶ雲《くも》が見《み》えます。白《しろ》くて、やわらかそうで、わたあめみたいですよね。雲《くも》はいったい何《なに》でできているのでしょうか。

雲《くも》は地上《ちじょう》から見《み》ると大《おお》きなかたまりにみえますが、じつは小《ちい》さな水《みず》や氷《こおり》のつぶがあつまってできたものです。雲《くも》のもとになっている水《みず》や氷《こおり》のつぶは、地上《ちじょう》にある水《みず》や、海《うみ》の水《みず》が太陽《たいよう》の熱《ねつ》によってあたためられて、じょうはつして水《すい》じょう気《き》になったものです。

水《すい》じょう気《き》はとても小《ちい》さいので目《め》には見《み》えず、空気《くうき》のなかをただよっています。そして水《すい》じょう気《き》のまじったあたたかい空気《くうき》は、どんどん空《そら》

ふわふわの雲《くも》ができるしくみ

海《うみ》や地上《ちじょう》からじょうはつした水《みず》が、
雲《くも》をつくっているよ。

地上《ちじょう》にある水《みず》や海《うみ》の水《みず》が太陽《たいよう》であたためられると、水《すい》じょう気《き》になって空《そら》へのぼり、雲《くも》になるよ。

へのぼっていきます。空《そら》の上《うえ》は地上《ちじょう》よりも温度《おんど》が低《ひく》いため、水《すい》じょう気《き》が冷《ひ》やされて、水《みず》のつぶになります。さらに温度《おんど》が下《さ》がると、氷《こおり》のつぶになります。水《みず》や氷《こおり》のつぶはとても小《ちい》さくて軽《かる》いので、風《かぜ》にのって空《そら》にふわふわとうかんでいます。そのつぶがあつまってできたのが、雲《くも》です。水《みず》や氷《こおり》はとうめいで色《いろ》がないのに、水《みず》や氷《こおり》のつぶでできた雲《くも》が白《しろ》く見《み》えるのはなぜでしょうか。それは、水《みず》や氷《こおり》のつぶが太陽《たいよう》の光《ひかり》をはねかえしているからです。雨《あめ》をふらせる雨雲《あまぐも》など、厚《あつ》い雲《くも》は太陽《たいよう》の光《ひかり》をさえぎってしまうので、黒《くろ》っぽくみえます。

雲《くも》はその日《ひ》の天気《てんき》をきめます。雲《くも》が少《すく》なく太陽《たいよう》が見《み》えていれば、はれ。空《そら》いっぱいに雲《くも》が広《ひろ》がり、太陽《たいよう》の光《ひかり》をさえぎっていればくもりになります。また、雲《くも》は雨《あめ》や雪《ゆき》、雷《かみなり》などをひきおこすこともあります。雲《くも》の大《おお》きさやかたち、うごきかたや場所《ばしょ》などを見《み》れば、天気《てんき》がどうなるかを予想《よそう》することもできるのです。

瀧靖之先生の実践アドバイス

このおはなしに興味《きょうみ》をもったら・・・

雲《くも》を観察《かんさつ》して天気《てんき》を予測《よそく》しよう

雲《くも》はかたちや大《おお》きさ、どのくらいの高《たか》さにあるかによって、おもに10種類《しゅるい》に分《わ》けられ、それぞれ名前《なまえ》がついています。雲《くも》の種類《しゅるい》によっては、春夏秋冬《しゅんかしゅうとう》の季節《きせつ》を代表《だいひょう》するものや、雨《あめ》を降《ふ》らせるもの、雷《かみなり》をおこしやすいものなど、天気《てんき》の変化《へんか》を知《し》らせるものもあります。雲《くも》を観察《かんさつ》して、天気《てんき》を予測《よそく》してみましょう。

また、気象庁《きしょうちょう》（東京都《とうきょうと》）の1階《かい》にある気象《きしょう》科学館《かがくかん》では、天気《てんき》を観測《かんそく》する機器《きき》や、天気予報《てんきよほう》のしくみ、自然災害《しぜんさいがい》と防災《ぼうさい》についてのパネルや装置《そうち》などが展示《てんじ》されています。天気予報《てんきよほう》をする人《ひと》たちがどんな仕事《しごと》をしているのか、実際《じっさい》に見《み》にいってみましょう。土曜《どよう》・日曜《にちよう》・祝日《しゅくじつ》には、気象予報士《きしょうよほうし》による説明《せつめい》を聞《き》くこともできます。

しぜん

25 かみなりはどうして光《ひか》るの？

ピカッと光《ひか》ったしゅんかん、ゴロゴロとすごい音《おと》をたて、空《そら》からおちてくるかみなり。するどい光《ひかり》と大《おお》きな音《おと》にびっくりして、こわいおもいをしたことはありませんか。かみなりは、せきらん雲《うん》とよばれる大《おお》きな雲《くも》のなかで生《う》まれます。雲《くも》は水《みず》や氷《こおり》のつぶがあつまってできたもので、つぶがくっついて大《おお》きくなると空《そら》からおちて雨《あめ》になります。しかし地上《ちじょう》の空気《くうき》が太陽《たいよう》であたためられると、あたたかい空気《くうき》はどんどん上《うえ》にむかいます。そのため空気《くうき》が吹《ふ》きあげられ、氷《こおり》のつぶはおちることができず雲《くも》のなかではげしくぶつかりあいます。このとき、氷《こおり》のつぶがこすれることによって、静電気《せいでんき》が生《う》まれます。

かみなりのもとは静電《せいでん》気《き》

氷《こおり》のつぶがこすれあうと静電気《せいでんき》が
おきて、雲《くも》に電気《でんき》がたまるよ。

雲《くも》に電気《でんき》がたまりすぎると、むりやり空気《くうき》のなかをとおって地上《ちじょう》に電《でん》気《き》をにがしているんだよ。

電気《でんき》には、＋（プラス）と－（マイナス）のしゅるいがあり、＋と－のあいだを電気《でんき》が流《なが》れます。雲《くも》のなかでは＋の電気《でんき》が上《うえ》、－の電気《でんき》が下《した》にあつまって、どんどん電気《でんき》をためていきます。さらにかみなりをつくる雲《くも》はとても大《おお》きいため、雲《くも》の下《した》にたまった－の電気《でんき》にひきよせられ、地上《ちじょう》にも＋の電気《でんき》がたまっていきます。この電気《でんき》がすくなければ、雲《くも》と地面《じめん》のあいだにある空気《くうき》がじゃまをして、電気《でんき》が流《なが》れることはありません。しかし、雲《くも》のなかに電気《でんき》がギリギリいっぱいまでたまると、雲《くも》はためられなくなった電気《でんき》を地面《じめん》にむかってにがそうとします。これが、空《そら》からおちてくるかみなりのしょうたいです。かみなりの電気《でんき》は、電気《でんき》をとおさないはずの空気《くうき》のなかをむりやりとおるため、こすれあって熱《ねつ》と光《ひかり》を生《う》みます。だからかみなりはピカッと光《ひか》るのです。

かみなりの電気《でんき》の力《ちから》はとても大《おお》きく、きけんです。かみなりのきけんを感《かん》じたらすぐにたてもののなかに入《はい》りましょう。

瀧靖之先生の実践アドバイス

このおはなしに興味《きょうみ》をもったら・・・

からだに流《なが》れる電気《でんき》を感《かん》じてみよう

冬《ふゆ》にセーターをぬぐとき、パチパチッと音《おと》がして、何《なに》かがはじけたようなしげきを感《かん》じたことはありませんか。

これもかみなりと同《おな》じように、ものをこすりあわせたときに出《で》る電《でん》気《き》のしわざです。これを静電気《せいでんき》といいます。

私《わたし》たちのからだにも＋《プラス》と－《マイナス》の電気《でんき》が流《なが》れています。それをたしかめるかんたんな方法《ほうほう》として、髪《かみ》の毛《け》をプラスチックのしたじきでこすって持《も》ちあげてみてください。髪《かみ》の毛《け》がしたじきに引《ひ》きよせられて逆立《さかだ》つと思《おも》います。

これは、髪《かみ》の毛《け》としたじきのあいだに電気《でんき》が流《なが》れることで起《お》こります。身近《みぢか》なもので静電《せいでん》気《き》をつくる実験《じっけん》ができますので、いろんな方《ほう》法《ほう》をしらべて試《ため》してみましょう。目《め》に見《み》えない電気《でんき》の流《なが》れをからだで感《かん》じられるはずです。

しぜん

26

きせつはどうして変《か》わるの？

日本《にほん》では春夏秋冬《しゅんかしゅうとう》のきせつが、1年《ねん》でひとまわりします。春《はる》には進《しん》きゅうしてひとつ上《うえ》のクラスになったり、夏《なつ》にはプールでおよいだり、きせつごとにたのしいことがいっぱいありますね。では、どうしてきせつは毎年《まいとし》、おなじじゅんばんでくりかえすのでしょうか。

きせつのうつりかわりは、地球《ちきゅう》と太陽《たいよう》の位置《いち》にかんけいがあります。地球《ちきゅう》は、太陽《たいよう》のまわりをぐるぐるとまわっています。これを公転《こうてん》といいます。公転《こうてん》のみちのりはとても長《なが》いので、ひとまわりするのに時間《じかん》がかかります。これが1年《ねん》です。

さらに地球《ちきゅう》は、太陽《たいよう》のまわりをまわりながら、じぶんでもコマのよう

地球《ちきゅう》の自転《じてん》と公転《こうてん》の向《む》き

地球《ちきゅう》は太陽《たいよう》のまわりをまわりながら、
自分《じぶん》でも回転《かいてん》しているよ。

地球《ちきゅう》が太陽《たいよう》のまわりをひとまわりすると、1年《ねん》。地球《ちきゅう》と太陽《たいよう》の位置《いち》で、きせつが変《か》わるんだ。

にまわっています。これを自転《じてん》といいます。ひとまわりするのにかかる時間《じかん》が、1日《にち》です。1日《にち》のなかで太陽《たいよう》の光《ひかり》があたる昼《ひる》と、光《ひかり》のあたらない夜《よる》がじゅんばんにやってきます。しかも、この回《かい》てんのじくは、まっすぐではなく、ななめになっています。すると、地球《ちきゅう》の位置《いち》によって、太陽《たいよう》の光《ひかり》があたる時間《じかん》の長《なが》さなどがかわります。太陽《たいよう》はものすごく大《おお》きな熱《ねつ》のエネルギーをはなっているので、その熱《ねつ》をたくさんうける時期《じき》にはあつくなり、すくないとさむくなります。こうして日本《にほん》には1年《ねん》をとおして、春夏秋冬《しゅんかしゅうとう》のきせつがじゅんにやってくるのです。

ただ、世界中《せかいじゅう》どこでも春夏秋冬《しゅんかしゅうとう》のきせつがあるわけではありません。太陽《たいよう》との位置《いち》があまりかわらず、1年中《ねんじゅう》あつかったり、さむかったりする地《ち》いきもあります。日本《にほん》には四季《しき》があるため、きせつごとの草花《くさばな》や、おいしい食《た》べもの、さまざまなイベントなど、たくさんのたのしみがあります。毎日《まいにち》の生活《せいかつ》で、きせつをかんじるものをさがしてみましょう。

瀧靖之先生の実践アドバイス

このおはなしに興味《きょうみ》をもったら・・・

きせつの行事《ぎょうじ》を親子《おやこ》で楽《たの》しもう

日本《にほん》では、夏至《げし》・冬《とう》至《じ》・春分《しゅんぶん》・秋分《しゅうぶん》など、きせつのかわりめに名《な》前《まえ》がついています。たとえば、いちばん昼《ひる》の長《なが》い1日《にち》を夏至《げし》、いちばん昼《ひる》の短《みじか》い1日《にち》を冬《とう》至《じ》といって、きせつのものを食《た》べたり、おそなえものをします。みなさんの住《す》んでいる地《ち》域《いき》には、どんな風習《ふうしゅう》があるでしょうか。昔《むかし》からおこなわれていることを調《しら》べてみましょう。

しぜん

27

雪《ゆき》はどうしてふるの？

冬《ふゆ》のさむい日《ひ》に、空《そら》からふってくる雪《ゆき》。たくさんつもれば雪《ゆき》だるまや雪《ゆき》がっせんといった雪《ゆき》あそびができますし、スキーなど冬《ふゆ》ならではのスポーツもたのしめます。でも、雪《ゆき》が夏《なつ》にふってくることはありませんよね。どうして雪《ゆき》は冬《ふゆ》にふるのでしょうか。

雪《ゆき》は雨《あめ》と同《おな》じように、雲《くも》からできています。雲《くも》は小《ちい》さな水《みず》のつぶでできているのですが、空《そら》の上《うえ》は温度《おんど》が低《ひく》いので、冷《ひ》やされて小《ちい》さい氷《こおり》のつぶになります。この氷《こおり》のつぶがくっついて大《おお》きく重《おも》くなると、雪《ゆき》になって空《そら》の上《うえ》からおちてきます。

氷《こおり》のつぶがおちてくるあいだに温度《おんど》の高《たか》い場所《ばしょ》をとおると、とちゅう

雪《ゆき》と雨《あめ》がふるしくみ

雪《ゆき》は、ちいさな氷《こおり》のつぶがあつまって
できた雲《くも》からできているよ。

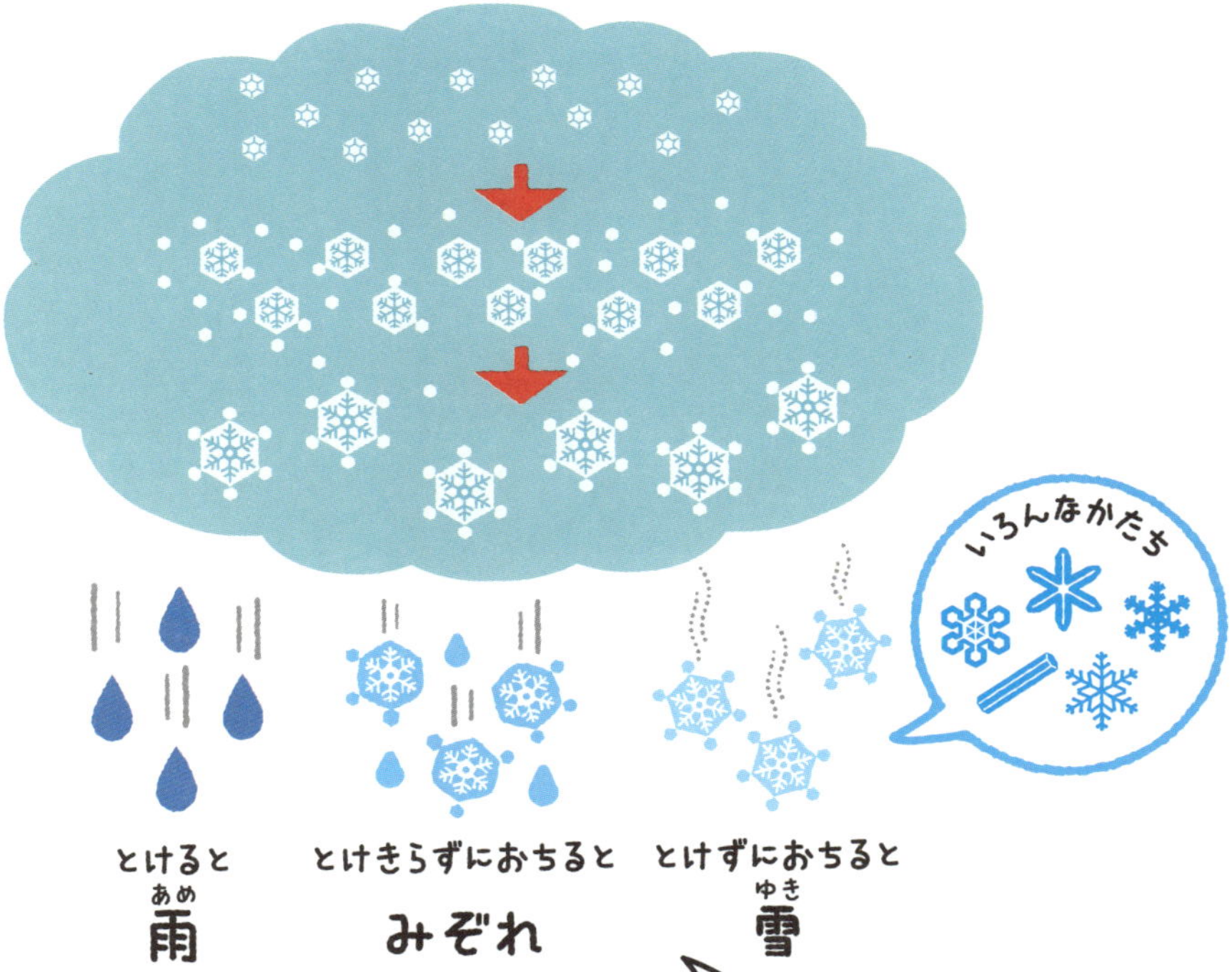

小《ち》さな氷《こおり》のつぶがとけておちると
雨《あめ》、とけずにおちると雪《ゆき》、雨《あめ》と雪《ゆき》
がまじっておちるとみぞれになるよ。

でとけて水《みず》のつぶになります。これが雨《あめ》です。でも地上《ちじょう》の空気《くうき》の温度《おんど》も低《ひく》いときは、とけることなく氷《こおり》のつぶのままおちてきます。おちてくるとちゅう、まわりの水《すい》じょう気《き》をくっつけて、さらに大《おお》きくなっていきます。こうして雪《ゆき》のけっしょうになります。雪《ゆき》のけっしょうは、雲《くも》の温《おん》度《ど》や水《すい》じょう気《き》の量《りょう》、地上《ちじょう》におちてくるときの空気《くうき》のじょうたいによって、かたちがかわります。逆《ぎゃく》にいうと、結晶《けっしょう》のかたちを見《み》ると、空《そら》や空《くう》気《き》のじょうたいがわかるのです。さらさらとしたこな雪《ゆき》は、気温《きおん》が低《ひく》く、空気中《くうきちゅう》の水《すい》じょう気《き》がすくないときにふります。つぶの大《おお》きいぼたん雪《ゆき》は、気温《きおん》が高《たか》めで、空気中《くうきちゅう》の水《すい》じょう気《き》が多《おお》いときにふります。

さむいときには雪《ゆき》のほか、みぞれ、あられ、ひょうなどもふります。みぞれは、氷《こおり》がとけきらずに雨《あめ》と雪《ゆき》がまじっておちてくるものです。あられとひょうはどちらも氷《こおり》のつぶですが、つぶの大《おお》きさによって名前《なまえ》がかわります。

瀧靖之先生の実践アドバイス

このおはなしに興味《きょうみ》をもったら・・・

雪国《ゆきぐに》ならではのうつくしい物語《ものがたり》をあじわおう

ディズニーの大《だい》ヒット映画《えいが》『アナと雪《ゆき》の女《じょ》王《おお》』をはじめ、雪《ゆき》のふるきせつを描《えが》いた物語《ものがたり》は世界中《せかいじゅう》にあふれています。日本《にほん》にも、「雪《ゆき》女《おんな》」のようにすこしこわいおはなしや、「かさこじぞう」のようにこころがあたたかくなるおはなしなど、多《おお》くの名作《めいさく》があります。雪《ゆき》国《ぐに》ならではのファンタジックな物語《ものがたり》を探《さが》してみましょう。

しぜん

28

台風《たいふう》ってどんなもの？

日本《にっぽん》では毎年《まいとし》、夏《なつ》から秋《あき》にかけて台風《たいふう》のニュースがながれます。台風《たいふう》はとても大《おお》きなエネルギーがあり、つよい風《かぜ》と雨《あめ》で、さまざまなひがいをもたらします。この台風《たいふう》はいったいどこからやってくるのでしょうか。

台風《たいふう》は、熱帯《ねったい》といわれる1年中《ねんじゅう》あつい地《ち》いきの海《うみ》の上《うえ》で多《おお》く生《う》まれます。熱帯《ねったい》では水《すい》じょう気《き》をふくんだ空気《くうき》が太陽《たいよう》にあたためられ、あたたまった空気《くうき》はかるくなるのでどんどん上《うえ》にむかい、せきらん雲《うん》という大《おお》きな雲《くも》をつくります。雲《くも》は水《すい》じょう気《き》をとりこみながらどんどんあつまって大《おお》きくなり、やがてうずをまきはじめます。うずの回転《かいてん》がどんどんはやくなると、中心《ちゅうしん》の空気《くうき》がうすくなるので、さらにまわりにある水《すい》

高《こう》気《き》圧《あつ》と低《てい》気《き》圧《あつ》のちがい

大気《たいき》には、空気《くうき》が多《おお》いところと
少《すく》ないところがあるよ。

高気圧《こうきあつ》：空気《くうき》が多《おお》いので、空気《くうき》の少《すく》ないほうへ空気《くうき》が出《で》ていく。

低気圧《ていきあつ》：空気《くうき》が少《すく》ないので、まわりから空気《くうき》が入《はい》ってくる。

上空《じょうくう》の大気中《たいきちゅう》で、空気《くうき》が多《おお》くあつまるところが「高気圧《こうきあつ》」、空気《くうき》が少《すく》ないところが「低気圧《ていきあつ》」だよ。

じょう気《き》がどんどんながれこんで大《おお》きくなります。こうして回転《かいてん》する巨大《きょだい》な空気《くうき》のうずまきが生《う》まれ、その風《かぜ》のはやさが毎秒《まいびょう》17メートルをこえたものを台風《たいふう》とよびます。

台風《たいふう》は、風《かぜ》とともに北《きた》へむかってうごきます。そして8月《がつ》から9月《がつ》ごろに何度《なんど》も日本《にっぽん》にやってきます。真夏《まなつ》の日本《にっぽん》はつよい高気圧《こうきあつ》（空気《くうき》がたくさんあつまったところ）におおわれているので台風《たいふう》はやってきませんが、8月中旬《がつちゅうじゅん》をすぎると高気圧《こうきあつ》がよわまり、台風《たいふう》がきやすくなります。冬《ふゆ》になると冷《つめ》たい空気《くうき》の層《そう》におおわれるため、また台風《たいふう》はこられなくなります。

大《おお》あばれした台風《たいふう》は、最後《さいご》にどうなるのでしょうか。台風《たいふう》は北《きた》へむかうと、だんだん力《ちから》が弱《よわ》まります。台風《たいふう》のエネルギーはあたたかい海《うみ》の水《みず》がじょうはつしてできた水《すい》じょう気《き》なので、海《うみ》の温度《おんど》が下《さ》がると勢《いきお》いがなくなるのです。さらに陸《りく》へ上《あ》がると海《うみ》の水《みず》がなくなってしまうので、ますますエネルギーがへり、最後《さいご》は低気圧《ていきあつ》にかわり、消《き》えてしまいます。

瀧靖之先生の実践アドバイス

このおはなしに興味《きょうみ》をもったら・・・

台風《たいふう》の進《すす》む道《みち》は？ 地球儀《ちきゅうぎ》で見《み》てみよう

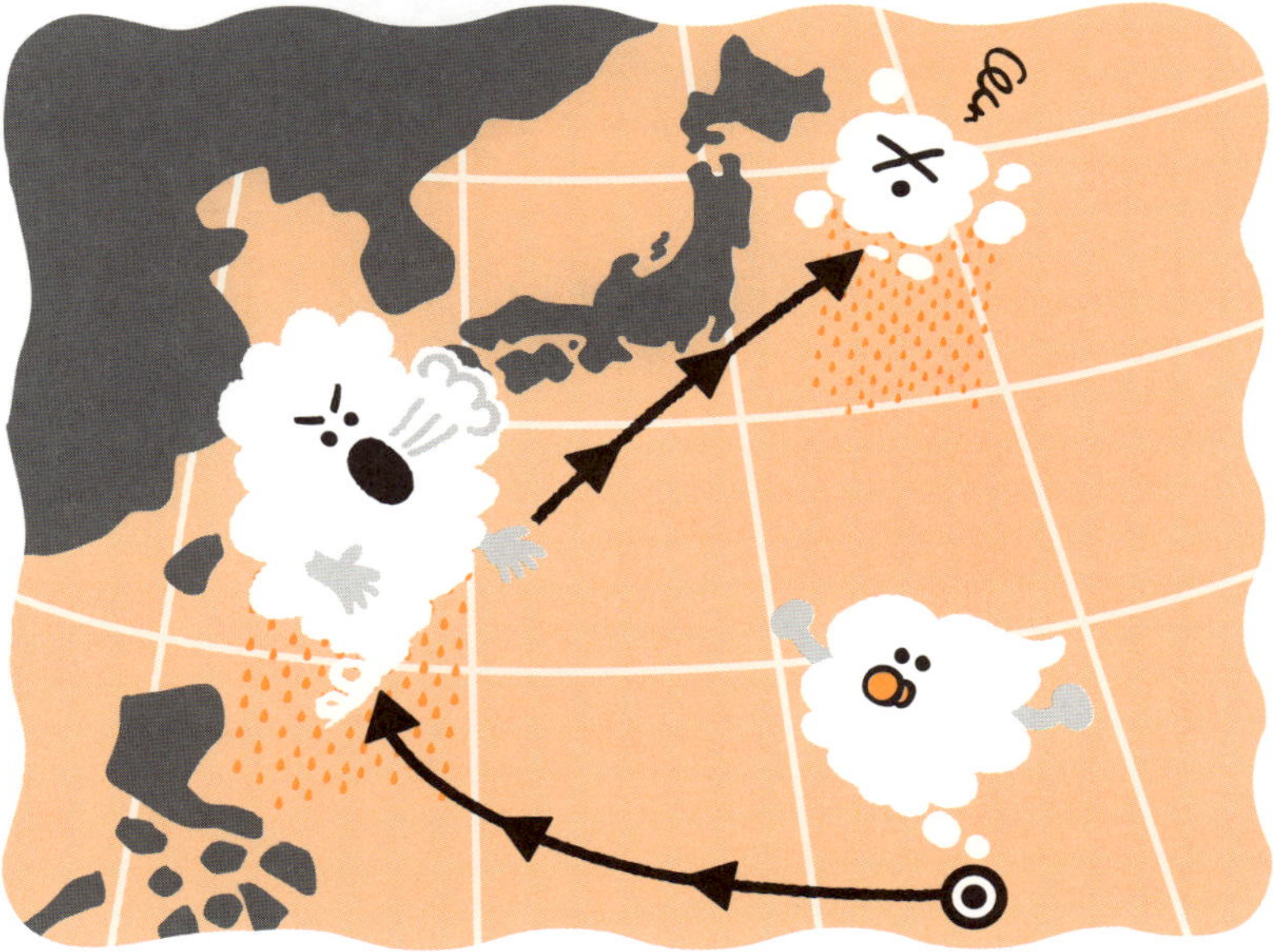

地球儀《ちきゅうぎ》や地図《ちず》を用意《ようい》して、台風《たいふう》の進《すす》む道《みち》を確認《かくにん》してみましょう。台風《たいふう》は地球《ちきゅう》のまんなかにある赤道《せきどう》の近《ちか》くで生《う》まれます。広《ひろ》い太平洋《たいへいよう》には夏《なつ》に高気圧《こうきあつ》が生《う》まれ、台風《たいふう》は高気圧《こうきあつ》に押《お》されて、そのふちにそって動《うご》きます。そして沖縄《おきなわ》の近《ちか》くで北《きた》に向《む》きを変《か》えて進《すす》みます。地《ち》図《ず》で実際《じっさい》に場所《ばしょ》を探《さが》すことで、そのスケールを実感《じっかん》できるはずです。

しぜん

29 地震《じしん》はどうしておこるの？

日本《にっぽん》は地震《じしん》がとても多い国です。大《おお》きな地震《じしん》はとてもこわいものですし、ものがおちたり、たてものがこわれたり、多《おお》くのひがいを出《だ》すこともあります。なぜ地震《じしん》はおきるのでしょうか。

わたしたちの住《す》む地球《ちきゅう》の表面《ひょうめん》は、かたい岩《いわ》の板《いた》（プレート）におおわれています。プレートはいくつもかさなっていて、それぞれ陸地《りくち》や海《うみ》をのせて、いろいろな方向《ほうこう》にゆっくりうごいています。うごくはやさは1年《ねん》で数《すう》センチほどですが、プレートどうしはぶつかったり、おしあったりして、プレートにさまざまな力《ちから》がかかります。その力《ちから》にたえられなくなったとき、プレートが突然《とつぜん》こわれたり、もとにもどろうとしてはねか

日本《にっぽん》は地震《じしん》がとっても多《おお》い国《くに》

日本《にっぽん》では昔《むかし》もいまも、いたるところで
大《おお》きな地震《じしん》が起《お》きているよ。

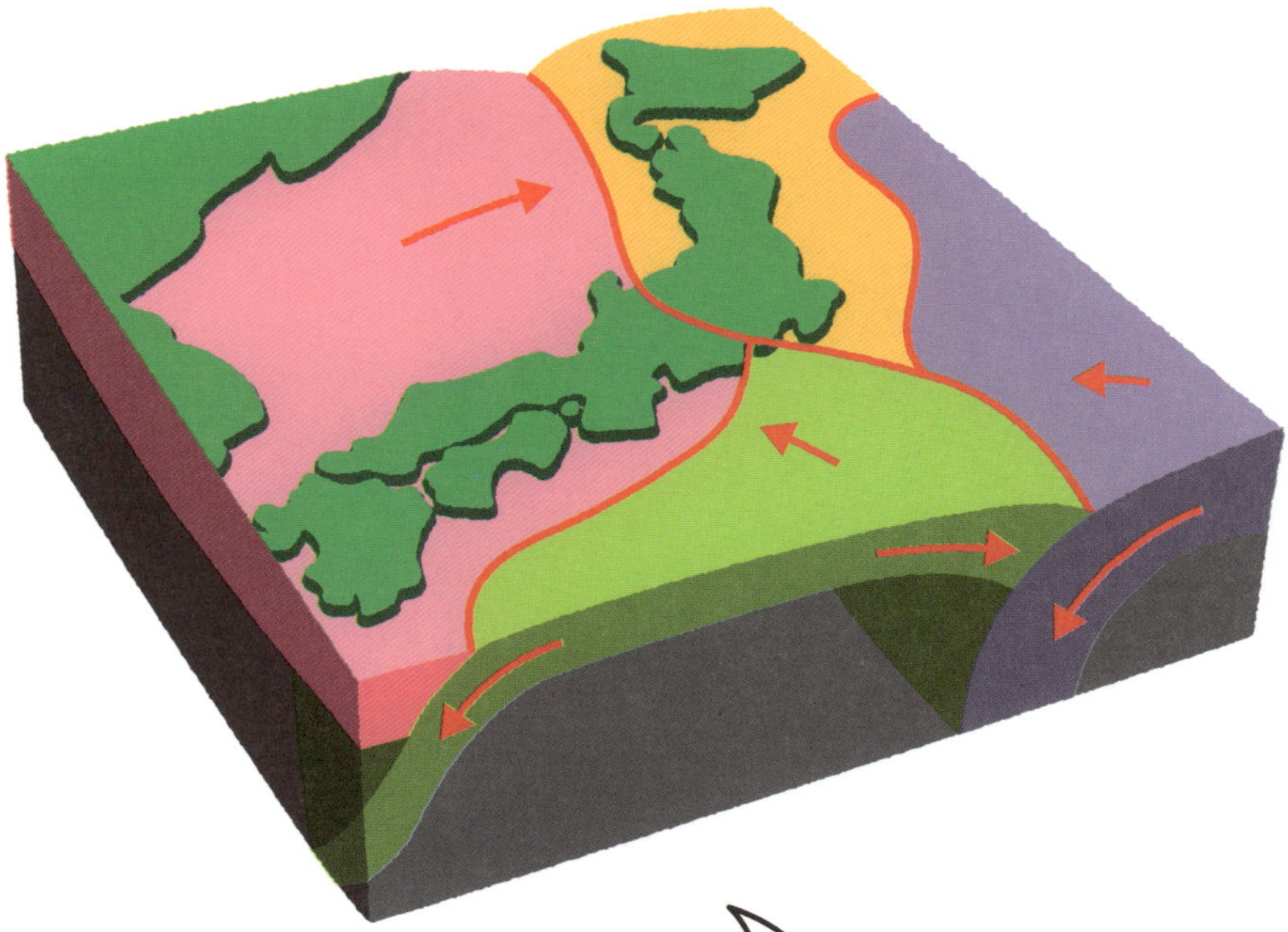

地球《ちきゅう》をおおっているプレートは十《じゅう》数枚《すうまい》。そのうち4枚《まい》のさかい目《め》が、日本《にっぽん》の下《した》にあるんだよ。

えったりして、大《おお》きく動《うご》きます。このとき、大《おお》きな地震《じしん》がおこります。地震《じしん》のおきた場所《ばしょ》が海側《うみがわ》にあると、海面《かいめん》が大《おお》きくゆれて津波《つなみ》がおこることもあります。

ではなぜ、日本《にっぽん》では多《おお》くの地震《じしん》がおこるのでしょう。それには、地面《じめん》の下《した》にあるプレートが関係《かんけい》しています。地球《ちきゅう》をおおっているプレートは十数枚《じゅうすうまい》あるのですが、そのうち4枚《まい》のプレートのさかい目《め》が、日本《にっぽん》の下《した》にあるのです。この4枚《まい》のプレートはそれぞれ別《べつ》の方向《ほうこう》に動《うご》き、ぶつかったところでぎゅうぎゅうとおしあいながら、すこしずつ毎日《まいにち》うごいています。じつは日本《にっぽん》では、からだで感《かん》じないほど小《ちい》さな地震《じしん》もいれると、ほぼ毎日地震《まいにちじしん》がおきているのです。世界《せかい》で発生《はっせい》する地震《じしん》の約《やく》10％が、日本《にっぽん》でおきるといわれています。いつ大《おお》きな地震《じしん》がくるかは、まだわかっていません。地震《じしん》がおきたとき、あわてずに行動《こうどう》できるように、ふだんから家族《かぞく》みんなでじゅんびしておきましょう。

瀧靖之先生の実践アドバイス

このおはなしに興味《きょうみ》をもったら・・・

家族《かぞく》みんなで保存食《ほぞんしょく》を考《かんが》えよう

大《おお》きな災害《さいがい》が起《お》きると、水《みず》や食《た》べものなど、生活《せいかつ》に必要《ひつよう》なものがすぐにとどかない場合《ばあい》があります。そのため、1週間分《しゅうかんぶん》ほどの水《みず》と食《た》べものを家《いえ》にそなえることが必要《ひつよう》です。

震災用《しんさいよう》の非常食《ひじょうしょく》を用《よう》意《い》するのもいいですが、ふだんからちょっと多《おお》めに食《た》べものを買《か》い置《お》きしておく「ローリングストック法《ほう》」も役《やく》にたちます。缶《かん》づめや、お湯《ゆ》をそそいでつくるスープなど、すぐに食《た》べられるものをふだんから食《た》べて、食《た》べたら買《か》い足《た》すという方《ほう》法《ほう》です。お気《き》に入りの食《た》べもののリストをつくったり、月《つき》にいちど、保存食《ほぞんしょく》として買《か》ったものだけを食《た》べる日《ひ》をつくってもいいでしょう。家族《かぞく》みんなで、いざというときにおいしく食《た》べられるものをさがしてみましょう。

しぜん

30 海《うみ》の水《みず》はなぜしょっぱいの？

海《うみ》の水《みず》はどんな味《あじ》かしっていますか。なめてみるととてもしょっぱくて、ペッとはきだしたくなります。海《うみ》の水《みず》がしょっぱいのは、塩《しお》がとけているからです。なぜ塩《しお》がとけているかというと、それはいまから46億《おく》年《ねん》も昔《むかし》におこったことがかんけいしています。

地球《ちきゅう》や海《うみ》ができたころの大昔《おおむかし》、地球《ちきゅう》の表面《ひょうめん》はどろどろとした熱《あつ》いマグマにおおわれていました。海《うみ》はなくて、水《みず》はすべて空気《くうき》のなかにありました。その空気《くうき》には、いまわたしたちが吸《す》っている空気《くうき》にはない、塩化《えんか》水素《すいそ》というものもはいっていました。塩化水素《えんかすいそ》は水《みず》にとけると、いろいろなものをとかすつよい酸《さん》になります。

塩《しお》のもとが海《うみ》にたまっている！

46億年《おくねん》ぐらい前《まえ》、地球《ちきゅう》ができたころは、
まだ海《うみ》はなかったよ。

空気《くうき》のなかにある水分《すいぶん》が冷《ひ》やされ、地上《ちじょう》にふりそそいで海《うみ》になった。先《さき》に水《みず》がじょうはつして、塩《しお》が残《のこ》ったからしょっぱいんだよ。

やがてマグマが冷《ひ》え、地球《ちきゅう》の温度《おんど》がだんだん下《さ》がると、空《そら》にあった水《すい》じょう気《き》が冷《ひ》やされて雨《あめ》になり、地上《ちじょう》に長《なが》いあいだふりそそぎました。このとき空気《くうき》にはいっていた塩化水素《えんかすいそ》も雨《あめ》にまじり、酸性《さんせい》の雨《あめ》となりました。この酸性《さんせい》の雨《あめ》が、地上《ちじょう》にある岩石《がんせき》にもふりそそぎ、岩石《がんせき》にふくまれるナトリウムというものがとけだしました。塩化水素《えんかすいそ》の塩素《えんそ》とナトリウムはまじりあうと反応《はんのう》して、塩《しお》（塩化《えんか》ナトリウム）になります。こうして塩《しお》のもとになるものが地上《ちじょう》の低《ひく》いところにどんどんあつまり、海《うみ》になりました。

海《うみ》の水《みず》はじょうはつして、雨《あめ》となり、また地上《ちじょう》にふりそそぎます。ではなぜ雨《あめ》はしょっぱくないのでしょうか。それは水《みず》と塩《しお》のじょうはつする温度《おんど》がちがうため、先《さき》に水《みず》がじょうはつして、塩《しお》が海《うみ》に残《のこ》るためです。こうして何度《なんど》もじょうはつをくりかえすうちに海《うみ》の塩《しお》はだんだん濃《こ》くなり、いまのようにしょっぱい海《うみ》になったといわれています。

瀧靖之先生の実践アドバイス

このおはなしに興味《きょうみ》をもったら・・・

体験型《たいけんがた》の科学館《かがくかん》で海《うみ》について楽《たの》しく学《まな》ぼう

海《うみ》がテーマの海洋博《かいようはく》物館《ぶつかん》などに足《あし》を運《はこ》んでみましょう。東京《とうきょう》・お台場《だいば》にある「船《ふね》の科学《かがく》館《かん》」では、海《うみ》と船《ふね》の文《ぶん》化《か》をテーマにしたさまざまな展示《てんじ》をおこなっています。日本《にほん》の海《うみ》のジオラマ模型《もけい》や、海《うみ》を調査《ちょうさ》する船《ふね》の模型《もけい》、クイズコーナーなどがあり、楽《たの》しく学《まな》べます。親子《おやこ》でカヌーを操船《そうせん》できる体験教室《たいけんきょうしつ》もありますよ。

うちゅう

31 地球《ちきゅう》はいつどうやってできたの？

わたしたちがくらす母《はは》なる星《ほし》、地球《ちきゅう》。ひろい宇宙《うちゅう》にぽっかりとうかぶこの惑星《わくせい》は、いったいいつごろできたのでしょうか。想像《そうぞう》してみてください。１０００年前《ねんまえ》？　１万年前《まんねんまえ》？　10万年前《まんねんまえ》？　いいえ、地球《ちきゅう》はもっとはるかむかし……いまからさかのぼること約《やく》46億年前《おくねんまえ》に姿《すがた》をあらわしました。人類《じんるい》が誕生《たんじょう》したといわれているのが約《やく》７００万年前《まんねんまえ》。地球《ちきゅう》はざっと、その６５０倍以上《ばいいじょう》もの歴史《れきし》をもっていることになります。

地球《ちきゅう》のもとになったのは、ガスやチリです。太陽《たいよう》のまわりにただよっていたガスやチリが渦《うず》をまいて集《あつ》まり、何度《なんど》もしょう突《とつ》をくりかえし、原始地球《げんしちきゅう》となりました。原始地球《げんしちきゅう》は、いわば地球《ちきゅう》の赤《あか》ちゃんのようなも

地球《ちきゅう》は約《やく》46億《おく》さい!?

地球《ちきゅう》ができたのは
いまから約《やく》46億年前《おくねんまえ》！

太陽《たいよう》のまわりにただよっていたガスやチリが集《あつ》まって、原始地球《げんしちきゅう》が生《う》まれ、だんだんと大《おお》きくなっていったよ。

のです。大《おお》きさもいまよりずっと小《ちい》さく、見《み》た目《め》もただの岩石《がんせき》のかたまりでした。やがて原始地球《げんしちきゅう》は、まわりの小《ちい》さな惑星《わくせい》をひきよせ、どんどんと大《おお》きくなっていきました。小《ちい》さな惑星《わくせい》のしょう突《とつ》は、たくさんの熱《ねつ》も発生《はっせい》させます。地球《ちきゅう》の表面《ひょうめん》は、マグマの海《うみ》におおわれました。小《ちい》さな惑星《わくせい》のしょう突《とつ》が減《へ》ってくると、原始地球《げんしちきゅう》は少《すこ》しずつ冷《ひ》えていきます。すると、大気《たいき》となっていたガスや水《すい》じょう気《き》が雨《あめ》となり、地表《ちひょう》へふりそそいでいきました。

大量《たいりょう》の雨《あめ》が大地《だいち》をぬらし、ふりつづけること数千年《すうせんねん》。地表《ちひょう》にたまった雨水《あまみず》は、あの広《ひろ》くて大《おお》きな海《うみ》になったのです。現在《げんざい》、地球《ちきゅう》の表面《ひょうめん》の約《やく》70パーセントは海《うみ》です。昔《むかし》はただの岩石《がんせき》のかたまりだったり、マグマにおおわれた「火《ひ》の星《ほし》」だったなんて、おどろきですね。ちなみに、いまの地球《ちきゅう》の大《おお》きさは、1周《しゅう》の距離《きょり》が約《やく》4万《まん》キロメートル。ガスやチリから生《う》まれた原始地球《げんしちきゅう》が、こんなに大《おお》きな惑星《わくせい》に成長《せいちょう》したのです。

瀧靖之先生の実践アドバイス

このおはなしに興味《きょうみ》をもったら・・・

「生命《せいめい》の星《ほし》・地球博物館《ちきゅうはくぶつかん》」で地球《ちきゅう》にふれてみよう！

約《やく》46億年《おくねん》にわたる地《ち》球《きゅう》のはるかな歴史《れきし》にふれてみたければ、神奈《かな》川県《がわけん》にある「生命《せいめい》の星《ほし》・地球博物館《ちきゅうはくぶつかん》」に行《き》ってみるのはどうでしょうか？　地球展示室《ちきゅうてんじしつ》の「地球《ちきゅう》を考《かん》える」では、地球《ちきゅう》に落《お》ちてきたいん石《せき》や、月《つき》のクレーターなどを手《て》がかりにして、地球《ちきゅう》が生《う》まれるまでのそう大《だい》なドラマをていねいに解説《かいせつ》しています。

うちゅう

32

太陽《たいよう》はどうなっているの？

　太陽《たいよう》ときいて、連《れん》そうすることばをあげてみましょう。ぽかぽか、あったかい、明《あか》るい、大《おお》きい、赤《あか》い、とおくにある……いろいろと思《おも》いうかぶはずです。じっさい、太陽《たいよう》というのはどんな星《ほし》なのでしょうか。

　くわしく見《み》ていきましょう。まずは温度《おんど》から。太陽《たいよう》の表面《ひょうめん》の温度《おんど》は、約《やく》６０００度《ど》です。お湯《ゆ》がふっとうする温度《おんど》が１００度《ど》ですから、太陽《たいよう》の表面《ひょうめん》はとんでもなく熱《あつ》いことがわかります。しかし、しかし。ビックりするのはまだ早《はや》いです。太陽《たいよう》のまわりにはコロナといううすい層《そう》がありますが、その温度《おんど》は約《やく》１００万度《まんど》！　さらに太陽《たいよう》の中心部《ちゅうしんぶ》にいたっては、じつに約《やく》１６００万度《まんど》という、とほうもない温度《おんど》になっています。

太陽《たいよう》はとっても熱《あつ》い星《ほし》！

太陽《たいよう》の表面温度《ひょうめんおんど》は約《やく》6000度《ど》。

なかはもっともっと熱《あつ》い！

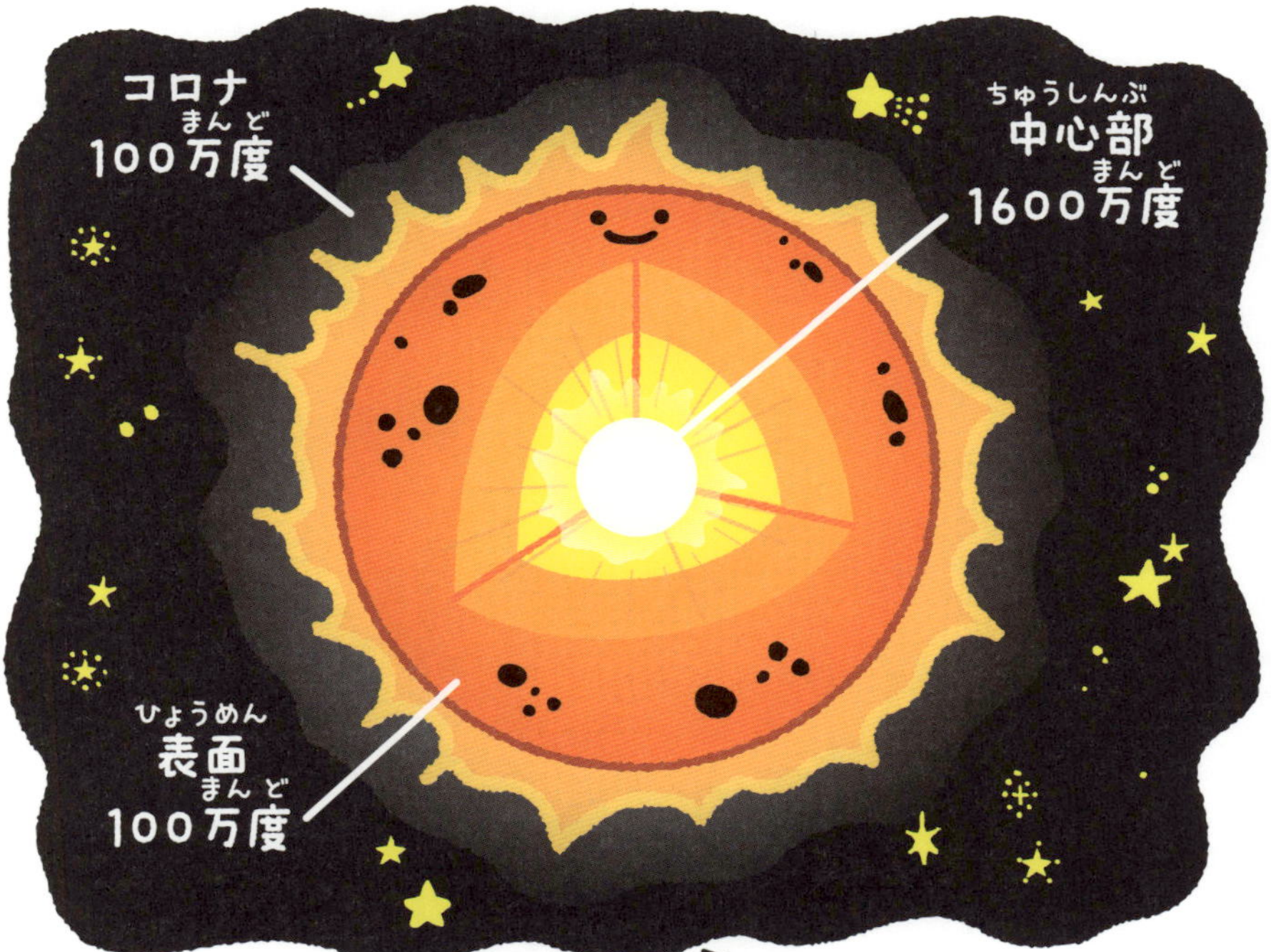

太陽《たいよう》が熱《あつ》いのは、中心部《ちゅうしんぶ》で核《かく》ゆう合反応《ごうはんのう》が起《お》きているから。巨大《きょだい》なエネルギーが、毎日《まいにち》、太陽《たいよう》を明《あか》るくかがやかせているよ。

太陽《たいよう》がとっても熱《あつ》いのは、中心部《ちゅうしんぶ》でつねに核《かく》ゆう合反応《ごうはんのう》がおきているから。核《かく》ゆう合反応《ごうはんのう》によって生《う》まれた巨大《きょだい》なエネルギーが、太陽《たいよう》の温度《おんど》を熱《あつ》くさせ、明《あか》るくかがやかせているのです。

太陽《たいよう》の大《おお》きさは、地球《ちきゅう》の約《やく》109倍《ばい》。直径《ちょっけい》は、約《やく》140万《まん》キロメートルもあります。それほど大《おお》きく熱《あつ》い太陽《たいよう》が、毎日《まいにち》、空《そら》にうかんでいたら、地球《ちきゅう》の表面《ひょうめん》はすぐに干《ひ》あがってしまいそうです。でも安心《あんしん》してください。太陽《たいよう》と地球《ちきゅう》は、じつはとてもはなれた場所《ばしょ》にあります。きょりにすると、約《やく》1億《おく》5000万《まん》キロメートル。時速《じそく》250キロの新幹線《しんかんせん》で、約《やく》69年《ねん》もかかるきょりです。地球《ちきゅう》に住《す》むわたしたちが、ちょうどよい温度《おんど》でくらせるのも、太陽《たいよう》がとおくはなれてくれているおかげです。太陽《たいよう》が放出《ほうしゅつ》するエネルギーのなかで、地球《ちきゅう》にとどいているのはわずか22億分《おくぶん》の1だといわれています。太陽《たいよう》が生《う》まれたのは、地球《ちきゅう》とほぼ同《おな》じ約《やく》46億《おく》年前《ねんまえ》。あと60億年《おくねん》ほどの寿命《じゅみょう》が残《のこ》っているそうです。

瀧靖之先生の実践アドバイス

このおはなしに興味《きょうみ》をもったら・・・

太陽《たいよう》のようすを写真《しゃしん》でみよう

晴《は》れている日《ひ》であれば、いつでも地上《ちじょう》から探《さが》すことのできる太《たい》陽《よう》。でも直接《ちょくせつ》、太陽《たいよう》を見《み》るのはやめましょう。目《め》によくないからです。

太陽《たいよう》のことを調《しら》べるなら、やはり図鑑《ずかん》がいいでしょう。図鑑《ずかん》の写《しゃ》真《しん》ならば、太陽《たいよう》のまわりにあるコロナや、巨《きょ》大《だい》な炎《ほのお》であるプロミネンスなどのようすが、よくわかりますよ。

うちゅう

33 どうして昼《ひる》と夜《よる》があるの？

朝《あさ》になると太陽《たいよう》がのぼり、夕方《ゆうがた》になるとしずんでいく。毎日《まいにち》、おなじことのくりかえし。どうして地球《ちきゅう》には昼《ひる》と夜《よる》があるのか、考《かんが》えたことがありますか？　じつは昼《ひる》がおとずれる理由《りゆう》は、太陽《たいよう》がのぼってくるからではありません。動《うご》いているのは、太陽《たいよう》ではなく、わたしたちが立《た》っている地面《じめん》のほう。信《しん》じられないかもしれませんが、地球《ちきゅう》はつねに回転《かいてん》しているのです。これを地球《ちきゅう》の自転《じてん》といいます。

地球《ちきゅう》が回転《かいてん》するスピードは、いつも一定《いってい》です。1日《にち》に1回転《かいてん》します。朝《あさ》がきて1日《にち》がたつと、また同《おな》じように朝《あさ》がくるのは、地球《ちきゅう》が一定《いってい》のペースで1回転《かいてん》しているからです。ためしにボールを用意《ようい》し、電気《でんき》の光《ひかり》

太陽《たいよう》の光《ひかり》が昼《ひる》と夜《よる》をつくる

太陽《たいよう》の光《ひかり》があたっているところが、
昼間《ひるま》になるよ。

日本《にっぽん》が昼《ひる》のとき、太陽《たいよう》の光《ひかり》があたっていない地球《ちきゅう》の反対側《はんたいがわ》は夜《よる》。日本《にっぽん》が夜《よる》のとき、反対側《はんたいがわ》は昼《ひる》になっているよ。

をあててみましょう。電気《でんき》の光《ひかり》があたっている側《がわ》は明《あか》るく、反対側《はんたいがわ》は暗《くら》くなっているはずです。同《おな》じことが地球《ちきゅう》の上《うえ》でもおこっているのです。日本《にっぽん》が昼《ひる》のときは、地球《ちきゅう》の反対側《はんたいがわ》は夜《よる》。地球《ちきゅう》の反対側《はんたいがわ》が昼《ひる》のときは、日本《にっぽん》は夜《よる》です。こんどは、ボールを少《すこ》しずつ回転《かいてん》させてみましょう。光《ひかり》のあたる場所《ばしょ》がだんだんとかわっていくはずです。さっきまで夜《よる》だったところが明《あか》るくなっていき、昼《ひる》だったところがカゲになっていく。わたしたちの頭《あたま》の上《うえ》に、昼《ひる》と夜《よる》がおとずれる原理《げんり》も、これとおなじです。

大昔《おおむかし》の人《ひと》たちは地球《ちきゅう》の自転《じてん》を知《し》りませんでした。地面《じめん》は動《うご》かず、太陽《たいよう》が自分《じぶん》たちの上《うえ》を回《まわ》っているのだと、あたりまえのように考《かんが》えていました。「動《うご》いているのは地球《ちきゅう》のほうだ」とはじめてしんけんにうったえたのは、15～16世紀《せいき》に活《かつ》やくした天文学者《てんもんがくしゃ》・コペルニクスです。でも、そのとき、彼《かれ》の意見《いけん》を信《しん》じる人《ひと》はあまりいませんでした。コペルニクスの正《ただ》しさは、のちの科学者《かがくしゃ》たちによって証明《しょうめい》されていったのです。

瀧靖之先生の実践アドバイス

このおはなしに興味《きょうみ》をもったら・・・

外国《がいこく》のライブ中継《ちゅうけい》をみてみよう

スポーツ放送《ほうそう》では、よく海外《かいがい》の試合《しあい》がライブ中継《ちゅうけい》されます。もし開催場所《かいさいばしょ》が遠《とお》くはなれた国《くに》だったら、まわりが昼《ひる》か夜《よる》かを確《たし》かめてみましょう。日本《にっぽん》が昼《ひる》なのに向《む》こうは夜《よる》、あるいはその反対《はんたい》だということが、きっとあるはずです。とくにブラジルからの中継《ちゅうけい》は注目《ちゅうもく》。日本《にっぽん》の反対側《はんたいがわ》にあるのはブラジルだといわれているからです。

うちゅう

34 どうして月《つき》は形《かたち》がかわるの？

白《しろ》い紙《かみ》にお月《つき》さまの絵《え》をかいてみてください。こうおねがいすると、ほとんどの人《ひと》は次《つぎ》の２つのパターンのどちらかの絵《え》をかきます。ひとつは三日月《みかづき》の絵《え》。もうひとつは満月《まんげつ》の絵《え》です。三日月《みかづき》の場合《ばあい》は、右上《みぎうえ》から左下《ひだりした》にむかって曲《ま》がった形《かたち》をかく人《ひと》が多《おお》いようです。満月《まんげつ》をえらぶ人《ひと》のなかには、まんなかに「うさぎがおもちをついているすがた」をかく人《ひと》もいます。

でも、ほんもののお月《つき》さまは、もっといろいろな形《かたち》で夜空《よぞら》にうかんでいます。半分《はんぶん》のときもあれば、満月《まんげつ》がちょっとだけ欠《か》けた状《じょう》たいのときもある。三日月《みかづき》の形《かたち》が反対《はんたい》になっているときもあるし、「新月《しんげつ》」といっ

月《つき》は太陽《たいよう》の光《ひかり》でかわる

月《つき》の形《かたち》がかわるのは、太陽《たいよう》の光《ひかり》のあたりかたがかわるから。

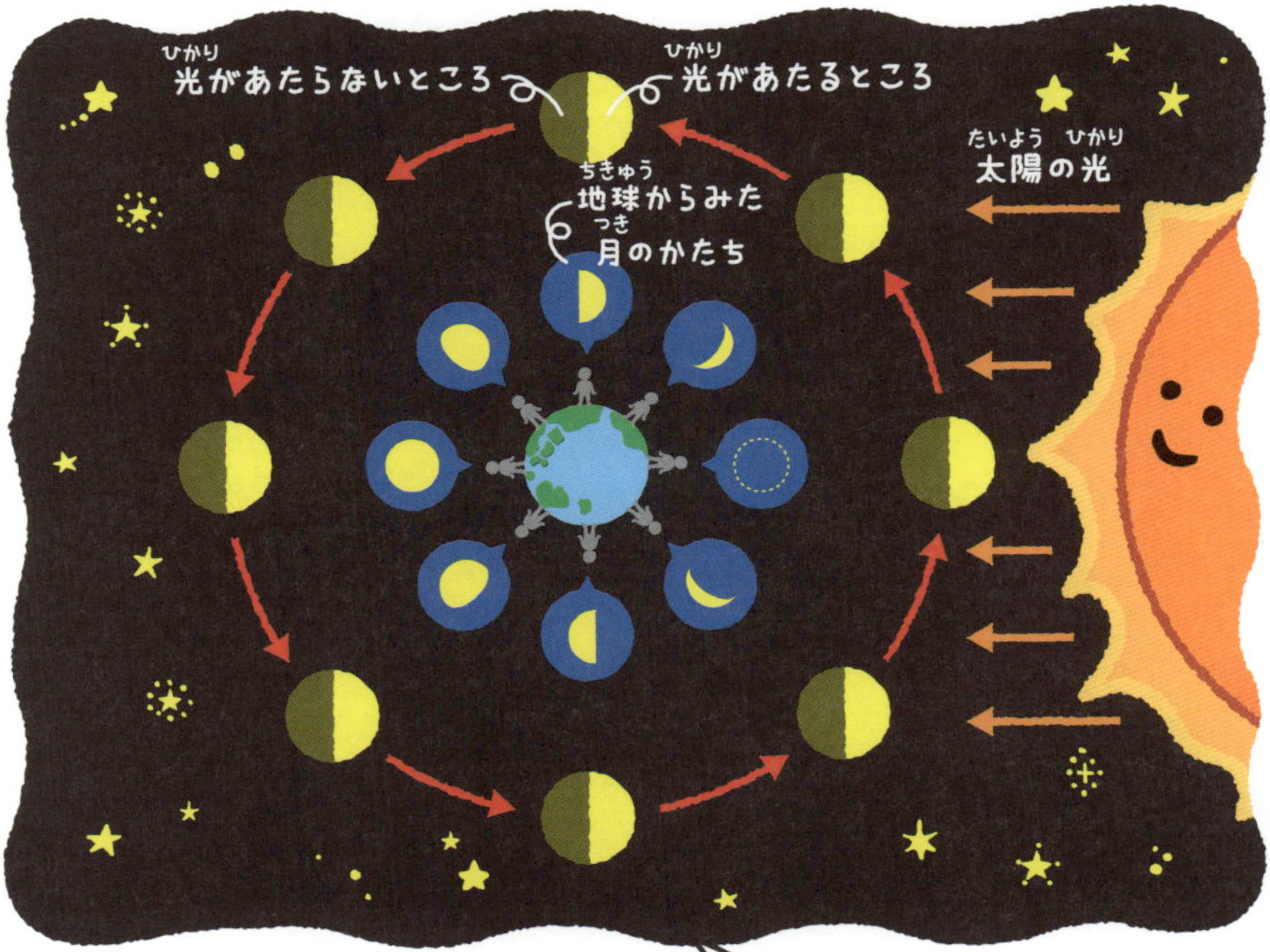

月《つき》は1カ月《げつ》ぐらいをかけて、地球《ちきゅう》のまわりを1周《しゅう》しているんだ。そのあいだに、太陽《たいよう》に照《て》らされる部分《ぶぶん》がかわっていくんだよ。

てほとんど見《み》えなくなるときもあります。

どうしてお月《つき》さまは、形《かたち》がかわっていくのでしょう。その理由《りゆう》は、太《たい》陽《よう》との関係《かんけい》にあります。お月《つき》さまは、自分自身《じぶんじしん》で光《ひか》っているのではなく、太陽《たいよう》に照《て》らされて明《あか》るくなっています。夜空《よぞら》に見《み》えているすがたは、太陽《たいよう》に照《て》らされている部分《ぶぶん》だけなのです。

お月《つき》さまは1カ月《げつ》ぐらいをかけて、地球《ちきゅう》のまわりを1周《しゅう》しています。その間《あいだ》に、太陽《たいよう》の光《ひかり》があたる場所《ばしょ》がかわっていくため、地球《ちきゅう》にいるわたしたちの目《め》には、毎日《まいにち》ちょっとずつお月《つき》さまの形《かたち》がかわっているように見《み》えるのです。お月《つき》さまは、だいたい15日《にち》で新月《しんげつ》から満月《まんげつ》になります。15回目《かいめ》の夜《よる》に、ようやく太陽《たいよう》の光《ひかり》が全体《ぜんたい》にあたるわけです。まん丸《まる》のお月《つき》さまのことを「十五夜《じゅうごや》」と呼《よ》ぶのは、このためです。秋《あき》の十五夜《じゅうごや》の日《ひ》に、おだんごを食《た》べながらお月見《つきみ》をする習《しゅう》かんがあるのは、みなさんも知《し》っていますよね。15日《にち》かけてキレイな満月《まんげつ》になったあと、お月《つき》さまはまた15日間《にちかん》をかけて、新月《しんげつ》にもどっていきます。

このおはなしに興味《きょうみ》をもったら・・・

月《つき》の満《み》ち欠《か》けを記《き》ろくしてみよう

お月《つき》さまが本当《ほんとう》に形《かたち》を変化《へんか》させているのか確《たし》かめるには、毎日《まいにち》のすがたを記《き》ろくしてみるのがいちばんです。お月《つき》さまを観察《かんさつ》するためのノートを1冊《さつ》用意《ようい》して、おうちから見《み》えるお月《つき》さまを描《えが》いていってみましょう。くもりや雨《あめ》の日《ひ》は、お月《つき》さまのすがたがよく見《み》えません。記録《きろく》するのは、晴《は》れの日《ひ》だけでだいじょうぶです。

うちゅう

35

星《ほし》の数《かず》はいくつあるの？

同《おな》じものがたくさんあることを「星《ほし》の数《かず》ほど」と、たとえることがあります。「星《ほし》の数《かず》ほど家《いえ》がある」といえば、「数《かぞ》えきれないほどの家《いえ》がたっている」という意味《いみ》です。「星《ほし》の数《かず》はとっても多《おお》い」ということは、みんな知《し》っているわけですね。

では、夜空《よぞら》に光《ひか》る星《ほし》は、正確《せいかく》にはいくつあるのでしょうか？　日本《にっぽん》の都会《とかい》に住《す》んでいる場合《ばあい》、夜空《よぞら》に見《み》える星《ほし》の数《かず》は、およそ２８０こぐらいだといわれています。北《ほっ》きょく星《せい》のようにピカピカにかがやいている星《ほし》から、すみっこで小《ちい》さく光《ひか》っている星《ほし》まであわせて２８０こですから、ぜんぶ数《かぞ》えるのはけっこう、むずかしそうです。はんいをもっと広《ひろ》

地球《ちきゅう》から見《み》える星《ほし》は約《やく》9000こ

北半球《きたはんきゅう》と南半球《みなみはんきゅう》で、それぞれ
4500こぐらい見《み》えるよ。

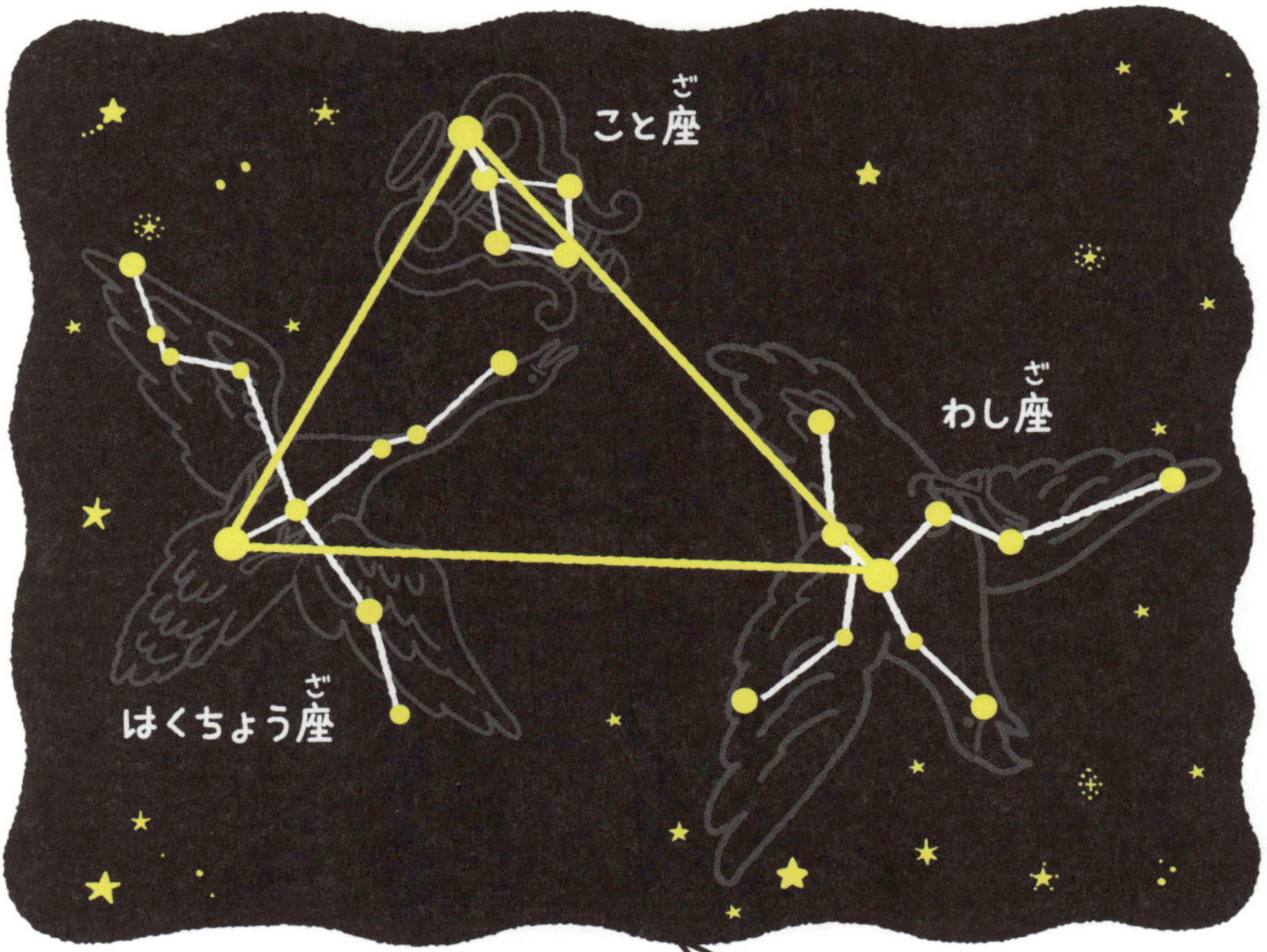

地球《ちきゅう》がある天《あま》の川《がわ》銀河《ぎんが》には、こう星《せい》が2000億《おく》こもあって、宇宙《うちゅう》にはおなじような銀河《ぎんが》が数千億《すうせんおく》こもあるんだって！

げて、北半球《きたはんきゅう》（地球《ちきゅう》の北《きた》の半分《はんぶん》）から見《み》える星《ほし》をしらべてみましょう。その数《かず》は、およそ４５００〜４６００こ。南半球《みなみはんきゅう》（地球《ちきゅう》の南《みなみ》の半分《はんぶん》）からも、同《おな》じぐらいの数《かず》を見《み》ることができます。つまり、地球全体《ちきゅうぜんたい》では９０００〜９２００こぐらいの星《ほし》が見《み》えるというわけです。さらに、大《おお》きなはんいでかんがえてみます。地球《ちきゅう》は、太陽系《たいようけい》は、天《あま》の川《がわ》銀河《ぎんが》という銀河《ぎんが》のなかにあります。太陽系《たいようけい》の一部《いちぶ》です。この天《あま》の川銀河《がわぎんが》には、自分《じぶん》で光《ひか》るこう星《ほし》がなんと２０００億《おく》こもあるそうです。しかも、宇宙《うちゅう》には天《あま》の川銀《がわぎん》河《が》のような銀河《ぎんが》が、数千億《すうせんおく》こもあるといわれていますから、宇宙《うちゅう》にある星《ほし》の数《かず》というのは、やはりとほうもない数字《すうじ》になってしまいます。

大昔《おおむかし》から、人《ひと》は夜空《よぞら》を見《み》あげ、星《ほし》をながめてきました。星《ほし》と星《ほし》をむすんで星座《せいざ》をつくったり、星《ほし》の位置《いち》をしらべて運命《うんめい》をうらなったりもしました。いま見《み》えている星《ほし》のほかにも、宇宙《うちゅう》にはたくさんの星《ほし》があることを思《おも》いだしながら、みなさんも夜空《よぞら》の星《ほし》をながめてみてください。

瀧靖之先生の実践アドバイス

このおはなしに興味《きょうみ》をもったら・・・

夜空《よぞら》の星《ほし》をスケッチしてみよう

星《ほし》の位置《いち》をスケッチしてみましょう。なるべく明《あか》るい星《ほし》から描《えが》いていくようにすると、全体《ぜんたい》のバランスがとりやすくなります。白《しろ》い紙《かみ》の上《うえ》に、満点《まんてん》の夜空《よぞら》を再現《さいげん》してみてください。また、星《ほし》は都会《とかい》よりも、自然《しぜん》のなかにいるほうがよく見《み》えます。山《やま》や海《うみ》などに行《い》ったときは、星《ほし》の見《み》え方《かた》がいつもとどう違《ちが》うか確《たし》かめてみましょう。

うちゅう

36

宇宙《うちゅう》へはどうやって行《い》くの？

宇宙《うちゅう》へ行《い》くには、ロケットをつかう必要《ひつよう》があります。ロケットでいきおいよく、ドーンッと打《う》ち上《あ》がり、宇宙《うちゅう》を目《め》ざす。ちゅうと半《はん》ぱではいけません。地球《ちきゅう》には重力《じゅうりょく》があるので、とちゅうでいきおいがなくなってしまうと、地面《じめん》へまっさかさまにおっこちてしまうからです。地球《ちきゅう》の重《じゅう》力《りょく》にさからって、ほかの星《ほし》を目《め》ざすためには、秒速《びょうそく》11キロメートル以《い》上《じょう》という、とてつもないスピードが必要《ひつよう》です。ロケットは、ねんりょうを燃《も》やしてガスをつくり、はげしくふき出《だ》すことで、そのスピードを生《う》み出《だ》します。ジェット機《き》も、ものすごいスピードでとぶことができますが、宇宙《うちゅう》へ行《い》くことはできません。なぜならジェット機《き》は、空気《くうき》を利用《りよう》

宇《う》宙《ちゅう》へ行《い》くにはロケットで！

ものすごいいきおいで、地球《ちきゅう》の
重力《じゅうりょく》の外《そと》へとんでいくよ。

地球《ちきゅう》の重力《じゅうりょく》にさからうには、秒速《びょうそく》11キロメートル以上《いじょう》という、とてつもないスピードでとんでいかなくてはいけないんだよ。

してねんりょうを燃《も》やしているからです。宇宙《うちゅう》には空気《くうき》がありません。だから、ジェット機《き》は宇宙《うちゅう》をとぶことができないのです。ロケットの場《ば》合《あい》は、「さん化剤《かざい》」というものをつんでいます。さん化剤《かざい》が空気《くうき》のかわりとなってくれるので、ねんりょうをじょうずに燃《も》やすことができ、宇《う》宙《ちゅう》でも進《すす》んでいくことができます。

いままで人類《じんるい》がたどり着《つ》いた、もっともとおい場所《ばしょ》は月《つき》です。１９６９年《ねん》７月《がつ》、アメリカのアポロ11号《ごう》というロケットが月《つき》にとう着《ちゃく》しました。はじめて月面《げつめん》におり立《た》ったアームストロング船長《せんちょう》はいいました。「これはひとりの人間《にんげん》にとっては小《ちい》さな一歩《いっぽ》だが、人類《じんるい》にとっては大《おお》きな一歩《いっぽ》だ」と。アームストロング船長《せんちょう》が月《つき》におりるすがたは、テレビで中《ちゅう》けいされ、世界中《せかいじゅう》の人《ひと》たちが画面《がめん》へクギづけになりました。人類《じんるい》がつぎに目《め》ざしているのは、火星《かせい》です。ＮＡＳＡ《ナサ》（アメリカ航空宇宙局《こうくううちゅうきょく》）は、２０２５年頃《ねんころ》を目《もく》ひょうに、計画《けいかく》を進《すす》めているそうです。

瀧靖之先生の実践アドバイス

このおはなしに興味《きょうみ》をもったら・・・

全国《ぜんこく》の科学館《かがくかん》、博物館《はくぶつかん》へ行《い》こう

宇宙《うちゅう》やロケットを題《だい》材《ざい》にした展示物《てんじぶつ》のある科学館《かがくかん》、博物館《はくぶつかん》は全国《ぜんこく》にあります。おうちの近《ちか》くにないか、ぜひさがしてみてください。

代表的《だいひょうてき》なものとして、国立科学博物館《こくりつかがくはくぶつかん》（東京都《とうきょうと》）があります。アポロ11号《ごう》がもちかえった月《つき》の石《いし》を見《み》ることができるほか、人工《じんこう》えい星《せい》を打《う》ち上《あ》げたロケットの発《はっ》しゃ台《だい》なども展示《てんじ》されています。

せいかつ

37

お金《かね》はどうつかうの？

お金《かね》は、ものを買《か》うときにつかいます。お店《みせ》で売《う》っているものは、基本的《きほんてき》にお金《かね》と交《こう》かんすることで、手《て》に入《い》れることができます。お金《かね》をはらわずに、タダでもらうことはできません。

まだお金《かね》がなかったころは、人間《にんげん》はものとものを交《こう》かんして暮《く》らしていました。魚《さかな》があまっている人《ひと》と、野《や》さいがあまっている人《ひと》が、お互《たが》いに交《こう》かんすることで、生活《せいかつ》をなり立《た》たせていたのです。しかし、ものとものを交《こう》かんする生活《せいかつ》は、お互《たが》いにほしいものをもっているときしか成《せい》立《りつ》しません。自分《じぶん》は野《や》さいがほしいのに、肉《にく》があまっている人《ひと》しかいなかったら、交《こう》かんする相手《あいて》がいないのですから、とても不便《ふべん》です。

お金《かね》はものを買《か》うときにつかう

お店《みせ》で売《う》っているものは、お金《かね》と交《こう》かんで手《て》に入れられるよ。

ずっと昔《むかし》はものとものとを交《こう》かんして暮《く》らしていたけど、いまはほしいものがあったら、お金《かね》で買《か》うんだよ。

そこで、お金《かね》が生《う》みだされました。はじめは、キレイな貝《かい》がお金《かね》の役《やく》目《め》をはたしました。めずらしい貝《かい》は、みんながほしいものだったからです。「買《か》う」という字《じ》の下《した》のほうにも、貝《かい》という字《じ》がつかわれていますよね。お金《かね》にまつわる漢字《かんじ》には、貝《かい》の字《じ》がよくつかわれているのです。

いまのようなお金《かね》がつくられだした時期《じき》については、いろいろな説《せつ》がありますが、2700年《ねん》ぐらい前《まえ》には金貨《きんか》がつくられていたそうです。日本《にっぽん》では、708年《ねん》にはじめてのお金《かね》がつくられたといわれています。こちらも、いくつかの説《せつ》があります。

現在《げんざい》の日本《にっぽん》でつかわれているお金《かね》は、紙《かみ》でつくられた紙《し》へいと、金《きん》ぞくでつくられたこう貨《か》があります。紙《し》へいは1万円札《まんえんさつ》、5000円《えん》札《さつ》、2000円札《えんさつ》、1000円札《えんさつ》の4しゅるい。こう貨《か》は500円玉《えんだま》、100円玉《えんだま》、50円玉《えんだま》、10円玉《えんだま》、5円玉《えんだま》、1円玉《えんだま》の6しゅるい。合計《ごうけい》で10しゅるいです。

瀧靖之先生の実践アドバイス

このおはなしに興味《きょうみ》をもったら・・・

実物《じつぶつ》のお金《かね》をさわってみよう

本物《ほんもの》のお札《さつ》やこう貨《か》を見《み》てみましょう。同《おな》じお札《さつ》でも1万円札《まんえんさつ》と1000円札《えんさつ》では色《いろ》や大《おお》きさがちがうこと、500円玉《えんだま》と1円玉《えんだま》ではつかわれている金《きん》ぞくがちがうことなどに気《き》づくはずです。また、日本《にっぽん》のお金《かね》には、人物《じんぶつ》や数字《すうじ》だけでなく、植物《しょくぶつ》や建物《たてもの》も描《えが》かれています。細《こま》かいところまで、よく見《み》くらべてみましょう。

せいかつ

38

1日《にち》はなぜ24時《じ》間《かん》？ 1時《じ》間《かん》はなぜ60分《ぷん》？ 1分《ぷん》はなぜ60秒《びょう》？

1日《にち》が24時間《じかん》である理由《りゆう》は何《なん》でしょう？　おおもとにあるのは「12こで1つ」という、かんがえ方《かた》です。時計《とけい》の文字《もじ》ばんを見《み》てください。1〜12の数字《すうじ》が書《か》いてありますよね。時計《とけい》は1時《じ》、2時《じ》、3時《じ》……と進《すす》んでいき、12時《じ》をすぎたらまた1時《じ》にもどっていきます。つまり、12こで1つ。24時間《じかん》はその2回分《かいぶん》です。

1日《にち》の時間《じかん》は、ずっと昔《むかし》のメソポタミア（いまのイラクのあたり）の人《ひと》によって、12こに分《わ》けられました。1日《にち》をまるごとぜんぶで12時間《じかん》です。いまの半分《はんぶん》ですね。その後《ご》、5000年《ねん》ぐらい前《まえ》の古代《こだい》エジプトの人《ひと》たちによって、1日《にち》は24時間《じかん》になりました。かれらは1日《にち》を昼《ひる》と夜《よる》に分《わ》

12時間《じかん》が2つで24時間《じかん》

「12こで1つ」のかんがえ方《かた》が、
24時間《じかん》のもとになっているよ。

12が2つで24時間《じかん》になるように、12が5つで60分《ぷん》や60秒《びょう》に。1カ月《げつ》が12こあつまると、1年《ねん》になるよ。

け、それぞれを12時間《じかん》としたのです。

1時間《じかん》が60分、1分《ぷん》が60秒《びょう》であるのも、同《おな》じように「12こで1つ」のかんがえ方《かた》が関係《かんけい》しています。12を5回《かい》、足《た》してみてください。12＋12＋12＋12＋12。答《こた》えは60になります。60分《ぷん》も60秒《びょう》も、12をつみかさねた数字《すうじ》になっているわけです。「12こで1つ」のかんがえ方《かた》は、わたしたちの生活《せいかつ》にとって、とても身近《みぢか》なものです。たとえば、1年《ねん》は12カ月《かげつ》ですよね。これは、お月《つき》さまの満《み》ち欠《か》けが1年《ねん》に12回《かい》あることから決《き》められました。えんぴつは、12本《ほん》で1ダースといいます。おとめ座《ざ》やさそり座《ざ》など、たんじょう日《び》の星座《せいざ》も12こあります。

日本《にっぽん》や中国《ちゅうごく》でも、「12こで1つ」のかんがえ方《かた》はつかわれてきました。お正月《しょうがつ》の年賀状《ねんがじょう》にかく動物《どうぶつ》（＝干支《えと》）も12しゅるい。12年《ねん》が5回《かい》すぎて、60さいになったら「かんれき」といい、長生《ながい》きのお祝《いわ》いをします。12という数字《すうじ》は、昔《むかし》から世界中《せかいじゅう》の人《ひと》たちに大切《たいせつ》にされてきたのですね。

瀧靖之先生の実践アドバイス

このおはなしに興味《きょうみ》をもったら・・・

星座《せいざ》をぜんぶ書《か》き出《だ》してみよう

「12個《こ》で1つ」の例《れい》として、誕生日《たんじょうび》の星座《せいざ》を思《おも》いつくかぎり紙《かみ》に書《か》き出《だ》してみましょう。

自分《じぶん》の誕生日《たんじょうび》の星座《せいざ》は知《し》っていても、ほかの星座《せいざ》までぜんぶおぼえている人《ひと》はあまりいないのではないでしょうか。数《かず》はもちろん、ぜんぶで12個《こ》ですよ。ヒントも出《だ》しておきますね。「人間以外《にんげんいがい》の生《い》き物《もの》」が、7つ入《はい》っています。

せいかつ

39

数字《すうじ》はいつどこでできたの？

時間《じかん》を知《し》りたいとき、お金《かね》をかぞえるときなど、わたしたちの生活《せいかつ》にかかせない数字《すうじ》。いったいだれがいつ、どこで発明《はつめい》したのでしょうか？

わたしたちがふだんよくつかっている「1、2、3、4、5……」という数字《すうじ》は、アラビア数字《すうじ》といいます。発明《はつめい》したのはインドの人《ひと》です。いまから2000年《ねん》くらい前《まえ》につくられました。

でも、「0」という数字《すうじ》だけはもともとありませんでした。ひとつ、ふたつ、みっつ……と数《かぞ》えるための数字《すうじ》はあっても、何《なに》もないことをあらわす数字《すうじ》はなかったのです。「0」はアラビア数字《すうじ》がはったつしていく途中《とちゅう》で生《う》まれました。「0」ができたことで、数字《すうじ》の計算《けいさん》はめざまし

数字《すうじ》は約《やく》2000年前《ねんまえ》にインドでできた

はじめは「0」という数字《すうじ》は
なかったんだって！

2000年《ねん》ぐらい前《まえ》にインドで発明《はつめい》された数字《すうじ》は、やがて世界《せかい》へとつたわっていき、さまざまな数字《すうじ》が生《う》まれたよ。

いはってんをとげました。

インドで生《う》まれたアラビア数字《すうじ》は、アラビア半島《はんとう》を通《とお》ってヨーロッパへと伝《つた》わっていきました。「Ⅰ、Ⅱ、Ⅲ、Ⅳ、Ⅴ……」という書《か》き方《かた》をする数字《すうじ》は、ローマ数字《すうじ》といいます。古代《こだい》ローマで生《う》まれました。時計《とけい》の文字《もじ》ばんなどによくつかわれていますね。

日本《にっぽん》では「一《いち》、二《に》、三《さん》、四《し》、五《ご》……」といった、漢数字《かんすうじ》もよく目《め》にします。漢数字《かんすうじ》は古代中国《こだいちゅうごく》で、まだ漢字《かんじ》をつかっていない時代《じだい》からつかわれていました。ほかにもペルシアやモンゴルなど、世界《せかい》ではさまざまな国《くに》でそれぞれの数字《すうじ》がつかわれています。

計算《けいさん》につかわれる「＋（プラス）」や「－（マイナス）」などの記号《きごう》は、15世《せい》紀《き》ごろからじょじょに発明《はつめい》されていきました。数字《すうじ》や記号《きごう》がはったつすることで、人間《にんげん》はふくざつな計算《けいさん》ができるようになりました。科学《かがく》の進《しん》歩《ぽ》や文化《ぶんか》のはん栄《えい》に、数字《すうじ》はとても大《おお》きな役《やく》わりをはたしてきたのです。

瀧靖之先生の実践アドバイス

このおはなしに興味《きょうみ》をもったら・・・

そろばんをつかってみよう

電《でん》子《し》計算《けいさん》機《き》、いわゆる電卓《でんたく》が広《ひろ》まるまで、日本《にっぽん》では「そろばん」をつかい、数字《すうじ》の計算《けいさん》をしていました。

指《ゆび》を動《うご》かしながら単《たん》純《じゅん》計算《けいさん》をくりかえすそろばんは、脳《のう》の活性化《かっせいか》にとても効果《こうか》があるといわれています。パチパチはじいているうちに数字《すうじ》への興味《きょうみ》がわき、計算《けいさん》もスラスラとこなせるようになりますよ。

せいかつ

40

電《でん》気《き》はどこからくるの？

ごはんをつくったり、おふろに入《はい》ったり、テレビを見《み》たり、電気《でんき》はみなさんの生活《せいかつ》にかかせないものです。ふだんつかっている電気《でんき》は、どこでつくられて、どんなふうに運《はこ》ばれてくるのでしょう。

日本《にっぽん》でつかわれている電気《でんき》は、多《おお》くが日本《にっぽん》の発電所《はつでんしょ》でつくられたものです。発電所《はつでんしょ》には、電気《でんき》のつくり方《かた》によっていくつかの種類《しゅるい》があります。

日本《にっぽん》でいちばん多《おお》く電気《でんき》をつくっているのは、火《ひ》の力《ちから》を利用《りよう》した火力《かりょく》発電所《はつでんしょ》です。火力発電所《かりょくはつでんしょ》では、石油《せきゆ》や石炭《せきたん》などの燃料《ねんりょう》を燃《も》やして、水《みず》をあたためます。水《みず》はあたたまると、水《すい》じょう気《き》というこまかい水《みず》のつぶに変化《へんか》。その水《すい》じょう気《き》が移動《いどう》し、羽根車《はねぐるま》を回《まわ》すことで、発電《はつでん》すること

電気《でんき》は発電所《はつでんしょ》から送《おく》られてくる

いま日本《にっぽん》でいちばん多《おお》く電気《でんき》を
つくっているのは火力発電所《かりょくはつでんしょ》だよ。

火力発電所《かりょくはつでんしょ》のしくみ

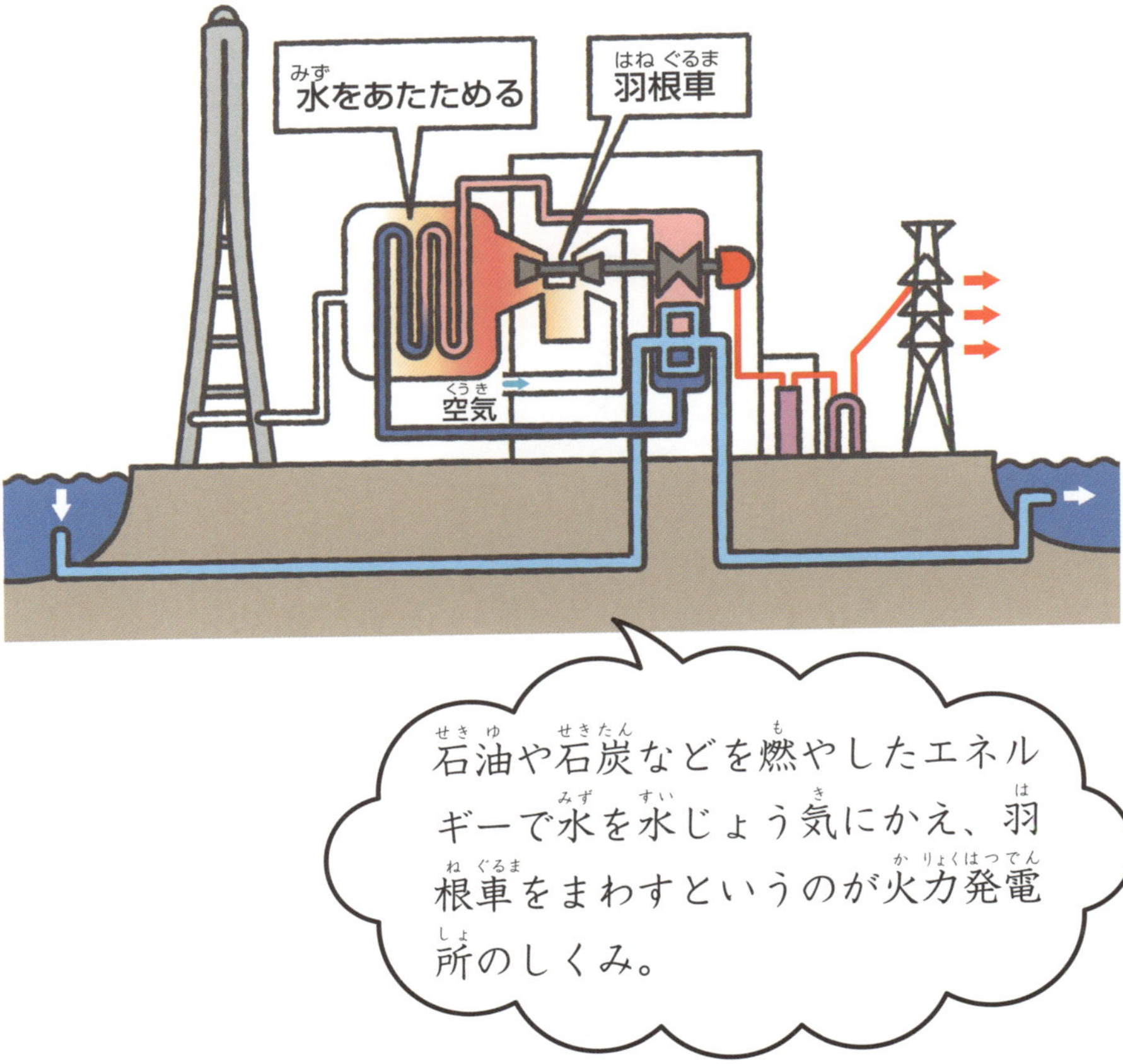

石油《せきゆ》や石炭《せきたん》などを燃《も》やしたエネルギーで水《みず》を水《すい》じょう気《き》にかえ、羽《は》根車《ねぐるま》をまわすというのが火力発電《かりょくはつでん》所《しょ》のしくみ。

ができます。

次《つぎ》に発電量《はつでんりょう》が多《おお》いのは水力発電所《すいりょくはつでんしょ》です。水《みず》が流《なが》れ落《お》ちる力《ちから》を利用《りよう》し、水車《すいしゃ》を回《まわ》して発電《はつでん》します。たくさんの水《みず》を流《なが》さなくてはならないため、山《やま》の中《なか》にダムをつくって発電《はつでん》するケースをよく目《め》にします。3ばんめに発電量《はつでんりょう》が多《おお》いのは原子力発電所《げんしりょくはつでんしょ》です。ウラン鉱石《こうせき》が核分裂《かくぶんれつ》したときに生《う》まれる熱《ねつ》を利用《りよう》し、火力発電所《かりょくはつでんしょ》と同《おな》じように、水《みず》を水《すい》じょう気《き》に変《か》え、羽根車《はねぐるま》を回《まわ》して発電《はつでん》します。

火力発電所《かりょくはつでんしょ》と原子力発電所《げんしりょくはつでんしょ》の多《おお》くは、海《うみ》の近《ちか》くにあります。燃料《ねんりょう》が運《はこ》びやすく、発電《はつでん》によって生《う》まれる水《みず》を外《そと》に流《なが》しやすいからです。

この3つの方法《ほうほう》で、日本《にっぽん》のほとんどの電気《でんき》はつくられています。発電《はつでん》方法《ほうほう》には、ほかにも風《かぜ》や太陽《たいよう》の光《ひかり》などを利用《りよう》するものがあります。発電《はつでん》所《しょ》でつくられた電気《でんき》は、そのままではつかえません。変電所《へんでんしょ》でおうちに合《あ》ったつかいやすい電気《でんき》にかえ、配電線《はいでんせん》を通《とお》してとどけられます。

瀧靖之先生の実践アドバイス

このおはなしに興味《きょうみ》をもったら・・・

実際《じっさい》に発電所《はつでんしょ》を見《み》にいってみよう

環境《かんきょう》にやさしい風力《ふうりょく》や太陽《たいよう》の光《ひかり》による発電《はつでん》は、今後《こんご》の活躍《かつやく》が期待《きたい》されています。発電所《はつでんしょ》を探《さが》すときは、火力《かりょく》、水力《すいりょく》、原子力《げんしりょく》だけでなく、ぜひ風力発電《ふうりょくはつでん》も見《み》つけてみましょう。

最近《さいきん》では太陽《たいよう》の光《ひかり》を電気《でんき》に変《か》える太陽光《たいようこう》パネルも、たくさん設置《せっち》されるようになりました。おうちのまわりにないか探《さが》してみましょう。

せいかつ

41 水道《すいどう》の水《みず》はどこからくるの？

じゃ口《ぐち》を開《ひら》くと、ジャーッといきおいよく流《なが》れだす水道《すいどう》の水《みず》。出《だ》しっぱなしにしても、いっこうになくなる気配《けはい》がありません（ただし、おかあさんには「もったいない！」と怒《おこ》られます）。あんなにたくさんの水《みず》が、いったいどこからやってくるのでしょうか。ふしぎですよね。

水道《すいどう》の水《みず》は、もとは川《かわ》やみずうみ、地下《ちか》にあった水《みず》です。もちろん、そのままではよごれているので、浄水場《じょうすいじょう》というところでキレイにしています。浄水場《じょうすいじょう》で処理《しょり》された水《みず》は、その後《ご》、給水場《きゅうすいじょう》にいったんためられ、水道管《すいどうかん》をとおってみなさんのおうちへとどけられます。

水道《すいどう》の水《みず》を逆《ぎゃく》にずーっとたどっていくと、山《やま》の上《うえ》にある川《かわ》（源流《げんりゅう》）の

水道《すいどう》の水《みず》は川《かわ》などからはこんでくる

自然《しぜん》の水《みず》は浄水場《じょうすいじょう》でキレイに
してから、おうちへとどけられるよ。

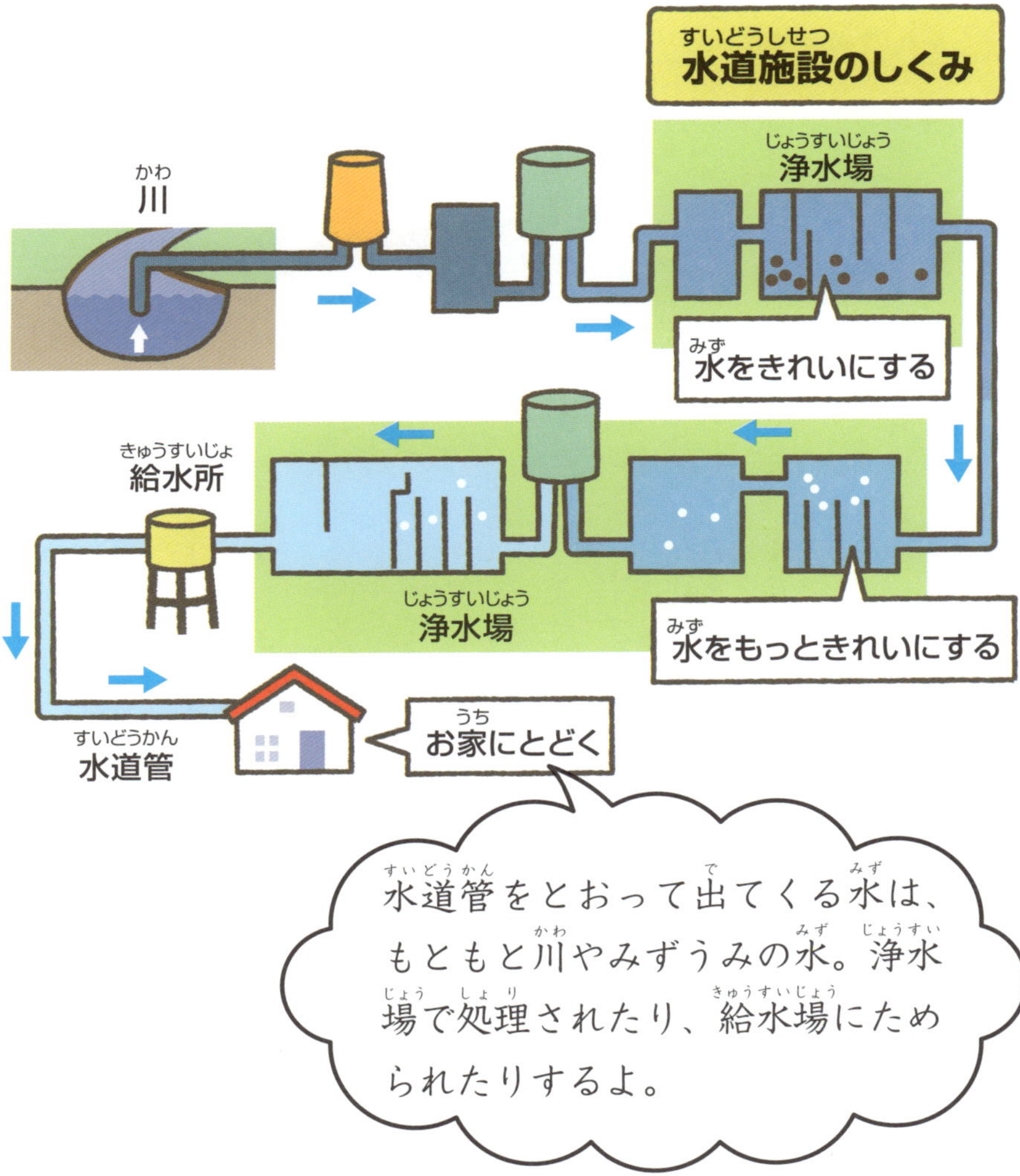

水道管《すいどうかん》をとおって出《で》てくる水《みず》は、もともと川《かわ》やみずうみの水《みず》。浄水《じょうすい》場《じょう》で処理《しょり》されたり、給水場《きゅうすいじょう》にためられたりするよ。

出発点《しゅっぱつてん》まで行《い》きついてしまう、というわけです。

東京都《とうきょうと》の水道局《すいどうきょく》がしらべたところ、1人《ひとり》がおうちでつかう1日《にち》の水《みず》の量《りょう》は、なんと220リットルもあったそうです。大《おお》きなペットボトルの110本分《ぽんぶん》です。とても飲《の》みきれる量《りょう》ではありません。顔《かお》を洗《あら》ったり、歯《は》をみがいたりしても、あまってしまいます。それもそのはず。おうちでつかう水《みず》のほとんどは、それ以外《いがい》につかわれているからです。おうちでつかう水《みず》で量《りょう》が多《おお》いのは、トイレ、おふろ、洗《せん》たく、台所《だいどころ》です。合計《ごうけい》すると、全体《ぜんたい》の9割以上《わりいじょう》をしめています。飲《の》んだり顔《かお》を洗《あら》ったり、歯《は》をみがいてつかう水《みず》の量《りょう》は、全体《ぜんたい》の1割《わり》にも満《み》たないのです。

くりかえしますが、水道《すいどう》の水《みず》のもとは、川《かわ》やみずうみの水《みず》です。長《なが》いあいだ、雨《あめ》がふらなければ、足《た》りなくなってしまうこともあります。雨《あめ》がふるかどうかは、お天気《てんき》の神《かみ》さましだい。だからこそ、ムダづかいをしてはいけないのです。

瀧靖之先生の実践アドバイス

このおはなしに興味《きょうみ》をもったら・・・

「東京都水《とうきょうとみず》の科学館《かがくかん》」に行《い》ってみよう！

水道《すいどう》についてのしくみをもっとくわしく知《し》りたいなら、有明《ありあけ》にある「東京都水《とうきょうとみず》の科学《かがく》館《かん》」がおすすめです。

東京都水道局《とうきょうとすいどうきょく》の施設《しせつ》であるこの科学館《かがくかん》は、水《みず》の不思議《ふしぎ》と大切《たいせつ》さを紹介《しょうかい》し、興味《きょうみ》を深《ふか》めるための体感型《たいかんがた》ミュージアムです。遊《あそ》びながら学《まな》べる実験室《じっけんしつ》や、楽《たの》しい道具《どうぐ》としかけがいっぱいのプールなどもありますよ。

せいかつ

42 夜《よる》はなぜ寝《ね》ないといけないの？

みなさんは夜何時《よるなんじ》ごろにふとんに入《はい》っていますか？　「はやく寝《ね》なさい！」としかられている人《ひと》はいませんか？　夜《よる》はなぜ寝《ね》ないといけないのでしょう。

人《ひと》はずっと昔《むかし》から昼間《ひるま》に活動《かつどう》して、夜《よる》に眠《ねむ》ってきました。そのため、そのリズムにあった生活《せいかつ》をしないと、こころやからだがよりよく発達《はったつ》できないのです。

とくに、脳《のう》やからだの発達《はったつ》に大切《たいせつ》な成長《せいちょう》ホルモンは、寝《ね》てから最初《せいしょ》の深《ふか》い眠《ねむ》りのときに大量《たいりょう》に出《で》ます。このときの大脳《だいのう》は夢《ゆめ》も見《み》ないでぐっすり休《やす》んでいて、からだもリラックスしています。

「寝《ね》る子《こ》は育《そだ》つ」はほんとう！

脳《のう》やからだの発達《はったつ》のために

よく眠《ねむ》ることが大切《たいせつ》だよ。

夢《ゆめ》をみるのは浅《あさ》い眠《ねむ》りのとき。このとき、脳《のう》のなかで昼間《ひるま》にうけとった情報《じょうほう》を整理《せいり》しているんだよ。

ところで、わたしたちが夢《ゆめ》をみるのは浅《あさ》い眠《ねむ》りのときなんです。このときの脳《のう》は情報《じょうほう》を整理《せいり》していて活発《かっぱつ》に動《うご》いています。寝《ね》ながら目玉《めだま》も活《かっ》発《ぱつ》に動《うご》いているんですよ。

さて、不規則《ふきそく》な生活《せいかつ》をしていると午前中《ごぜんちゅう》にぼーっとしたり疲《つか》れやすくなったりもします。これでは自分《じぶん》がもっている力《ちから》をじゅうぶんに発揮《はっき》することができませんね。また、夜《よる》おそくまで光《ひかり》をあびつづけることで、眠《ねむ》りをさそう大切《たいせつ》なホルモンも出《で》にくくなってしまいます。

人間《にんげん》の体内時計《たいないどけい》は25時間《じかん》に設定《せってい》されていますが、これを1日《にち》と同《おな》じ24時間《じかん》に戻《もど》すためには、朝日《あさひ》をたっぷりあびて頭《あたま》とからだをリセットすることが大切《たいせつ》です。早起《はやお》きして朝日《あさひ》をあび、昼間《ひるま》はしっかり活動《かつどう》し、夜《よる》は早《はや》めに決《き》まった時間《じかん》に寝《ね》るようにすると、眠《ねむ》りの質《しつ》が高《たか》まって成長《せいちょう》ホルモンがきちんと出《で》るようになります。生活《せいかつ》リズムを守《まも》ることは、こころやからだの成長《せいちょう》にとても大切《たいせつ》なことなんですよ。

瀧靖之先生の実践アドバイス

このおはなしに興味《きょうみ》をもったら・・・

毎日《まいにち》決《き》まった時間《じかん》に寝《ね》て決《き》まった時間《じかん》に起《お》きる習慣《しゅうかん》をつけよう

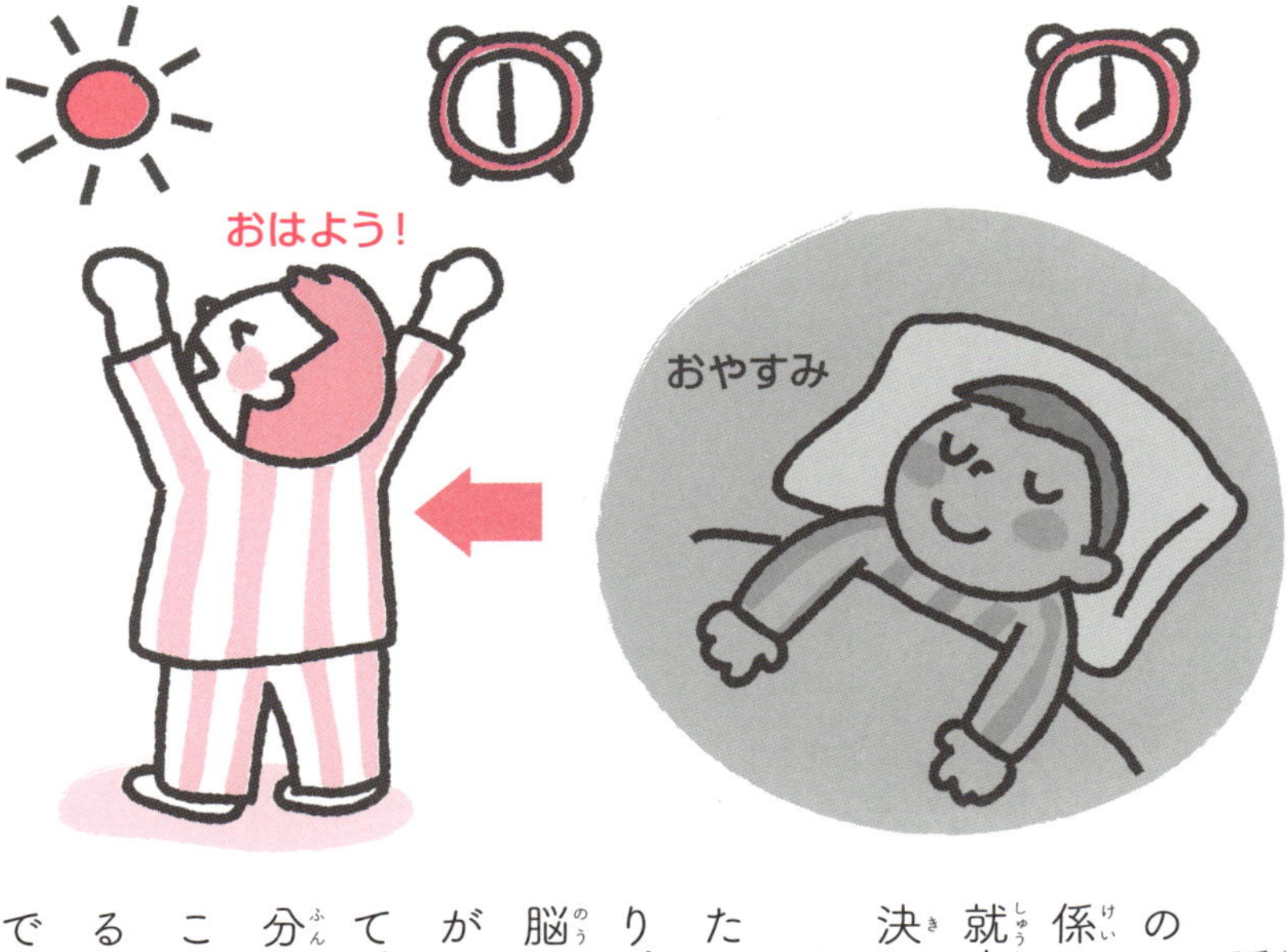

睡眠《すいみん》の時間《じかん》と質《しつ》は脳《のう》のはたらきに大《おお》きく関係《かんけい》しています。まずは就寝時間《しゅうしんじかん》と起床時間《きしょうじかん》を決《き》めましょう。

　眠《ねむ》くなくても決《き》まった時間《じかん》にふとんに入《はい》り、部屋《へや》を暗《くら》くすると脳《のう》から眠《ねむ》りを誘《さそ》う物質《ぶっしつ》が出《で》てきます。そして、起《お》きたら朝日《あさひ》を15分《ふん》ほどあびましょう。これを2週間《しゅうかん》ほど続《つづ》けると、睡眠《すいみん》のリズムができますよ。

せいかつ

43
なぜおやつは3時《じ》に食《た》べるの？

「おなかがすいたー」「3時《じ》のおやつまで待《ま》ちなさい」

おうちの人《ひと》とこんなやりとりをしたことのある人《ひと》はきっと多《おお》いはず。

なぜ、おやつは3時《じ》なのでしょう。

それは昔《むかし》の時間《じかん》のかぞえ方《かた》に関係《かんけい》があります。江戸時代《えどじだい》の時間《じかん》のかぞえ方《かた》は、おひると真夜中《まよなか》の12時《じ》をそれぞれ「九《ここの》つ」とし、それから2時《じ》間《かん》ごとに八《や》つ、七《なな》つ……というように四《よ》つまで区切《くぎ》ってかぞえていました。その「八《や》つ」がちょうど2時《じ》から4時《じ》のあいだになります。

また、江戸時代《えどじだい》あたりまでは1日《にち》2食《しょく》で朝《あさ》ごはんと夕《ゆう》ごはんだけでしたが、からだを動《うご》かす農家《のうか》の人《ひと》や大工《だいく》さんたちはそれでは体力《たいりょく》がもたな

おやつは江戸時代《えどじだい》からあった!?

「おやつ」は江戸時代《えどじだい》の時間《じかん》のよび方《かた》と当時《とうじ》の食習慣《しょくしゅうかん》に関係《かんけい》があるよ。

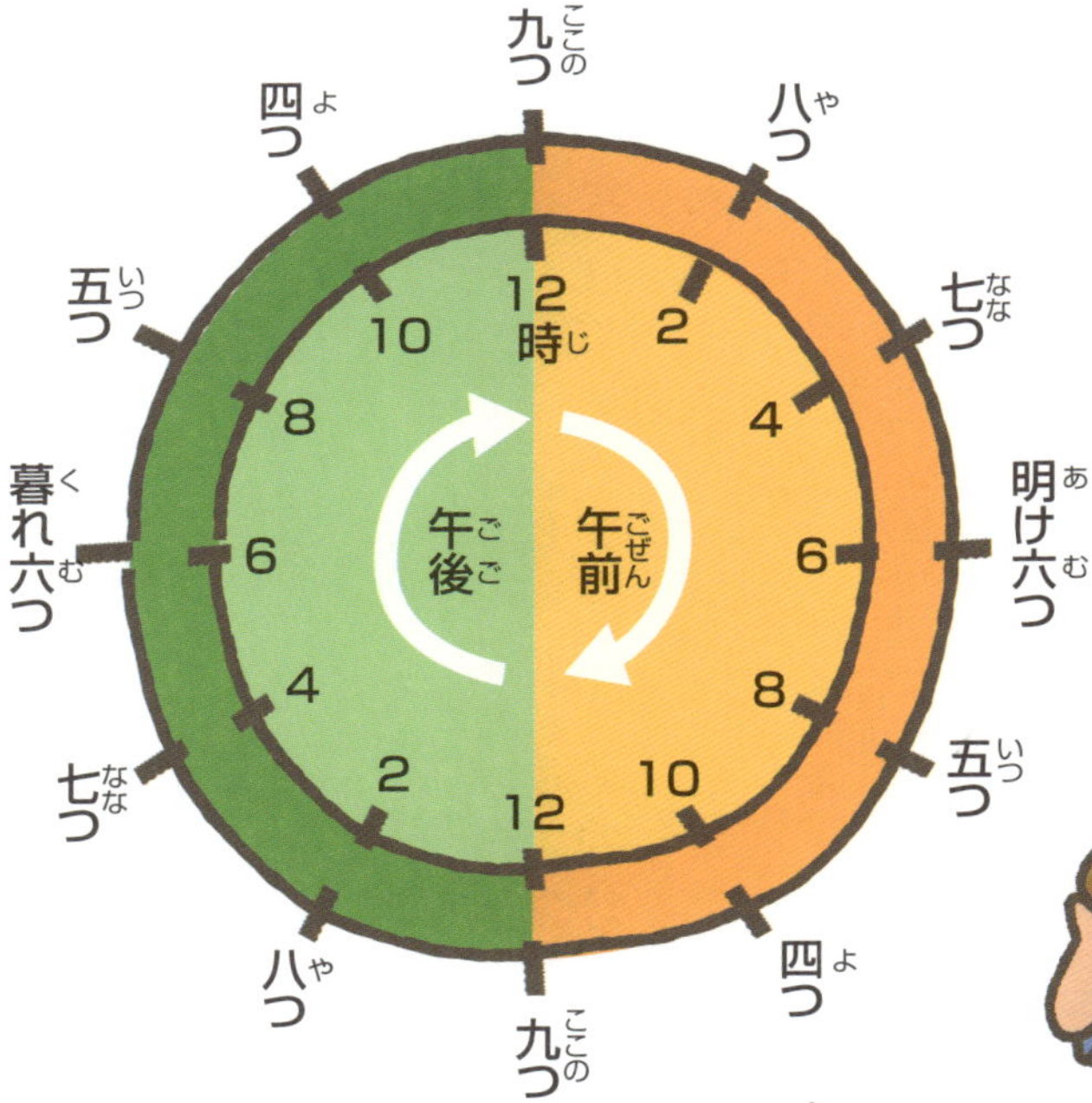

もとはおにぎりなどを食《た》べていた間食《かんしょく》が、だんごやおせんべいも食《た》べるようになって、いまの「おやつ」になったよ。

いので、「八《や》つ」どきに、いもやおにぎりなどの間食《かんしょく》をとっていました。それがおやつのはじまりです。その後《ご》、明治時代《めいじじだい》に時間《じかん》のかぞえ方《かた》が24時間制《じかんせい》になり、2時《じ》と4時《じ》のまんなかをとって3時《じ》がおやつの時間《じかん》になったのです。

ところで現在《げんざい》は、朝《あさ》・昼《ひる》・夕方《ゆうがた》のごはん以外《いがい》にとる間食《かんしょく》をおやつということが多《おお》いですが、それでも、食事《しょくじ》と食事《しょくじ》の合間《あいま》に時間《じかん》を決《き》めておやつを食《た》べれば、からだのためにもいいようです。

おやつは小腹《こばら》を満《み》たすだけでなく、その後《ご》の食欲《しょくよく》にブレーキをかけ、食《た》べすぎて太《ふと》るのをふせぐ意味《いみ》もあるんですよ。

また、食後《しょくご》、数時間《すうじかん》たっておなかがすいてくると、脳《のう》が元気《げんき》をなくし、はたらきにくくなってきますが、あまいものをとることで脳《のう》が元気《げんき》をとりもどし、気《き》もちもおちつき、勉強《べんきょう》などもはかどるようになります。

おやつは、時間《じかん》を決《き》めて適量《てきりょう》をとりましょう。

瀧靖之先生の実践アドバイス

このおはなしに興味《きょうみ》をもったら・・・

昔《むかし》の人《ひと》のくらしを調《しら》べてみよう

ごはんとみそしるとつけものだよ
一汁一菜《いちじゅういっさい》

「おやつ」に関連《かんれん》づけて、昔《むかし》の人《ひと》はどのようなものを食《た》べて、どんなくらしをしていたのか調《しら》べてみましょう。現代《げんだい》の生活《せいかつ》とどこが違《ちが》っているでしょうか？

昔《むかし》のくらしのようすや生活道具《せいかつどうぐ》などが展示《てんじ》されている民俗博物館《みんぞくはくぶつかん》へ行《い》ってみるとおもしろいですよ。国立歴史《こくりつれきし》民俗博物館《みんぞくはくぶつかん》（千葉県《ちばけん》）は子《こ》どもも楽《たの》しめる工夫《くふう》がされています。

せいかつ

44 はし、じょうずにもてるかな?

日本人《にほんじん》の食事《しょくじ》に「はし」はかかせません。そのおはしがじょうずにもてるだけで、食《た》べるときのすがたがとてもステキに見《み》えるって知《し》っていましたか? 和食《わしょく》の作法《さほう》は「はしにはじまり、はしにおわる」といわれるほど、はしのもち方《ほう》はとってもも大切《たいせつ》なんですよ。

基本《きほん》のもち方《かた》は、上《うえ》のはしと下《した》のはしのあいだに右手《みぎて》の中《なか》ゆびをはさんで、はしのまんなかよりやや上《うえ》のほうをもつこと。こうするとはし先《さき》が自由《じゆう》に動《うご》かしやすくなります。じょうずにおかずがつかめないという人《ひと》は、上《うえ》のはしを中《なか》ゆびとくすりゆびでささえたり、2本《ほん》のはしをギュッとにぎるようにしてもっていたりしていませんか?

はしのサイズは「ひとあたはん」

はしを正《ただ》しくもつには、自分《じぶん》に
あった長《なが》さのはしをえらぶことが大切《たいせつ》。

はしを正《ただ》しくもてると自然《しぜん》とはしづかいもじょうずに。食《た》べるすがたもうつくしく見《み》えるよ！

ところで、はしにも手《て》の大《おお》きさにあった正《ただ》しいサイズがあり、はしが長《なが》すぎても短《みじか》すぎてもうまくつかいこなすことはできません。

手《て》の大《おお》きさにあう、はしの長《なが》さの目安《めやす》があり、つかいやすい長《なが》さは「ひとあたはん」といわれています。「ひとあた」とは、親《おや》ゆびと人《ひと》さしゆびを直角《ちょっかく》に広《ひろ》げたときに、そのふたつのゆび先《さき》を直線《ちょくせん》でつないだ長《なが》さのこと。この長《なが》さを1・5倍《ばい》にした長《なが》さが、その人《ひと》にとってつかいやすいはしの長《なが》さというわけです。

食《た》べものをはさむ、切《き》る、すくうなど、はしでできることはいろいろあります。正《ただ》しくはしをもてるようになると、その作業《さぎょう》がじょうずにできるようになり、また、食《た》べるすがたもうつくしく見《み》えてきます。

はしを正《ただ》しくもつのは、最初《さいしょ》はむずかしいかもしれませんが、毎回《まいかい》のごはんのときに意識《いしき》してみましょう。はしを正《ただ》しくもて、はしづかいがじょうずになると、ごはんの時間《じかん》がとっても楽《たの》しくなりますよ。

瀧靖之先生の実践アドバイス

このおはなしに興味《きょうみ》をもったら・・・

はしづかいのタブーについて調《しら》べてみよう

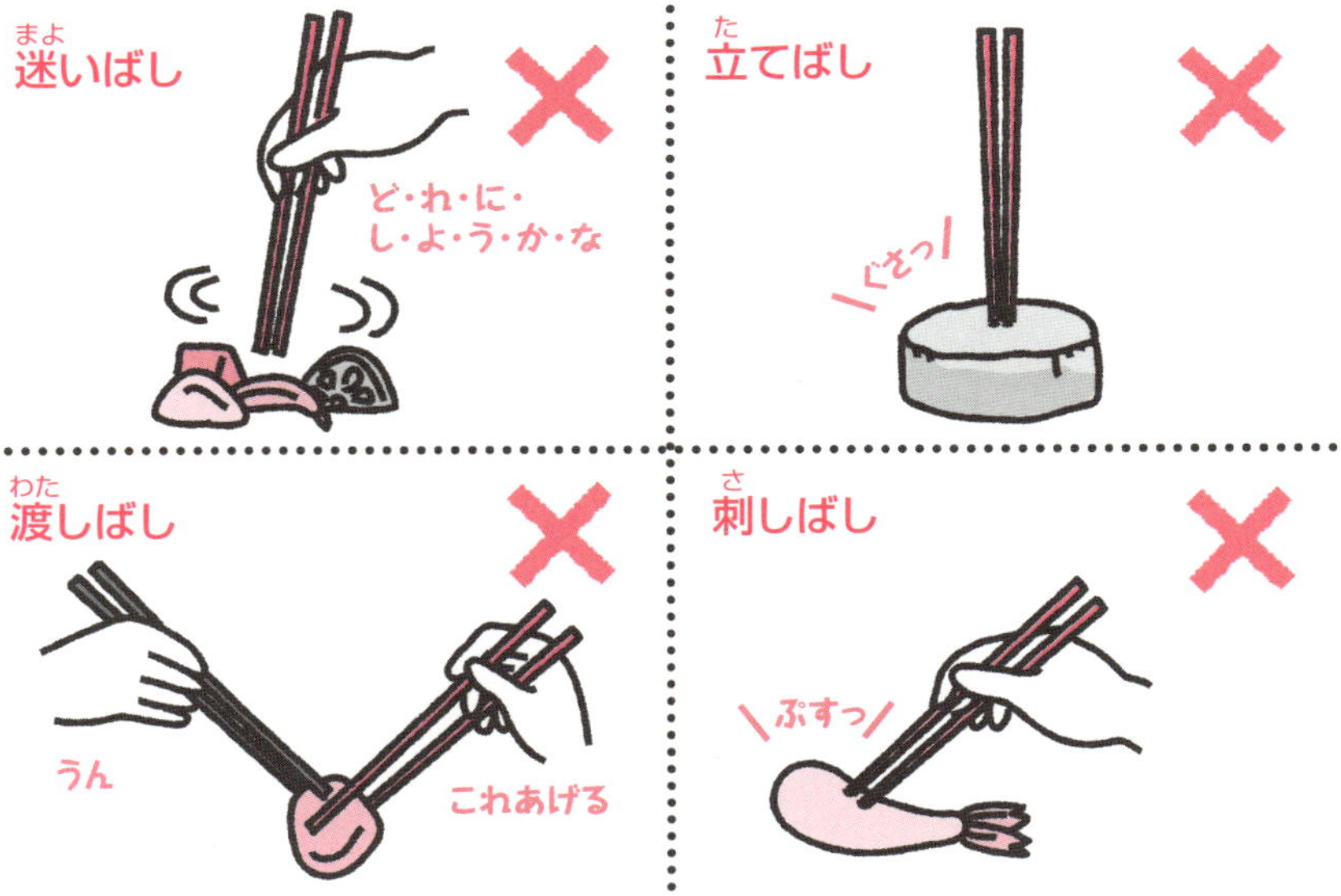

はしの正《ただ》しいもち方《かた》を覚《おぼ》えたら、次《つぎ》ははしづかいの「やってはいけないこと」について調《しら》べてみましょう。それは、もともとは楽《たの》しく食事《しょくじ》ができるように、一緒《いっしょ》に食事《しょくじ》をしている人《ひと》を不快《ふかい》にさせないための気《き》づかいから生《う》まれたものです。どんなことをしてはいけないのか、本《ほん》やインターネットで調《しら》べてみましょう。

せいかつ

45

ぞうきん、しぼれるかな？

みなさんは、おかあさんのおてつだいで、ぞうきんをしぼったり、おふろでタオルをしぼったりしていますか？

じつはこのしぼり方《かた》には、正《ただ》しいやり方《かた》があるのです。しぼり方《かた》には大《おお》きく分《わ》けてたてしぼり、よこしぼり、にぎりしぼりがありますが、そのなかで正《ただ》しいのはたてしぼりです。

たてしぼりは、じゅうぶんにぬらしたぞうきんをたて長《なが》に折《お》ってもち、下《した》からにぎって手首《てくび》を内側《うちがわ》にねじるようにしてしぼる方法《ほうほう》です。このとき、ひじをのばしてわきをしめると力《ちから》が入《はい》りやすくなり、しっかりしぼることができます。このしぼり方《かた》ならバケツでゆすいだぞうきんを

しっかりしぼれる「たてしぼり」

たてしぼりは無理《むり》のない力《ちから》で
しっかりと水《みず》けをしぼる方法《ほうほう》だよ。

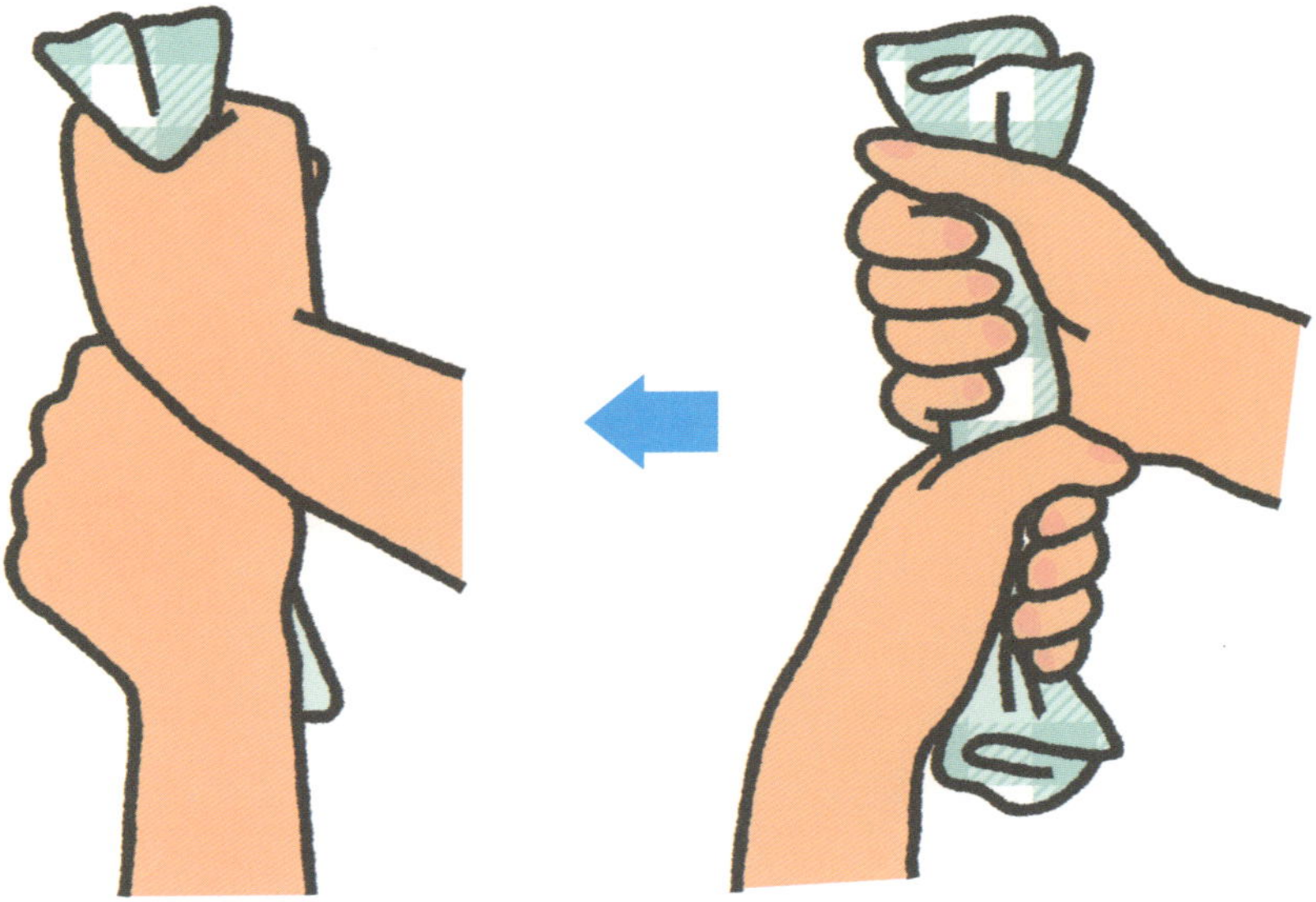

ぞうきんをたて長《なが》に折《お》り、下《した》から
にぎって手首《てくび》を内側《うちがわ》にねじるよ。
ひじをのばしてわきをしめると◎。

しぼるときでも、水《すい》てきがぞうきんをつたって下《した》に落《お》ちるので、まわりによごれた水《みず》をとばすことが少《すく》ないんですよ。同《おな》じたてしぼりでも、ぞうきんを手《て》の甲側《こうがわ》（外側《そとがわ》）にねじってしぼるのはよくありません。

なお、よこしぼりはぞうきんを上《うえ》からにぎってねじるしぼり方《かた》で、しっかりとしぼれません。にぎりしぼりはおにぎりのようにぞうきんをギュッと丸《まる》めるだけなので、びしょぬれのままです。

まちがったしぼり方《かた》をしていると、力《ちから》を入《い》れているわりにしっかりしぼれないだけでなく、手首《てくび》などをいためることがあるので気《き》をつけましょう。また、びしょぬれのぞうきんでは、そうじをしてもきれいにしあがりません。

正《ただ》しいしぼり方《かた》をおぼえることは自分《じぶん》がラクにきちんとしぼれるようになるだけでなく、そうじじょうずになるための第一歩《だいいっぽ》ともいえそうですね。

瀧靖之先生の実践アドバイス

このおはなしに興味《きょうみ》をもったら・・・

ふきそうじのお手伝《てつだ》いをしてみよう

ぞうきんを正《ただ》しくしぼれるようになったら、親子《おやこ》でふきそうじをしてみましょう。

ぞうきんは自分《じぶん》のてのひらサイズに折《お》るとふきやすいです。かべは高《たか》いところから低《ひく》いところへ向《む》かって、床《ゆか》は奥《おく》から手前《てまえ》に後《あと》ずさりしながらふくのが基《き》本《ほん》です。

どうしたら汚《よご》れを残《のこ》さずにふけるか、工夫《くふう》してみましょう。

せいかつ

46 せっけんで、なぜよごれがおちるの？

手《て》を洗《あら》うとき、水《みず》だけで洗《あら》うよりもせっけんをつかったほうがよごれがよくおちるなぁと感《かん》じた人《ひと》はいませんか。毎日《まいにち》なにげなくつかっているせっけんですが、なぜよごれをおとすことができるのでしょう？

せっけんは脂肪酸《しぼうさん》とアルカリからできていて、水《みず》にも油《あぶら》にもなじむとくちょうがあります。水《みず》と油《あぶら》はまじりあわないものなのですが、せっけんをつかうとそのふたつがなかよくまじりあうことができます。そのはたらきが、よごれをおとすのに大《だい》かつやくするというわけなのです。

よごれは大《おお》きく分《わ》けると、水《みず》にとけるものととけないものがあります。水《みず》にとけないのは油《あぶら》（脂《あぶら》）のよごれ。そこでせっけんをつかうこと

せっけんは油《あぶら》よごれをつつみこむ

水《みず》にも油《あぶら》にもよくなじむせっけんは
いろいろなよごれをおとすよ。

せっけんがよごれをおとすしくみ

せっけんがよごれをつつみこんで、皮《ひ》ふからひきはなすよ。そのよごれが水《みず》で流《なが》されるからキレイに！

で、水《みず》だけではおとしきれない油《あぶら》よごれをつつみこんではがし、水《みず》で洗《あら》いながすことができるのです。みなさんも、せっけんで顔《かお》やからだを洗《あら》ったあと肌《はだ》がつっぱるように感《かん》じたことはありませんか？　それはせっけんの成分《せいぶん》が肌《はだ》のうるおいを守《まも》るのに必要《ひつよう》な皮脂《ひし》とくっつきあって、おとしすぎてしまっているんですよ。

ところで、せっけんはいまから約《やく》5000年前《ねんまえ》の古代《こだい》ローマで、たまたま発見《はっけん》されました。儀式《ぎしき》で焼《や》いた羊《ひつじ》の肉《にく》からしたたりおちた脂《あぶら》と木《き》の灰《はい》がまじりあい、それがよごれをおとす効果《こうか》があることに気《き》がついたのです。

現在《げんざい》はせっけんの原料《げんりょう》にパームヤシやココヤシなどの天然《てんねん》の植物《しょくぶつ》の油《あぶら》とナトリウムがつかわれていることが多《おお》いですが、もともとは脂《あぶら》と木《き》の灰《はい》からつくられていたんですよ。そのようなものがせっけんになっていたとはおどろきですね。

瀧靖之先生の実践アドバイス

このおはなしに興味《きょうみ》をもったら・・・

オリジナルせっけんをつくってみよう

せっけんは買《か》うものと決《き》めつけていませんか? じつは、電子《でんし》レンジをつかってつくるグリセリンせっけんや、こねてつくるせっけん素地《そじ》をつかえば、思《おも》いのほかかんたんにつくれるんですよ。

好《この》みの色《いろ》や形《かたち》、香《かお》りなど、世界《せかい》にひとつしかないオリジナルせっけんを親子《おやこ》で手《て》づくりしてみましょう。工作《こうさく》気分《きぶん》でつくれます。

せいかつ

47　せんたくもの、干《ほ》せるかな？

ピーッピーッピーッ！　せんたくきのブザーがなりました。せんたくできましたよ！　さあ、干《ほ》しましょう。せんたくもの、じょうずに干《ほ》せるかな？

はじめにタオル、干《ほ》せるかな？　せんたくきから出《だ》したタオルはねじれてしわくちゃです。このまま干《ほ》すと、かわきにくいし、かわいてもシワシワ。ねじれたタオルは広《ひろ》げます。それからみじかいほうのはしとはしを両手《りょうて》でもってバサバサバサ！　と大《おお》きくふります。ふっていると、ほら、しわがのびました。しわがのびたら両《りょう》はしをせんたくバサミでとめて、ピンとのばして干《ほ》します。できました。タオルがじょうずに干《ほ》せ

せんたくができたら、せんたくものを干《ほ》すよ！

ねじれてしわくちゃだったら
しわをのばして、ピーンと広《ひろ》げよう！

タオルはふるとしわがのびるよ。
くつしたとパンツは手《て》の上《うえ》でパンパンたたくとしわがのびるよ。

ました！

くつしたも、干《ほ》せるかな？　くつしたもせんたくきから出《だ》したときは、やっぱりねじれてしわくちゃです。くつしたを広《ひろ》げて片手《かたて》にのせて、もう片方《かたほう》の手《て》でパンパンパン！　とたたきます。これでしわがのびました。それから、くつしたのゴムのところをせんたくバサミでとめて、つま先《さき》を下《した》にして干《ほ》します。こうするとゴムがのびのびになりにくいんですよ。もう片方《かたほう》のくつしたもおなじように干《ほ》します。できました。くつしたがじょうずに干《ほ》せました！

こんどはパンツ、干《ほ》せるかな？　せんたくきから出《だ》したら、パンツもやっぱりしわくちゃのネジネジ。広《ひろ》げてのばして半分《はんぶん》にたたんだら片手《かたて》にのせます。そして、もう片方《かたほう》の手《て》でパンパンパン！　とたたきます。しわがのびたら、ゴムのところをせんたくバサミでとめます。できました。パンツもじょうずに干《ほ》せました！

瀧靖之先生の実践アドバイス

このおはなしに興味《きょうみ》をもったら・・・

すすんでお手伝《てつだ》いに取《と》りくむには？

洗濯機《せんたくき》に衣類《いるい》や洗剤《せんざい》を入《い》れるところから見《み》せると、洗濯《せんたく》そのものに興味《きょうみ》がわき、すすんでお手伝《てつだ》いに取《と》りくめるようになります。

中《なか》が見《み》える洗濯機《せんたくき》の場合《ばあい》は、ずっと眺《なが》めているのも楽《たの》しいものです。

きれいになった衣類《いるい》をほぐして、干《ほ》す人《ひと》に手渡《てわた》すことからステップアップしていきましょう。

せいかつ

48 ちょうちょむすび、できるかな？

ひもやリボンをむすんだことはありますか？　じぶんでくつのひもをむすべたら、おとなっぽくてかっこいい。プレゼントにかわいらしくリボンをむすべたらすてきです。エプロンのひもをむすんであげたら、おうちの人《ひと》によろこんでもらえます。じぶんでむすべるととても便利《べんり》です。

むすびかたにはいろいろあります。ちょうちょむすびを知《し》っていますか？　右《みぎ》と左《ひだり》に「わ」があって、ちょうちょのはねのような形《かたち》になるむすびかたです。しっかりむすべて、ほどくときにはスルリとラクにほどけます。

ちょうちょむすびをするところを見《み》ていると、少《すこ》しむずかしそうだけ

ちょうちょむすびでむすんでみよう！

くつひも、リボンなど、じぶんで
いろいろむすべるようになろう！

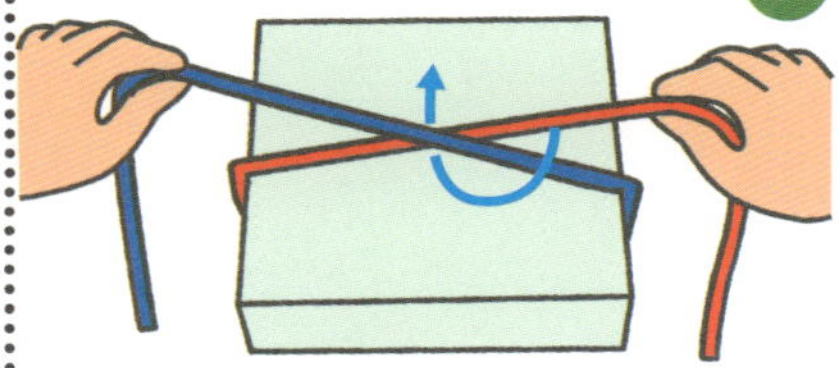

1 「×」のかたちにする。

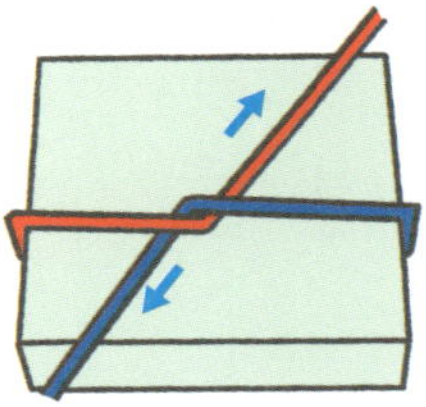

2 「×」の下《した》にくぐらせて、
ひもをななめにひっぱる。

3 左手《ひだりて》で「わ」をつくってもつ。

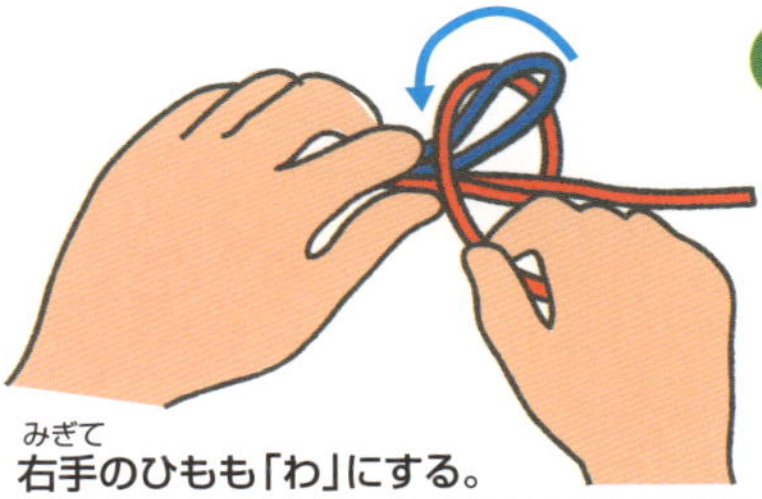

4 右手《みぎて》のひもも「わ」にする。

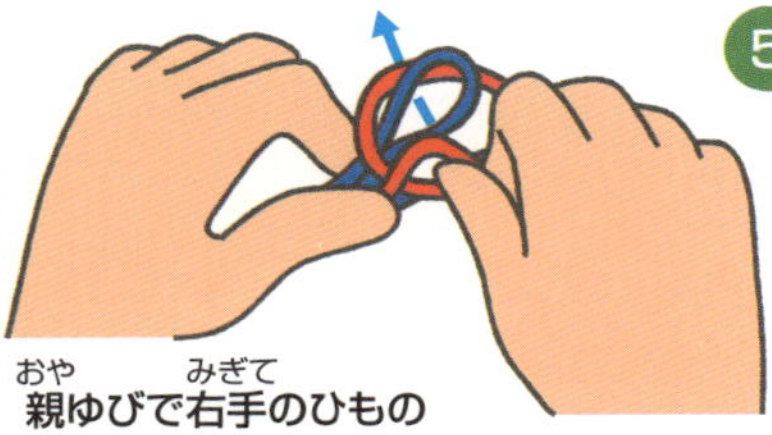

5 親《おや》ゆびで右手《みぎて》のひもの
「わ」のなかにおしこむ。

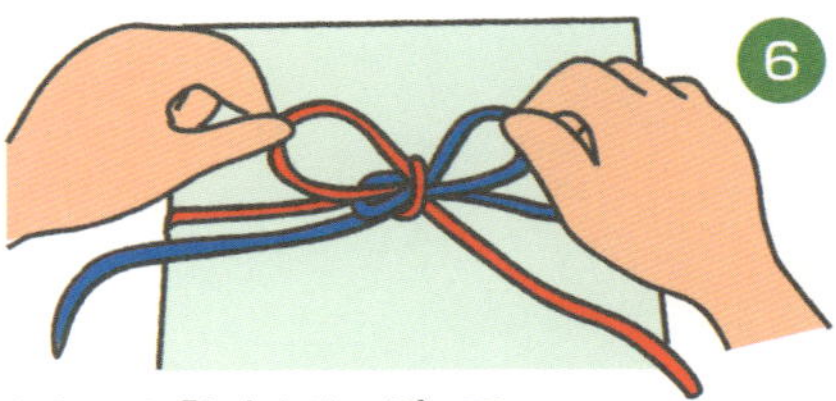

6 ふたつの「わ」をひっぱって
できあがり！

ど、だいじょうぶ。練習《れんしゅう》すればできるようになりますよ。
それでは、ちょうちょむすびの練習《れんしゅう》スタートです！
①左手《ひだりて》にもったひもを前《まえ》にして「×」の形《かたち》にします。
②右手《みぎて》にもったひもを前《まえ》にたおして「×」の下《した》にくぐらせてから、ひもをななめにひっぱります。
③左手《ひだりて》のひもで「わ」をつくって、左手《ひだりて》でもちます。
④右手《みぎて》のひもをおくから左手《ひだりて》に持《も》っている「わ」にかけて、右手《みぎて》のひもも「わ」にします。
⑤右手《みぎて》のひもを親《おや》ゆびで右手《みぎて》のひもの「わ」のなかにおしこみます。
⑥ふたつできた「わ」をもってひっぱると、できあがり！
むすべたら、こんどはほどいてみましょう。「わ」になっていない、ひもの下《した》にさがったところをりょうほうひっぱると、スルリとほどけますよ。

瀧靖之先生の実践アドバイス

このおはなしに興味《きょうみ》をもったら・・・

ちょうちょ結《むす》びを練習《れんしゅう》しよう

小学校《しょうがっこう》ではひもを結《むす》ぶ機会《きかい》がふえます。子《こ》どもが興味《きょうみ》をもったら、ちょうちょ結《むす》びを練習《れんしゅう》してみましょう。練習《れんしゅう》用《よう》のひもやリボンを用《よう》意《い》してもいいですし、スニーカーのひも、弁《べん》当箱《とうばこ》を入《い》れる巾着袋《きんちゃくぶくろ》のひも、洋服《ようふく》のリボンなどを自分《じぶん》で結《むす》ぶようにするといいでしょう。指先《ゆびさき》の器用《きよう》さを鍛《きた》えることは脳《のう》の発達《はったつ》につながります。

せいかつ

49 包丁《ほうちょう》、じょうずにつかえるかな？

包丁《ほうちょう》は食《た》べものの材料《ざいりょう》をきる道具《どうぐ》です。おうちの人《ひと》も包丁《ほうちょう》で材料《ざいりょう》をきって、おいしいお料理《りょうり》をつくります。そうです！ 包丁《ほうちょう》がつかえるとおいしい料理《りょうり》がつくれるんですよ。包丁《ほうちょう》をつかってみましょう！

でも、気《き》をつけてほしい約束《やくそく》があります。包丁《ほうちょう》はきる道具《どうぐ》なので、まちがったつかい方《かた》をするとケガをします。とてもあぶないのです。包丁《ほうちょう》を人《ひと》にむけたり、なげたりしてはいけません。ふざけてふりまわしてもいけません。そして、じぶんの手《て》やからだもきらないように注意《ちゅうい》してください。ゆびきりげんまん約束《やくそく》です。

それでは包丁《ほうちょう》をつかってみましょう！

包丁《ほうちょう》で食《た》べものの材料《ざいりょう》をきるよ!

子《こ》ども用《よう》の小《ちい》さな包丁《ほうちょう》で

きゅうりをきってみよう!

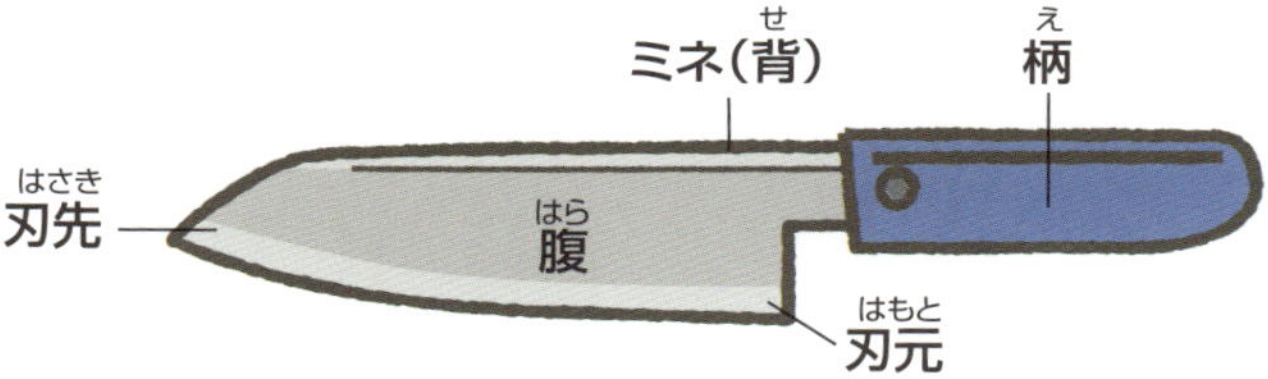

包丁《ほうちょう》のもち方《かた》

おやゆびとひとさしゆびで、包丁《ほうちょう》の刃《は》のねもとのまんなかをしっかりにぎり、ほかの3本《ぼん》のゆびとてのひらで柄《え》をにぎろう。

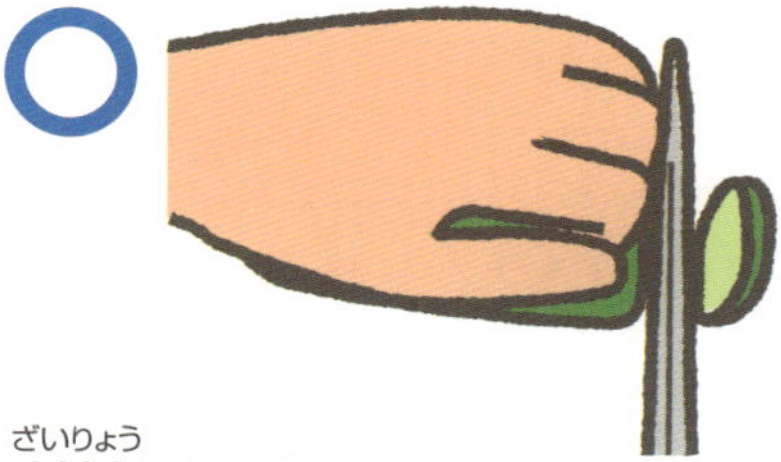

材料《ざいりょう》をおさえてきるよ。
手《て》は「ネコの手《て》」のかたちにまるめよう。

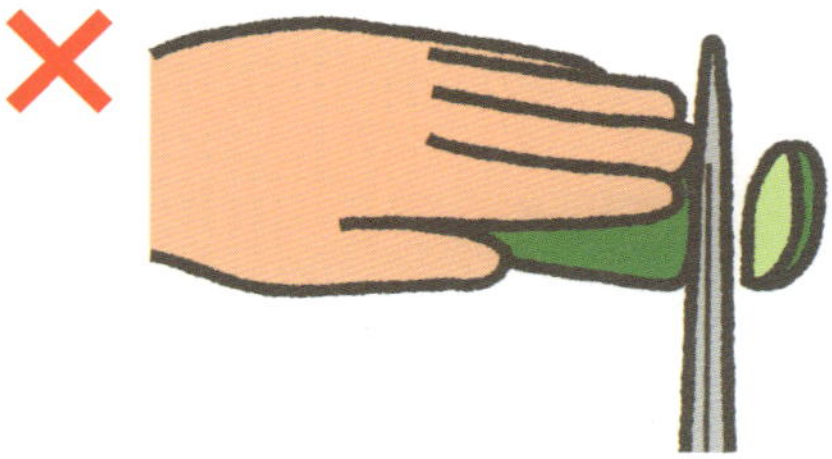

ゆびをのばしていると
きってしまうから、きをつけて。

調理台《ちょうりだい》のまな板《いた》の上《うえ》に包丁《ほうちょう》がのっています。包丁《ほうちょう》の刃《は》はむこうがわ、じぶんとは反対《はんたい》がわにむけておきます。

包丁《ほうちょう》をもちます。おやゆびとひとさしゆびで、包丁《ほうちょう》の刃《は》のねもとのまんなかをにぎり、ほかの３本《ぼん》のゆびとてのひらを柄《え》にかるくそえます。

調理台《ちょうりだい》とからだのあいだは、じゃんけんのグーひとつぶんくらいあけます。包丁《ほうちょう》をもっているほうのからだをすこしななめうしろにひきます。

では、キュウリをきってみましょう。まな板《いた》の上《うえ》のキュウリを包丁《ほうちょう》をもっていない方《ほう》の手《て》でおさえます。おさえるときはかならず「ネコの手《て》」のようにまるめます。ゆびをのばしているときれてしまうからです。

キュウリにまっすぐ包丁《ほうちょう》の刃《は》をあてます。それから、包丁《ほうちょう》でゆっくりむこうがわにおすように、すこしだけ力《ちから》を入《い》れます。

キュウリがきれいにきれました！　もっとたくさんきって、サラダにいれましょう。

瀧靖之先生の実践アドバイス

このおはなしに興味《きょうみ》をもったら・・・

子《こ》ども用《よう》の包丁《ほうちょう》でお手伝《てつだ》いしてみよう

料理《りょうり》のお手伝《てつだ》いで包丁《ほうちょう》をつかうのは、子《こ》どもにとってもむずかしい作業《さぎょう》です。保護者《ほごしゃ》の方《かた》も、ケガをしないかハラハラしますよね。

はじめのうちは、かんたんなお手伝《てつだ》いからはじめるといいでしょう。野菜《やさい》を手《て》でちぎったり粉《こな》をまぜたり、バターナイフでぬるなど、包丁《ほうちょう》をつかわない作業《さぎょう》からやってもらいます。

キッチンでの作業《さぎょう》になれてきたら、いよいよ包丁《ほうちょう》をつかいます。軽《かる》くて刃先《はさき》が丸《まる》くなっている子《こ》ども用《よう》の包丁《ほうちょう》を用意《ようい》すると、小さな手《て》でももちやすくていいでしょう。

包丁《ほうちょう》は危険《きけん》な刃物《はもの》だということ、正《ただ》しいもち方《かた》やつかい方《かた》があることをしっかりと教《おし》えてあげてください。ケガをしないように目《め》を離《はな》さず見守《みまも》ることが大《たい》切《せつ》です。

たべもの

50 お米《こめ》はどうやってつくるの？

みなさんが毎日《まいにち》食《た》べているお米《こめ》は、いったいどうやってつくられているのでしょう。お米《こめ》は、イネという植物《しょくぶつ》からとれる穀物《こくもつ》です。春《はる》に種《たね》をまき、秋《あき》に収穫《しゅうかく》します。イネは、日本《にっぽん》のいろいろなところで栽培《さいばい》されています。なかでも、北海道《ほっかいどう》や東北《とうほく》、北陸地方《ほくりくちほう》が有名《ゆうめい》なお米《こめ》の産地《さんち》です。大《おお》きな川《かわ》が流《なが》れているたいらな土地《とち》は、イネをつくるのにぴったりの地形《ちけい》なのです。

３月《がつ》から４月《がつ》に、イネの苗《なえ》を田植《たう》えができる大《おお》きさにまで育《そだ》てることから、お米《こめ》づくりははじまります。おいしいお米《こめ》は、苗《なえ》のよさで半分《はんぶん》が決《き》まるといわれるほど、だいじな作業《さぎょう》です。

お米《こめ》はイネからとれる！

イネは、日本《にっぽん》のいろいろな
ところで栽培《さいばい》されているよ。

3~4月《がつ》
苗《なえ》づくり

5~6月《がつ》
田植《たう》え

9~10月《がつ》
イネ刈《か》り

５月《がつ》から６月《がつ》には田《た》んぼの準備《じゅんび》をして、よい大《おお》きさに育《そだ》った苗《なえ》を田《た》んぼに植《う》えます。それから９月《がつ》まで水《みず》の管理《かんり》や草《くさ》とり、肥料《ひりょう》をあげるなどをしてたいせつに育《そだ》てていきます。

イネがどんどん成長《せいちょう》すると、イネを植《う》えた田《た》んぼは黄金色《こがねいろ》に色《いろ》づいていきます。そして、９月《がつ》から10月《がつ》のよく晴《は》れた日《ひ》にイネ刈《か》りをします。大《おお》きな田《た》んぼでは、コンバインという大《おお》きな機械《きかい》をつかい、収穫《しゅうかく》と脱穀《だっこく》をいっぺんにしてしまいます。脱穀《だっこく》というのは、イネとお米《こめ》を切《き》りはなす作業《さぎょう》のことです。

脱穀《だっこく》してすぐのお米《こめ》は、モミと呼《よ》ばれます。まだ殻《から》におおわれているため、そのままでは食《た》べられません。殻《から》をとり、玄米《げんまい》という茶色《ちゃいろ》いお米《こめ》にします。玄米《げんまい》のままでも食《た》べることができ、栄養《えいよう》もたくさん含《ふく》んでいます。みなさんが想像《そうぞう》する、白《しろ》いお米《こめ》は、その玄米《げんまい》からさらにうすい皮《かわ》をとりのぞく精米《せいまい》という作業《さぎょう》をしてできます。

瀧靖之先生の実践アドバイス

このおはなしに興味《きょうみ》をもったら・・・

バケツでイネを育《そだ》ててみよう

おうちでも大《おお》きめのバケツを田《た》んぼがわりに、お米《こめ》づくりができます。自分《じぶん》でイネのお世話《せわ》をすることで、お米《こめ》ひとつぶにかけられている手間《てま》ひまを実感《じっかん》できるようになりますよ。

害虫《がいちゅう》がつかないようにするには？　イネを元気《げんき》に成長《せいちょう》させるには？　いろいろと考《かんが》え、工夫《くふう》しながら育《そだ》ててみましょう。

たべもの

51 さとうはどうやってつくるの？

口《くち》のなかに入《い》れると、あま〜い味《あじ》のするさとう。お店《みせ》で売《う》っているさとうが、白《しろ》くてサラサラしているのは知《し》っていますよね？　では、さとうは何《なに》からつくられているかは知《し》っていますか？

なんと、さとうは野菜《やさい》からつくられているのです。さとうのもとになる野菜《やさい》は2種類《しゅるい》あります。サトウキビと、サトウダイコンです。

サトウキビは、とうもろこしに似《に》ている野菜《やさい》です。くきにあまみをたくわえており、沖縄《おきなわ》や鹿児島《かごしま》などあたたかい地域《ちいき》でさいばいされています。サトウキビからさとうをつくる場合《ばあい》、まずサトウキビのくきをこまかく切《き》り、しるをしぼります。そのしるを煮《に》つめて結《けっ》しょうにしたもの

さとうは野菜《やさい》からつくられる

サトウキビとサトウダイコンから
さとうはつくられるんだって！

世界中《せかいじゅう》のさとうのうち、サトウキビからつくられるものが6割《わり》、サトウダイコンからつくられるものが4割《わり》といわれているよ。

が、さとうの原型《げんけい》＝原料糖《げんりょうとう》です。さらに原料糖《げんりょうとう》からいらないものをとりのぞき、ふたたび結《けっ》しょうにすると、白《しろ》いさとうになります。サトウダイコンは、その名《な》のとおり大根《だいこん》に似《に》ている野菜《やさい》です。大《おお》きな根《ね》っこにあまみをたくわえています。北海道《ほっかいどう》などのさむい地域《ちいき》でさいばいされています。サトウダイコンからさとうをつくる場合《ばあい》は、根《ね》っこをこまかく切《き》り、水《みず》にひたします。水《みず》に根《ね》っこのあまみがとけたら、煮《に》つめて結晶《けっしょう》化《か》させ、サトウキビと同《おな》じように白《しろ》いさとうをつくります。世界中《せかいじゅう》のさとうのうち、サトウキビからつくられるものが６割《わり》、サトウダイコンからつくられるものが４割《わり》といわれています。

さとうは、ツブの大《おお》きさや色《いろ》、あまみの強《つよ》さや水《みず》のとけやすさなどによって、たくさんの種類《しゅるい》にわけられます。日本《にっぽん》でいちばん目《め》にすることが多いのは、上白糖《じょうはくとう》というさとうです。紅茶《こうちゃ》やコーヒーには、上白糖《じょうはくとう》よりもサラサラしたグラニュー糖《とう》がよくつかわれているようです。

瀧靖之先生の実践アドバイス

このおはなしに興味《きょうみ》をもったら・・・

さとうをつかって料理《りょうり》をしてみよう

さとうをつかうのはお菓子《かし》だけではありません。たまごやきや煮《に》もの、ドンブリものなど、たくさんの料理《りょうり》につかわれます。さとうは味《あじ》を甘《あま》くする以外《いがい》にも、すごい効果《こうか》をたくさんもっています。たとえば、お肉《にく》をやわらかくしたり、プリンの口《くち》ざわりをなめらかにしたり。実際《じっさい》にさとうをつかって料理《りょうり》をつくってみましょう。

たべもの

52 しょうゆはどうやってつくるの？

おさしみやおすしにつけて食《た》べたり、煮《に》ものやいためものの味《あじ》つけにつかったり。しょうゆは、日本人《にっぽんじん》がこよなく愛《あい》する万能《ばんのう》のソースです。和食《わしょく》が世界《せかい》に広《ひろ》まったこともあり、最近《さいきん》では海外《かいがい》のお店《みせ》でも日本《にっぽん》のしょうゆが売《う》っているのを見《み》かけるようになりました。しょうゆは英語《えいご》で「ソイソース」といいます。「ソイ」は「大豆《だいず》」という意味《いみ》です。

しょうゆには、こいくちしょうゆや、うすくちしょうゆ、たまりしょうゆなどがあります。つくり方《かた》や分量《ぶんりょう》をかえることによって、ちがった種類《しゅるい》のしょうゆができあがります。

いちばん多《おお》くつくられているのは、はっきりとした香《かお》りをもつ、こい

しょうゆのつくりかたはふくざつ

たくさんの手間《てま》をかけて、
しょうゆはつくられるよ。

しょうゆのつくり方《かた》
しょうゆ
1
こうじのもとを
加《くわ》える
小麦《こむぎ》
まぜる
大豆《だいず》
2
①に食塩水《しょくえんすい》を
プラス
まざったものを
「もろみ」という
3
もろみ
半年以上寝《はんとしいじょうね》かせ
しっかりとしぼる
4
しぼった汁《しる》の味《あじ》をととのえ、
熱《ねつ》を加《くわ》えて殺菌《さっきん》
5
タンパク質《しつ》のかたまりを
とりのぞいて完成《かんせい》
しょうゆ

くちしょうゆです。こいくちしょうゆは、関東《かんとう》の人《ひと》が好《す》きなことで知《し》られていますが、広《ひろ》まったのは江戸時代《えどじだい》のころだそうです。

　しょうゆのつくりかたは、ちょっとふくざつです。材料《ざいりょう》は、こうじのもと、大豆《だいず》、小麦《こむぎ》、塩《しお》、水《みず》など。まず大豆《だいず》と小麦《こむぎ》をまぜたものに、こうじのもとを加《くわ》えます。次《つぎ》に食塩水《しょくえんすい》をプラス。こうじと食塩水《しょくえんすい》がまざったものを「もろみ」といいます。このもろみを半年以上《はんとしいじょう》かけてねかせたら、こんどはしっかりとしぼります。しぼったしるは、味《あじ》をととのえたあとに、熱《ねつ》を加《くわ》えて殺菌《さっきん》。熱《ねつ》を加《くわ》えたときにタンパク質《しつ》のかたまりができるので、それをとりのぞけば、おいしいしょうゆの完成《かんせい》です。

　しょうゆづくりで大切《たいせつ》なのは「こうじづくり」「もろみのじゅく成《せい》」「加熱《かねつ》」の３つだといわれています。どれもむずかしく、せん細《さい》な作業《さぎょう》です。わずかなちがいが、大《おお》きな味《あじ》の差《さ》につながっていきます。しょうゆ職人《しょくにん》さんたちがつちかった、長年《ながねん》のカンが試《ため》されるところでもあります。

瀧靖之先生の実践アドバイス

このおはなしに興味《きょうみ》をもったら・・・

同《おな》じ食材《しょくざい》をちがうしょうゆで食《た》べてみよう

しょうゆには、いろいろな種類《しゅるい》があることがわかりましたね。では、さらに実験《じっけん》です。同《おな》じ食材《しょくざい》をちがう種類《しゅるい》のしょうゆで食《た》べたら、どんな味《あじ》のちがいが生《う》まれるでしょうか。たとえば、マグロのおさしみをこいくちしょうゆで食《た》べたら？　うすくちしょうゆは？　しょうゆによって、料理《りょうり》の味《あじ》わいも大《おお》きくかわってくるはずです。

たべもの

53

みそはどうやってつくるの？

おみそしるはもちろん、煮《に》ものやおなべなどいろいろな料理《りょうり》につかわれている、みそ。きゅうりにつけて食《た》べるのもおいしいですよね。みそは、いったいなにからできているのでしょうか？　みそはもともと、２０００年《ねん》くらい前《まえ》の中国《ちゅうごく》でつくられた、大豆《だいず》を発酵《はっこう》・乾燥《かんそう》させたもの、あるいは、さまざまな食物《しょくもつ》に塩《しお》を加《くわ》えて発酵《はっこう》させたものが原型《げんけい》といわれています。そうです、みそは大豆《だいず》からできるものなのです。それが日本《にっぽん》に伝《つた》わり、奈良時代《ならじだい》のころには高級品《こうきゅうひん》として食《た》べられていたそうです。いまのようにだれでも食《た》べられていたわけではなく、お金《かね》もちの食《た》べ物《もの》だったのですね。室町時代《むろまちじだい》になると、ふつうの人《ひと》たちにもしたしま

みそは大豆《だいず》からつくられる

こうじの原料《げんりょう》などによって、
みその種類《しゅるい》が変《か》わるよ。

みそのつくり方《かた》

れるものになっていきました。

では、あの丸《まる》い豆《まめ》から、どうやってみそに変身《へんしん》するのでしょうか。みその材料《ざいりょう》は、大豆《だいず》、塩《しお》、こうじの３つです。こうじとはこうじ菌《きん》というカビの一種《いっしゅ》です。カビというと、ジメジメとしたイヤなイメージがありますが、人間《にんげん》のためになってくれるものもたくさんあるのです。

みそづくりは、まず大豆《だいず》をよく洗《あら》って水《みず》にひたしておきます。次《つぎ》に大《だい》豆《ず》を煮《に》て、つぶしていく。大豆《だいず》がペースト状《じょう》になったら、こうじと塩《しお》を加《くわ》えます。まざったものを発酵《はっこう》させ、ねかせておくと、みなさんの知《し》っているみそができあがるのです。こうじの原料《げんりょう》によって米《こめ》みそや麦《むぎ》みそ、豆《まめ》みそと種類《しゅるい》が変《か》わります。また、みそをねかせておく時間《じかん》や、空《くう》気《き》にあたっている時間《じかん》によって、みその色《いろ》や種類《しゅるい》が変《か》わります。つくり方《かた》のちがいは、地域《ちいき》によって大《おお》きな差《さ》があり、関東《かんとう》では長《なが》くねかせてお く赤《あか》みそ、関西《かんさい》ではみじかめにねかせる白《しろ》みそが主流《しゅりゅう》です。

瀧靖之先生の実践アドバイス

このおはなしに興味《きょうみ》をもったら・・・

おうちでみそをつくってみよう

いまでは、お店《みせ》で買《か》うことが多《おお》くなったみそですが、昔《むかし》はそれぞれのおうちでオリジナルのみそをつくっていました。

みそづくりは、やらなくてはいけないことがたくさんあり、時間《じかん》もかかって少《すこ》し大変《たいへん》かもしれません。でも、自分《じぶん》でていねいにつくったみそは、きっといつもよりおいしく感《かん》じられるはずです。

たべもの

54

たまねぎを切《き》るとなぜ涙《なみだ》がでるの？

あれ？　たまねぎを切《き》っているおかあさんが泣《な》いています。なにかかなしいことがあったのでしょうか？

いいえ、かなしいのではなく、たまねぎのせいで目《め》や鼻《はな》がちくちくして、涙《なみだ》がとまらないのです。なぜ、たまねぎを切《き》ると涙《なみだ》がでてくるのでしょう。

原因《げんいん》は、イオウをふくんだたまねぎの成分《せいぶん》にあります。たまねぎは包丁《ほうちょう》で切《き》られ、細胞《さいぼう》がこわれると、その成分《せいぶん》をつくりだします。だから、料理《りょうり》をしているときに涙《なみだ》がでてしまうのです。

でも安心《あんしん》してください。たまねぎを切《き》っても、目《め》や鼻《はな》がいたくなりに

たまねぎの細胞《さいぼう》がこわれると涙《なみだ》がでる

包丁《ほうちょう》で切《き》られると、たまねぎは目《め》がいたくなる成分《せいぶん》をつくるんだって！

たまねぎを切《き》ったときに涙《なみだ》がでるのは、イオウを含《ふく》んだ成分《せいぶん》がつくりだされるから。その成分《せいぶん》は水《みず》にとけやすく熱《ねつ》に弱《よわ》いそう。

くい方法《ほうほう》があります。たとえば、鼻《はな》にティッシュをつめる方法《ほうほう》です。イオウをふくんだ成分《せいぶん》をティッシュがガードしてくれるので、涙《なみだ》がでにくくなります。また、目《め》や鼻《はな》をしげきする成分《せいぶん》は、水《みず》にとけやすく熱《ねつ》に弱《よわ》いというとくちょうをもっています。だから、たまねぎを水《みず》にさらしたり、熱《ねつ》を加《くわ》えたりすることで、しげきを弱《よわ》めることもできます。熱《ねつ》を加《くわ》えたたまねぎは、しげきが弱《よわ》くなるだけでなく、いつもよりあまくなるという効果《こうか》もあります。

たまねぎは、栄養《えいよう》をためておくはっぱの集《あつ》まりですから、栄養《えいよう》もたっぷりともっています。血液《けつえき》をサラサラにして、病気《びょうき》の原因《げんいん》となる血《ち》のかたまりをできにくくする効果《こうか》もあります。さらに、かぜをひきにくくする、よく眠《ねむ》れるようになる、ともいわれています。

切《き》ると涙《なみだ》がでやすくなってしまうたまねぎですが、それを上回《うわまわ》るすばらしい魅力《みりょく》をたくさんもっているのです。

瀧靖之先生の実践アドバイス

このおはなしに興味《きょうみ》をもったら・・・

実際《じっさい》にたまねぎを調理《ちょうり》してみよう

どうやったら涙《なみだ》をださずにたまねぎを切《き》れるのか、試《ため》してみましょう。料理《りょうり》のおてつだいにもなるので、おかあさんもきっとよろこんでくれるはずです。

たまねぎのほかに、包《ほう》丁《ちょう》で切《き》ると涙《なみだ》がでてしまう野菜《やさい》は？ かたすぎたりやわらかすぎて、切《き》りにくい野菜《やさい》は？ おかあさんといっしょに、いろんな野菜《やさい》を切《き》ってみましょう。

どうぐ

55 電話《でんわ》はなぜとおくにいる人《ひと》の声《こえ》が聞《き》こえるの？

電話《でんわ》をつかうと、とおくにいるおともだちの声《こえ》が聞《き》こえます。なぜでしょう。それは、あなたのおうちの電話《でんわ》とおともだちのおうちの電話《でんわ》が、電話線《でんわせん》という線《せん》でつながっているからです。でも、電話線《でんわせん》を伝《つた》わるのは声《こえ》ではないんですよ。

口《くち》を両手《りょうて》でやさしくおおって、「あー」といってみましょう。手《て》のひらが少《すこ》しふるえます。「あ、い、う、え、お」というと、ことばによって手《て》のひらに伝《つた》わるふるえ方《かた》が変《か》わるのがわかりますか？

電話《でんわ》で話《はな》すと、このふるえが電話器《でんわき》の話《はな》すところ（送話器《そうわき》）に伝《つた》わり、送話器《そうわき》の中《なか》にあるうすい板《いた》（振動板《しんどうばん》）をふるわせます。振動板《しんどうばん》のうしろに

電話《でんわ》のしくみは？

声《こえ》が空気《くうき》をふるわせるのを
利用《りよう》しているよ。

空気《くうき》のふるえが炭素《たんそ》のつぶをとおって信号《しんごう》に変《か》わり、電話線《でんわせん》を伝《つた》わって相手《あいて》にとどくんだって。

は、電気《でんき》をとおしたこまかな炭素《たんそ》のつぶがおかれ、振動板《しんどうばん》が大《おお》きくふるえるほど大《おお》きく押《お》されて大《おお》きな電流《でんりゅう》となり、弱《よわ》く押《お》されると小《ちい》さな電流《でんりゅう》になって信号《しんごう》に変《か》わります。つまり、声《こえ》はつよさのちがう電気《でんき》の信号《しんごう》になって電話線《でんわせん》を伝《つた》わり、相手《あいて》の電話《でんわ》にとどくのです。

電話器《でんわき》の聞《き》くところ（受話器《じゅわき》）には、電磁石《でんじしゃく》と振動板《しんどうばん》がついていて、信号《しんごう》が伝《つた》わると、電磁石《でんじしゃく》がふるえ、ふるえた大《おお》きさによって振動板《しんどうばん》をたくさんひっぱったり、ゆるめたりして声《こえ》に変《か》えます。

携帯電話《けいたいでんわ》は、電気《でんき》の信号《しんごう》を電波《でんぱ》に乗《の》せてアンテナで近《ちか》くの無線基地局《むせんきちきょく》にとばし、中継所《ちゅうけいしょ》などをとおして相手《あいて》の電話機《でんわき》までつなげていきます。

電気《でんき》の信号《しんごう》に変《か》えると、声《こえ》のままよりずっと早《はや》く相手《あいて》にとどきます。音《おと》が１秒間《びょうかん》に進《すす》む速《はや》さは３４０メートルですが、電気《でんき》が１秒間《びょうかん》に進《すす》むのは30万《まん》キロメートル（地球《ちきゅう》を7回《まわ》り半《はん》）。だから、まるで目《め》の前《まえ》にいるように、とおくにいるおともだちの声《こえ》が聞《き》こえるのです。

瀧靖之先生の実践アドバイス

このおはなしに興味《きょうみ》をもったら・・・

離《はな》れている人《ひと》に声《声》を伝《つた》えてみよう

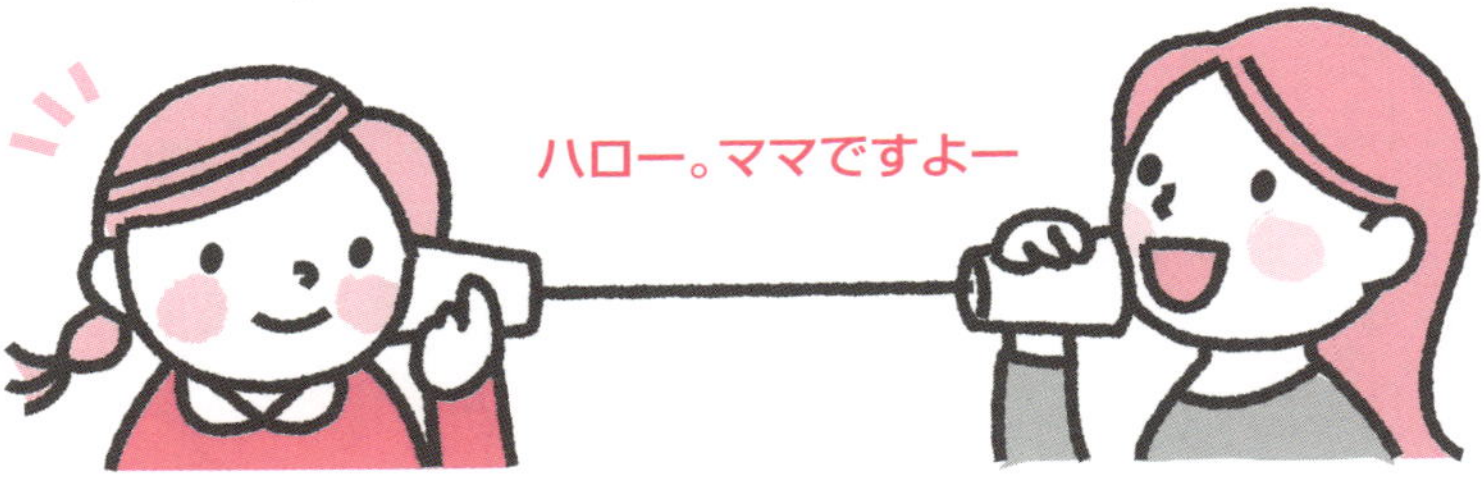

声《こえ》を「ふるえ」のまま伝《つた》えるのが糸電話《いとでんわ》。まずはピンと糸《いと》を張《は》り、声《こえ》が聞《き》こえるのを確《たし》かめましょう。次《つぎ》は、糸《いと》をつまんだりゆるめたり、風船《ふうせん》をあいだにはさんだりして声《こえ》が届《とど》くか試《ため》してください。糸《いと》のふるえを止《と》めると声《こえ》は伝《つた》わりませんが、風《ふう》船《せん》はふるえるので声《こえ》は伝《つた》わります。ちなみに、風船《ふうせん》をあいだにはさめば、3人《にん》以《い》上《じょう》同《どう》時《じ》に糸《いと》電話《でんわ》ができますよ。

片側《かたがわ》にだけ紙《かみ》コップをつけて糸《いと》をはると、ふるえは伝《つた》わるものの、声《こえ》はあまり聞《き》こえません。それは、紙《かみ》コップが、音《おと》を集約《しゅうやく》する働《はたら》きをしているから。こんなふうに少《すこ》しずつ方法《ほうほう》を変《か》えて試《ため》すと、声《こえ》が聞《き》こえる条件《じょうけん》に気《き》づくでしょう。試《ため》すたびに、「これはどうなると思《おも》う?」と声《こえ》をかけると、理科的《りかてき》な思《し》考《こう》も育《そだ》ちます。

どうぐ

56 テレビはどんなしくみなの？

パラパラまんがを知《し》っていますか？　ノートなどのはしっこ1枚《まい》1枚《まい》に、少《すこ》しずつずらした絵《え》をかき、すばやくめくると絵《え》がうごいて見《み》えるまんがのことです。テレビはこのパラパラまんがの原理《げんり》と同《おな》じ。少《すこ》しずつずらした写真《しゃしん》や絵《え》を次《つぎ》から次《つぎ》へと送《おく》り、うごいているように見《み》せているのです。でも、テレビ局《きょく》から送《おく》られてくるのは、写真《しゃしん》や絵《え》ではありません。写真《しゃしん》や絵《え》が1本《ぽん》の細長《ほそなが》い横線《よこせん》（走査線《そうさせん》）に分解《ぶんかい》されて電気《でんき》の信号《しんごう》に変《か》えられ、電波《でんぱ》にのっておうちのテレビにとどけられます。おうちのテレビにとどいた走査線《そうさせん》は、1本《ぽん》ずつたてに並《なら》べられ、1枚《まい》の写真《しゃしん》や絵《え》にもどります。もどした1枚《まい》の絵《え》を1秒間《びょうかん》に30枚《まい》もうつしだすことで、な

テレビはこんなしくみだよ！

糸《いと》のように細《ほそ》い光《ひかり》の線《せん》を１本《ぽん》ずつ
たてに並《なら》べて１枚《まい》の絵《え》に！

光《ひかり》の線《せん》（走査線《そうさせん》）の数《かず》が多《おお》いほど、きめこまかく、きれいな映《えい》ぞうに。ハイビジョンの線《せん》は1125本《ぼん》もあるよ！

めらかなうごきで見《み》られるのです。

うつし方《かた》にもひみつがあります。テレビの画面《がめん》を虫《むし》めがねで見《み》てください。小《ちい》さな点《てん》がたくさん集《あつ》まっているのがわかるでしょう。点《てん》は、赤《あか》、緑《みどり》、青《あお》の3色《しょく》の光《ひかり》で1組《くみ》になっていて、場所《ばしょ》により明《あか》るさがちがいます。うつしだされる色《いろ》は3色《しょく》の光《ひかり》と明《あか》るさのくみあわせでできていますが、「液晶《えきしょう》」を利用《りよう》して色《いろ》をあらわしているのが、液晶《えきしょう》テレビです。

液晶《えきしょう》テレビの画面《がめん》は、うしろから、バックライト↓液晶《えきしょう》↓赤《あか》・緑《みどり》・青《あお》色《いろ》で分《わ》けられたカラーフィルターの順《じゅん》で並《なら》んでいます。液晶《えきしょう》は電気《でんき》が流《なが》れる方向《ほうこう》に向《む》きを変《か》えるため、電気《でんき》を流《なが》したり切《き》ったりすることで、ブラインドカーテンのように光《ひかり》の向《む》きや明《あか》るさをコントロール。すると、赤《あか》、緑《みどり》、青色《あおいろ》が調節《ちょうせつ》されて色《いろ》があらわされるしくみです。このように、テレビを見《み》ることとは、光《ひかり》をそのまま見《み》るということ。テレビを長《なが》い時間《じかん》見《み》たり、近《ちか》づきすぎて見《み》ると、目《め》をいためるので気《き》をつけましょう。

瀧靖之先生の実践アドバイス

このおはなしに興味《きょうみ》をもったら・・・

色《いろ》つきの光《ひかり》で遊《あそ》んでみよう

同《おな》じタイプの懐中電《かいちゅうでん》灯《とう》を3本《ぼん》用意《ようい》し、それぞれに、赤《あか》、緑《みどり》、青色《あおいろ》のカラーセロファンをかぶせ、ゴムでぴちっと止《と》めます。部屋《へや》を暗《くら》くし、壁《かべ》など白《しろ》くて平《たい》らなところに光《ひかり》をあててください。2色《しょく》重ねたり、3色《しょく》すべて重ねたりして色《いろ》の変化《へんか》を楽《たの》しみ、光《ひかり》の三原色《さんげんしょく》と呼《よ》ばれるこの3色《しょく》があれば、さまざまな色《いろ》ができることを実感《じっかん》しましょう。

どうぐ

57 かがみにはなぜものがうつるの？

かがみの前《まえ》に立《た》つと、じぶんのすがたがはっきりとうつるのが見《み》えますね。かがみは、いったい、どういうしくみになっているのでしょう？

かがみにものがうつるのは、かがみがどんな色《いろ》の光《ひかり》もきれいにはねかえすからです。

光《ひかり》がはねかえるとどうなるのでしょう？　たとえば、手《て》につみきを持《も》っていたとします。明《あか》るいところではつみきが見《み》えますが、どこからも光《ひかり》が入《はい》らないまっくらなところだと、つみきは見《み》えませんよね。つみきが見《み》えるのは、つみきにあたってはねかえってきた光《ひかり》を目《め》が受《う》けとめているからです。

かがみのひみつはガラスと銀《ぎん》！

かがみは、ガラスのうしろに、
銀《ぎん》をぬっているよ。

たいらなガラスと銀《ぎん》がどんな色《いろ》の光《ひかり》もそのままはねかえすから、顔《かお》やものがはっきりとうつるんだよ。

太陽《たいよう》の光《ひかり》には、赤《あか》、だいだい、黄《き》、緑《みどり》、青《あお》、あい、むらさきの7色《いろ》の光《ひかり》がまざっていて、光《ひかり》があたったものが何色《なにいろ》をはねかえすかで、見《み》える色《いろ》が変《か》わってきます。いちごなら、いちごが赤《あか》い色《いろ》をはねかえし、ほかの6色《しょく》はいちごが取《と》りこんでしまうので、赤《あか》い色《いろ》だけが目《め》に見《み》えるのです。

光《ひかり》はまっすぐ進《すす》む性質《せいしつ》があって、表面《ひょうめん》がつるつるしてたいらなものほど、まっすぐにはねかえります。かがみに使《つか》われているガラスの表面《ひょうめん》は、とてもつるつるしていてたいら。ただ、ガラスは光《ひかり》をとおす性質《せいしつ》のほうがつよいので、一部《いちぶ》の光《ひかり》しかはねかえらないし、外《そと》の光《ひかり》も入《はい》りこみ、うつるものはよく見《み》えなくなってしまいます。だから、光《ひかり》をきちんとはねかえし、外《そと》からの光《ひかり》をふせぐ銀《ぎん》などをガラスのうらがわにぬっています。

たいらなガラスと銀《ぎん》がタッグをくんで光《ひかり》をそのまままっすぐにはねかえし、顔《かお》やものがはっきりとうつるのです。

瀧靖之先生の実践アドバイス

このおはなしに興味《きょうみ》をもったら・・・

電車《でんしゃ》に乗《の》って確《たし》かめてみよう

電車《でんしゃ》がトンネルに入《はい》ると、窓《まど》ガラスに顔《かお》がうつります。外《そと》が暗《くら》いと外《そと》からの光《ひかり》がじゃましないため、ガラスの表面《ひょうめん》で反射《はんしゃ》する光《ひかり》が見《み》えるからです。

電車《でんしゃ》に乗《の》ったとき、顔《かお》がうつるか楽《たの》しみながら光《ひかり》の反射《はんしゃ》とかがみの原理《げんり》を体感《たいかん》させましょう。お出《で》かけのワクワク感《かん》と一緒《いっしょ》になって記憶《きおく》に残《のこ》りやすくなります。

どうぐ

58

楽器《がっき》はどうして音《おと》が出るの？

楽器《がっき》にはたくさんの種類《しゅるい》がありますが、音《おと》の出《で》るしくみから考《かんが》えると、大《おお》きく3つに分《わ》けられます。

1つめは、たたいてものをふるわせて音《おと》を出《だ》すタイプ。打《う》ったりたたいたりして形《かたち》のあるものをブルブルふるわせ、音《おと》を出《だ》します。たとえば、カスタネットやタンバリン、シンバルなどがそうですね。仲間《なかま》には、つよく張《は》られた膜《まく》をたたいてふるわせ音《おと》を出《だ》す、たいこなどがあります。

2つめは、ギターやバイオリンなど、音《おと》を出《だ》すための糸《いと》（弦《げん》）をふるわせて音《おと》を出《だ》す楽器《がっき》です。このタイプは、弦《げん》と、弦《げん》をピンと張《は》るための

ピアノの中《なか》をのぞいてみよう

ピアノには音《おと》の出《で》る糸《いと》（弦《げん》）が
200本以上《ほんいじょう》も張《は》られている！

長《なが》さのちがう弦《げん》を、鉄《てつ》のわくを利《り》用《よう》して強《つよ》い力《ちから》で水平《すいへい》に張《は》ることで、美《うつく》しい響《ひび》きが生《う》まれるよ。

装置《そうち》、音《おと》を大《おお》きくする装置《そうち》をもっていて、弦《げん》をはじいたりこすったりして音《おと》を出《だ》します。鍵《けん》ばんをたたいて演奏《えんそう》するピアノもこの仲間《なかま》。中《なか》をのぞいてみると、弦《げん》が鍵《けん》の数《かず》だけ張《は》られていて、鍵《けん》には１つひとつにハンマーがついています。鍵《けん》をたたくと、このハンマーが弦《げん》を打《う》って音《おと》を鳴《な》らすしくみです。

３つめは、ハーモニカやトランペット、パイプオルガンなどのように、息《いき》や空気《くうき》を吹《ふ》きこんで、楽器《がっき》の中《なか》の空気《くうき》をふるわせて音《おと》を出《だ》すタイプです。息《いき》を吹《ふ》きこむ楽器《がっき》は、管《かん》の長《なが》さで音《おと》の高《たか》さが変《か》わります。長《なが》いほど低《ひく》い音《おと》が出《で》るので、できるだけ管《かん》を長《なが》くしようと、管《かん》を折《お》り曲《ま》げて丸《まる》い形《かたち》にした、ホルンという楽器《がっき》もあります。

どのタイプの楽器《がっき》にもいえるのは、何《なに》かをブルブルとふるわせて音《おと》を出《だ》していること。何《なに》でつくられているか、どんな形《かたち》をしているのか、どうやってふるわせるのかによって、いろいろな音《おと》になるのです。

瀧靖之先生の実践アドバイス

このおはなしに興味《きょうみ》をもったら・・・

最初《さいしょ》の習《なら》いごとには ピアノなどの楽器《がっき》がおすすめ！

3～5歳頃《さいころ》、楽器《がっき》に触《ふ》れさせることは、賢《かしこ》い子《こ》に育《そだ》つために非常《ひじょう》に効果的《こうかてき》です。音感《おんかん》やリズム感《かん》が身《み》につきやすく、言葉《ことば》の習得《しゅうとく》や運動神経《どうしんけい》の発達《はったつ》にもプラスになります。

とくにおすすめなのがピアノ。左右《さゆう》の手《て》で別々《べつべつ》の動作《どうさ》をおこなうため左右《さゆう》の脳《のう》をつなぐ神経《しんけい》を発達《はったつ》させ、脳《のう》と手《て》をつなぐ神経《しんけい》ネットワークも鍛《きた》えられます。

こうさく

59

おりがみであそぼう

みなさんは、おりがみであそんだことがありますか？　ツルやゾウなど、おかあさんにおってもらったり、ようちえんやほいくえんでおしえてもらったことがある人《ひと》もおおいでしょう。

びょうきやけがで入院《にゅういん》している人《ひと》に、「はやくなおりますように」というねがいをこめておくる千羽《せんば》ヅルもおりがみでつくられています。

おりがみは、日本《にっぽん》にむかしからあるあそびです。おりがみの形《かたち》は、きれいな四角《しかく》の正方形《せいほうけい》です。かどとかど、はしとはしをきれいにあわせ、山《やま》おりや谷《たに》おりをくみあわせておっていくだけで、かわいいお花《はな》や紙《かみ》ひこうき、しゅりけん、やっこさんなど、いろんな形《かたち》ができるのです。か

かどとかどをきちんと あわせられるかな？

ゆっくりでいいから
ていねいにおってみよう。

さいしょは、おおきなおりがみで
やってみよう。ツルややっこさんな
ど、いろんなものをつくってみて！

みさえあればなんでもつくれるので、世界《せかい》じゅうでしたしまれています。

むかしは、和紙《わし》でつくられた色《いろ》あざやかでこまかいもようのちよがみをおってあそんでいました。いまでは、みずたまやハート、しまもようなど、かわいい柄《がら》や絵《え》がかかれたものや、キラキラ光《ひか》るものなど、いろんなしゅるいのおりがみが、文《ぶん》ぼうぐやさんなどで売《う》られています。

おりがみをするのは、小《ちい》さな子《こ》どもだけではありません。おりがみをおしごとにしている、おりがみ作家《さっか》とよばれる人《ひと》もいます。お米《こめ》のつぶぐらいの世界最小《せかいさいしょう》のおりヅルにちょうせんする人《ひと》や、何《なん》メートルもあるおおきななおりがみで、実物《じつぶつ》みたいなおおきさのゾウや恐竜《きょうりゅう》をおる人《ひと》もいます。おおきなものをつくるには、ひらべったい紙《かみ》がどういう形《かたち》になっていくのか、最初《さいしょ》にかんがえなければいけません。想像《そうぞう》しながらおることも、あたまをつかうのでとてもいいことなんですよ。ぜひ、おりがみでいろいろなものをつくってみましょう。

瀧靖之先生の実践アドバイス

このおはなしに興味《きょうみ》をもったら・・・

親子《おやこ》で楽《たの》しみながらつくりあげてみよう

指先《ゆびさき》をこまかく動《うご》かしてつくりあげるおりがみは、子《こ》どもの脳《のう》によい影響《えいきょう》をあたえ、知《ち》能《のう》や運動能力《うんどうのうりょく》をのばします。こまかい指《ゆび》の動《うご》きができるようになるのは、3～5歳頃《さいころ》です。この時期《じき》に親子《おやこ》でおりがみを楽《他の》しみましょう。できあがった動《どう》物《ぶつ》に顔《かお》をかいてごっこ遊《あそ》びをするのもいいでしょう。

こうさく

60 まぜるとどんな色《いろ》になる？

たくさんならんだクレヨンや色《いろ》えんぴつ、ぜんぶちがう色《いろ》の100まいのおりがみ。身《み》のまわりには色《いろ》がいっぱいあふれていますね。道《みち》ばたにさいている花《はな》や、空《そら》、公園《こうえん》におちている木《き》のはっぱなど、自然《しぜん》のなかにもたくさんの色《いろ》があります。色《いろ》えんぴつやおりがみの色《いろ》とちがって、自然《しぜん》のなかの色《いろ》はひとつの色《いろ》だけでできているわけではありません。いくつかの色《いろ》がまざりあって、とおくから見《み》るとみどりのはっぱや赤《あか》い花《はな》に見《み》えているのです。

リンゴを見《み》てみましょう。とおくから見《み》ると赤《あか》いリンゴだけれど、よく見《み》るときいろやみどりいろが、つぶつぶと散《ち》っているのに気《き》づくで

えのぐでいろんな色《いろ》をつくろう

まぜるりょうをちょっとかえる
だけで、べつの色《いろ》ができるよ。

いろんな色《いろ》をまぜるとたのしいな。パレットの色《いろ》をぜんぶまぜるとどんな色《いろ》になるんだろう？

しょう。みどり一色《いっしょく》にみえるはっぱも、うらがわをよーく見《み》ると、きいろがまだらもようにひろがっているかもしれません。こんなふうに色《いろ》は、ひとつの色《いろ》に見《み》えても、さまざまな色《いろ》がまじりあっているのです。

えほんなど、印《いん》さつされている本《ほん》の色《いろ》は、じつはどれも3つのインクをくみあわせてつくられています。きいろ、青《あお》、赤《あか》むらさきの3色《しょく》で、これを色《いろ》の三原色《さんげんしょく》といいます。この3つをくみあわせれば、どんな色《いろ》でも表現《ひょうげん》できるのですから、すごいですね。

えのぐとパレットを用意《ようい》して、色《いろ》をつくってみましょう。つかう色《いろ》は、きいろ、青《あお》、赤《あか》の3色《しょく》です。きいろに青《あお》をほんの少《すこ》しまぜると、芽《め》吹《ぶ》いたばかりのはっぱのような、あざやかなきみどり色《いろ》。赤《あか》ときいろを半分半分《はんぶんはんぶん》にしてまぜると、もぎたてのみかんのようなオレンジに。身《み》のまわりにあふれているいろんな色《いろ》に目《め》がとまるようになると、あたらしい発見《はっけん》や、いままでわからなかった美《うつく》しさに気《き》づけるでしょう。

瀧靖之先生の実践アドバイス

このおはなしに興味《きょうみ》をもったら・・・

自然《しぜん》のなかの さまざまな色《いろ》を発見《はっけん》しよう

生《う》まれたばかりの赤《あか》ちゃんの視界《しかい》は白黒《しろくろ》ですが、生後《せいご》4カ月《げつ》くらいには、大人《おとな》と同《おな》じように色《いろ》を識別《しきべつ》できるといわれています。

子《こ》どもの観察力《かんさつりょく》はするどく、自然《しぜん》と接《せっ》する機会《きかい》が多《おお》くあれば、大《おと》人《な》が気《き》づかないような、さまざまなものの色《いろ》を発見《はっけん》できます。公《こう》園《えん》や野山《のやま》などに出《で》かけて、いっしょに観察《かんさつ》してみましょう。

こうさく

61 はさみをつかってなにをつくれる？

みなさんは、はさみをじょうずにつかえますか？　チョキチョキなんでも切《き》れてべんりなはさみは、りょうほうの先《さき》に刃《は》がついています。かたほうの刃《は》を紙《かみ》にあてただけでは切《き》れないのに、はさみではさむと切《き》れるのは、刃《は》と刃《は》がちょうどよい角度《かくど》でこすりあわされているからです。はさみには、右《みぎ》きき用《よう》と左《ひだり》きき用《よう》があります。左《ひだり》きき用《よう》は、もっところの形《かたち》と刃《は》のかみあわせが逆《ぎゃく》になっています。

はさみをつかって、いろいろたのしいものをつくることができます。ピンクのおりがみを、チョキチョキとこまかく切《き》っていくと、サクラの紙《かみ》ふぶきのできあがり。ふたつおりにした紙《かみ》のかたほうに、うさぎさん

どうぶつのかおをチョキチョキ

うさぎのかおを半分切《はんぶんき》って

ひらくとどんなかたちになる？

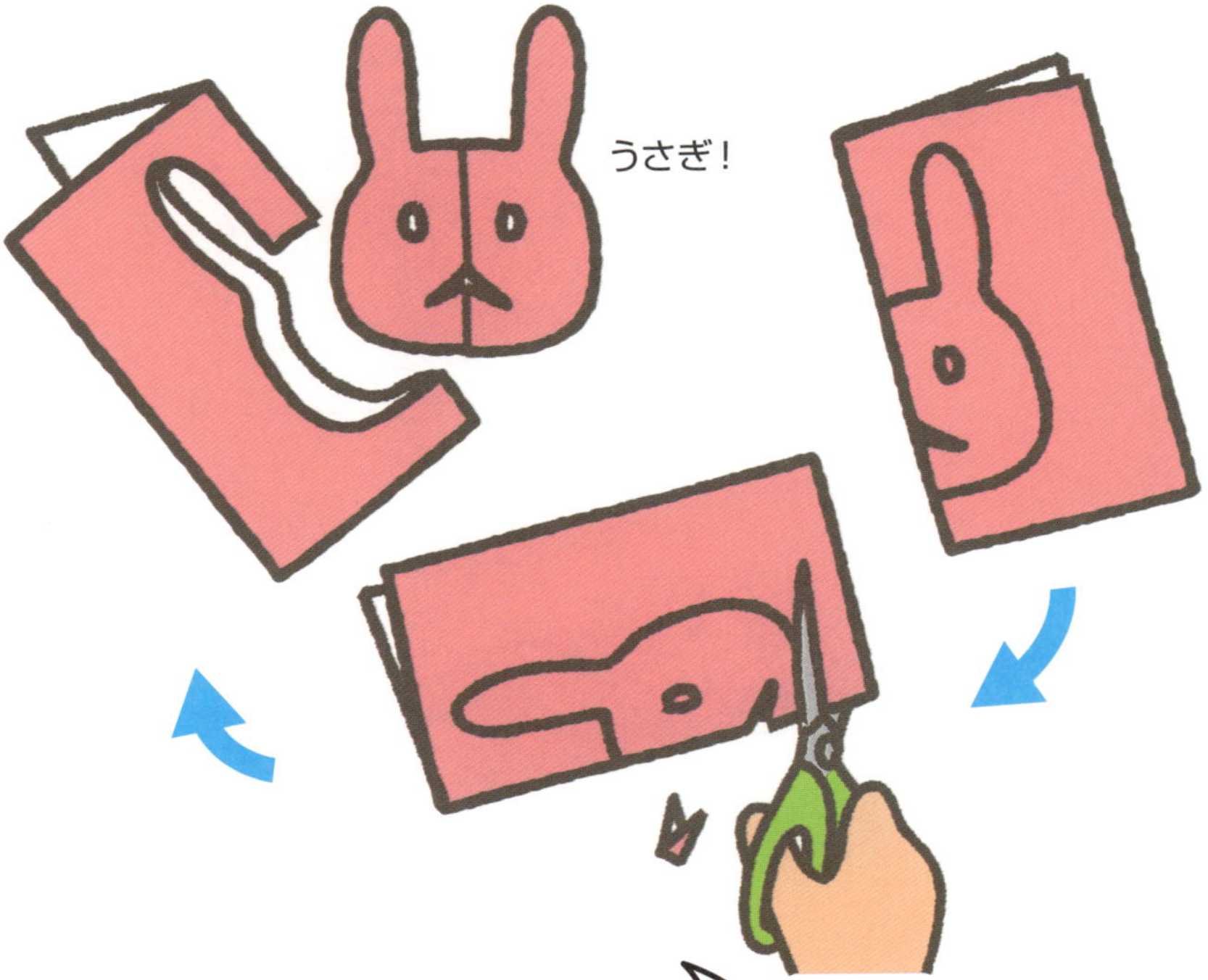

うさぎのほかにもつくってみよう。紙《かみ》をチョキチョキ切《き》るのってたのしいな！

のかおを半分《はんぶん》かき、切《き》ってひらいたら、左右《さゆう》たいしょうのかおに！

むずかしそうに見《み》える雪《ゆき》の結《けっ》しょうやお花《はな》はどうやってつくるのでしょう。おりがみで、三角《さんかく》の２つおりを２回《かい》くりかえしてから、３つおりにし(12おり)、そこに柄《がら》をかきます。かいた線《せん》のとおりにはさみで切《き》りましょう。こまかいところは、はさみのまんなかあたりをつかっててい ねいに。切《き》りおわったらそーっと広《ひろ》げてみると……。きれいな花柄《はながら》の完成《かんせい》！

こういったはさみで切《き》った作品《さくひん》のことを切《き》り紙《がみ》ざいくといいます。できた切《き》り紙《がみ》ざいくは、おともだちに手紙《てがみ》といっしょにわたしたり、パーティのときにかべにはりつけて飾《かざ》りにしてもかわいいですね。

はさみを上手《じょうず》につかえるようになると、まるでえんぴつの先《さき》のように自由《じゆう》に動《うご》いて、好《す》きな形《かたち》をつくることができます。はさみで、人《ひと》の横顔《よこがお》やいろんな景色《けしき》をつくる、切《き》り紙職人《がみしょくにん》という人《ひと》もいます。

あなたも、はさみをつかったあそびを、たのしんでみましょう。

瀧靖之先生の実践アドバイス

このおはなしに興味《きょうみ》をもったら・・・

はさみをつかって いろんなものを切《き》ってみよう

はさみをこまかく動《うご》かして何《なに》かを切《き》ることは、きき手《て》ではさみを使《つか》い、反対《はんたい》の手《て》で紙《かみ》を押さえたり動《うご》かしたりという別の動きをせねばならず、子《こ》どもにとっては脳《のう》を使《つか》う作業《さぎょう》になります。

はさみを使《つか》うのがまだむずかしい幼児《ようじ》の場《ば》合《あい》は、短冊状《たんざくじょう》に切《き》った紙《かみ》をちょきんと切《き》るところから、始《はじ》めるとよいでしょう。

こうさく

62 絵《え》がうまくなるにはどうすればいいの？

みんなも大好《だいす》きなたのしいおえかき。もっと絵《え》がうまくなりたいと思《おも》ったことはあるかな？　絵《え》がうまくなるには、たくさんかくよりもじつは大切《たいせつ》なことがあります。それは、よーくかんさつすること。

身《み》のまわりのものには、いろんな形《かたち》があります。りんごやみかんはまるだし、本は、しかく。ひらいたかさはさんかく。おかあさんのかおはまる、おとうさんのメガネはしかく……。でも、それってほんと？

同《おな》じ形《かたち》に見《み》えるものでも、かんさつしてみると、ひとつひとつ形《かたち》がちがうみたい。りんごもみかんもまるだけど、りんごは少《すこ》したてながのまるで、みかんはひらべったいまる。レモンは先《さき》がとがってほそながいま

くだものをかんさつしてみよう

くだものって、1こ1こ
形《かたち》や色《いろ》がちがっているね！

よーくかんさつ
まる?
ながまる?
ただまるいだけじゃなくて、ひらべったいまるやながまる……、いろいろあるんだね！

るで、くだものでもぜんぶ形《かたち》がちがう。ほんとうにまんまるいくだものってなんだろう？　すいかはまんまる？　ぶどうのつぶはまんまる？

人《ひと》のかおを見《み》ると、おとうさんのはなとおかあさんのはなは、同《おな》じはななのに、形《かたち》がちがうでしょう？　おとうさんのはなは太《ふと》くてりっぱ？　おかあさんのはなはつんとしている？　わたしのはなはどうだろう？

まるやしかくであらわしにくいものもあります。たとえば、手《て》。手《て》のひらがあって、５本《ほん》のゆびがはえているけれど、ゆびもひとつひとつ長《なが》さや太《ふと》さがちがう。ゆびを２本出《ほんだ》してチョキ、ひらいてパー、にぎってグー。おんなじ手《て》なのに、形《かたち》がぜんぶちがって、べつべつのもののみたいに見《み》えますね。

ものをよくかんさつしてからかくと、まるやしかくだけじゃない、そのものがもっているとくちょうがあらわせます。そうすると、そのものらしさが引《ひ》きたって、絵《え》をかくのがうまくなるんですよ！

瀧靖之先生の実践アドバイス

このおはなしに興味《きょうみ》をもったら・・・

かんさつすることで科学的《かがくてき》な思考《しこう》にも役《やく》だつ

子《こ》どもの絵《え》の発達《はったつ》は、最初《さいしょ》はなぐりがきからスタートし、2歳《さい》くらいから丸《まる》や三角《さんかく》など形《かたち》が描《か》けるようになります。

人間《にんげん》や動物《どうぶつ》などが大人《おとな》にもわかるように描《か》けるようになるのは、おおむね3歳《さい》くらいからです。

絵《え》が苦手《にがて》な子《こ》には、よくかんさつして描《か》くようにうながしましょう。

のりもの

63

なぜ鉄《てつ》の船《ふね》が水《みず》にうかぶの？

大《おお》きな石《いし》コロを水《みず》のなかへ投《な》げると、ボチャンとしずんでいきますよね。トンカチやハサミなど、金《きん》ぞくでできているものも水《みず》にしずみます。なのにどうして、鉄《てつ》でできている船《ふね》は、海《うみ》の上《うえ》をスイスイ進《すす》んでいけるのでしょう？　船《ふね》はサイズも大《おお》きく、人間《にんげん》や荷《に》もつをたくさんのせているのですから、すぐにしずんでしまいそうなものです。

こたえをおしえましょう。船《ふね》がうかぶのは、水《みず》の性《せい》しつによるものです。水《みず》は、ものがおしのけた水《みず》のおもさと同《おな》じ分《ぶん》だけ、うきあがる力《ちから》をはたらかせます。これを「アルキメデスの原理《げんり》」といいます。

アルキメデスは、いまから約《やく》２２００年前《ねんまえ》に生《い》きていた、古代《こだい》ギリシ

船《ふね》がうきあがる力《ちから》はとても大《おお》きい

おしのけた水《みず》のおもさと同《おな》じ分《ぶん》だけ
うきあがる力《ちから》がはたらくよ。

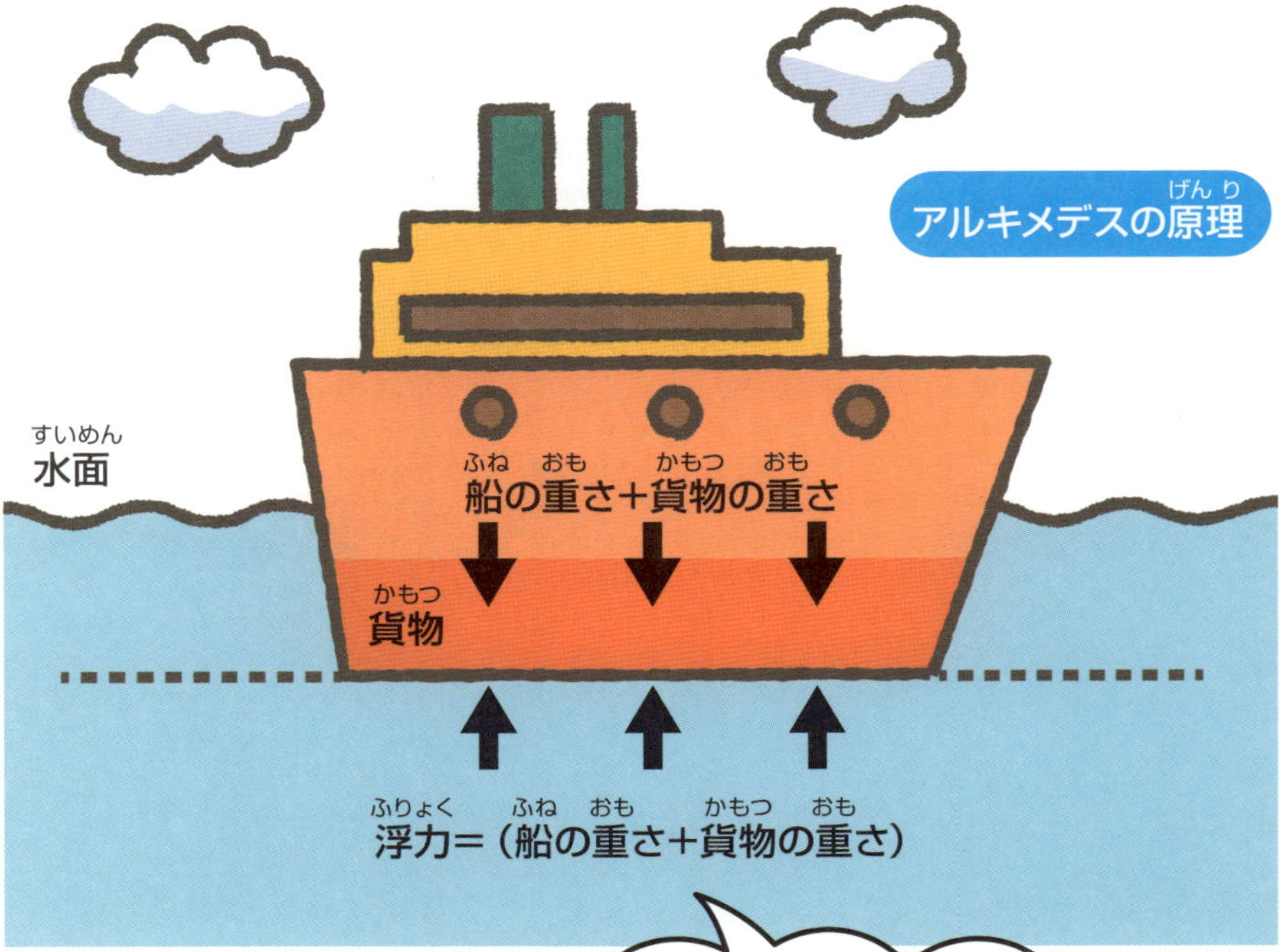

船《ふね》はサイズが大《おお》きいうえに中身《なかみ》が空《くう》どうになっている部分《ぶぶん》が多《おお》いから、鉄《てつ》でできていても水《みず》にうくことができるんだ。

アの数学者《すうがくしゃ》の名《な》まえです。船《ふね》というのは、とても大《おお》きいものですよね。だから、うきあがる力《ちから》もとても大《おお》きいのです。アルキメデスの時代《じだい》には、いまのような鉄《てつ》でできた大《おお》きな船《ふね》はありませんでした。しかし、かれはその原理《げんり》に気《き》づいていたのです。本当《ほんとう》にあたまのよい人《ひと》だったのですね。船《ふね》はサイズが大《おお》きいことに加《くわ》え、中身《なかみ》が空《くう》どうになっている部分《ぶぶん》が多《おお》い、というのもポイントです。全部《ぜんぶ》が鉄《てつ》のかたまりではないので、おしのけた量《りょう》の水《みず》よりもおもさが軽《かる》くなり、水《みず》にうくことができるのです。アルキメデスが発見《はっけん》した、水《みず》のなかでうきあがる力《ちから》の原理《げんり》は、船《ふね》だけでなく、どんなものにもあてはまります。たとえば、みなさんがプールに入《はい》ったときのことを思《おも》いだしてください。地上《ちじょう》にいるときよりも、体《からだ》がプカプカとうきあがるかんじになりませんか？　あれも同《おな》じことです。みなさんの体《からだ》がおしのけた水《みず》の重《おも》さと同《おな》じ分《ぶん》だけ、うきあがる力《ちから》がはたらいているのです。

瀧靖之先生の実践アドバイス

このおはなしに興味《きょうみ》をもったら・・・

洗《せん》めん器《き》のなかにものをしずめてみよう

どんなものが水《みず》にうき、どんなものがしずむのか。水《みず》をはった洗《せん》めん器《き》で実験《じっけん》してみましょう。中身《なかみ》が空《くう》どうになっているボールは、軽《かる》いのでうきます。金《きん》ぞくのかたまりである500円玉《えんだま》や100円玉《えんだま》はしずみます。では、コップだったら？　フォークやスプーンだったら？　水《みず》にしずめても平気《へいき》なもので試《ため》してみましょう。

のりもの

64 新幹線《しんかんせん》はなぜあんなにはやいの？

線路《せんろ》をもうスピードでかけぬけていく新幹線《しんかんせん》。東京《とうきょう》と大阪《おおさか》のあいだをおよそ2時間《じかん》30分《ぷん》で走《はし》ってしまいます。さい高時《こうじ》そくは280キロ以《い》上《じょう》。まさに日本《にほん》がほこるスピードスターです。

もし車《くるま》で同《おな》じように東京《とうきょう》と大阪《おおさか》のあいだをいどうしたら、はやくても5時間《じかん》ぐらいかかります。新幹線《しんかんせん》のほうが、あっとうてきにはやく着《つ》きますね。車《くるま》が走《はし》る道路《どうろ》とちがい、線路《せんろ》にはじゅうたいもありません。いつも時間《じかん》どおりに、とう着《ちゃく》してくれるので、みんなによろこばれています。

新幹線《しんかんせん》がこれほどはやく走《はし》れるのには、たくさんの理由《りゆう》があります。

新幹線《しんかんせん》のかたちもはやさの理由《りゆう》

前《まえ》をほそ長《なが》くして、空気《くうき》のながれをよくしているよ。

ふつうの電車《でんしゃ》のように前《まえ》がしかくいと、風《かぜ》があたったときに、うまくうしろにながれていかないから、ほそ長《なが》くしているんだ。

パッとみてすぐわかるのは、車両《しゃりょう》のかたち。ふつうの電車《でんしゃ》は前《まえ》がしかくいのに、新幹線《しんかんせん》はほそ長《なが》くなっています。これは、空気《くうき》のながれをよくするためのくふうです。新幹線《しんかんせん》はスピードがはやいので、風《かぜ》がいっぱいあたります。ふつうの電車《でんしゃ》のように前《まえ》がしかくいと、空気《くうき》がジャマをしてスピードが落《お》ちてしまいます。だから、前《まえ》をほそ長《なが》くして、空気《くうき》をうしろにうまくながしているのです。

線路《せんろ》のつくりも、ふつうの電車《でんしゃ》と新幹線《しんかんせん》ではちがいます。新幹線《しんかんせん》の線《せん》路《ろ》は、普通《ふつう》の線路《せんろ》よりもレールのはばが広《ひろ》くなっています。スピードが出《で》ても、安定《あんてい》して走《はし》れるようにかんがえられているのです。

カーブも少《すく》なく、ほとんどの線路《せんろ》がまっすぐにつくられています。みなさんもうんどう場《じょう》を走《はし》るとき、まーるいトラックよりも、まっすぐにゴールを目《め》ざすほうが走《はし》りやすいですよね。カーブが多《おお》いと、どうしてもスピードをおとさなくてはなりません。新幹線《しんかんせん》も同《おな》じです。

瀧靖之先生の実践アドバイス

このおはなしに興味《きょうみ》をもったら・・・

実物《じっさい》の新幹線《しんかんせん》を見《み》にいこう

新幹線《しんかんせん》が停車《ていしゃ》する駅《えき》に行《い》けば、実物《じつぶつ》を間近《まぢか》で見《み》ることが可能《かのう》です。「入場券《にゅうじょうけん》」を買《か》えば改札《かいさつ》をとおってホームへ行《い》くことができるのです。新幹線《しんかんせん》がホームに入ってくる様子《ようす》は迫力満点《はくりょくまんてん》です！

実物《じつぶつ》の新幹線《しんかんせん》を見《み》たら、次《つぎ》はのってみたくなりますよね。家族《かぞく》みんなで旅行《りょこう》の計画《けいかく》をたて、新幹線《しんかんせん》で出《で》かけましょう。

のりもの

65 命《いのち》と安全《あんぜん》をまもる、はたらく車《くるま》って？

はたらく車《くるま》、カッコいいですよね！　なかでも人気《にんき》なのは、やっぱり消防車《しょうぼうしゃ》、救急車《きゅうきゅうしゃ》、パトカー。町《まち》の人《ひと》たちの命《いのち》と安全《あんぜん》をまもるせいぎの味方《みかた》です。

火事《かじ》や災《さい》がいがおこったときに出《しゅつ》どうする消防車《しょうぼうしゃ》。まっ赤《か》なボディをかがやかせ、「ウーウー」とサイレンをならしながら、げん場《ば》へ急行《きゅうこう》します。消防車《しょうぼうしゃ》のなかで、もっとも数《かず》が多《おお》いのはポンプ車《しゃ》です。車《くるま》に水《みず》をとり入《い》れ、ホースからいきおいよくはき出《だ》します。消防士《しょうぼうし》さんたちの大《たい》切《せつ》なしごとである、火事《かじ》のほのおを消《け》すときに、大活《だいかつ》やくする車《くるま》です。

消防車《しょうぼうしゃ》といえば、はしご車《しゃ》もわすれてはいけません。せなかにつけた

せいぎの味方《みかた》、消防車《しょうぼうしゃ》

みんなをまもるために、
火事《かじ》のときはすばやくかけつける！

消防車《しょうぼうしゃ》のなかまである、はしご車《しゃ》。せなかの長《なが》いはしごをのばして、火事《かじ》からにげおくれた人《ひと》たちをたすけだすよ。

長《なが》いはしごをのばし、ビルやマンションにとり残《のこ》された人《ひと》たちをたすけだします。

「ピーポーピーポー」というサイレンが聞《き》こえてきたら、救急車《きゅうきゅうしゃ》の合《あい》図《ず》です。病気《びょうき》やケガをした人《ひと》をのせ、お医者《いしゃ》さんのまつ病院《びょういん》へ向《む》かいます。車《くるま》のなかには、かん者《じゃ》さんの命《いのち》をたすけるための道具《どうぐ》もズラリ。最《さい》近《きん》ではお医者《いしゃ》さんがいっしょにのった「ドクターカー」と呼《よ》ばれる救急《きゅうきゅう》車《しゃ》もふえています。

白《しろ》と黒《くろ》の2色《しょく》にぬられ、赤《あか》いランプを光《ひか》らせて走《はし》るのは、けいさつのパトカーです。平和《へいわ》なときは町《まち》をしずかにパトロール。事件《じけん》や事故《じこ》がおこったときは、サイレンをならして、町《まち》をかけぬけます。

パトカーには、いろいろな車《くるま》があります。はやい車《くるま》、大きい車《くるま》、「ミニパトカー」といって軽自動車《けいじどうしゃ》のものもあります。車《くるま》ではなく、バイクの場合《ばあい》は「白《しろ》バイ」といいます。

瀧靖之先生の実践アドバイス

このおはなしに興味《きょうみ》をもったら・・・

消防《しょうぼう》＆警察博物館《けいさつはくぶつかん》に行《い》ってみよう

消防車《しょうぼうしゃ》や救急車《きゅうきゅうしゃ》の実物《じつぶつ》や歴史《れきし》を知《し》りたいなら「消防博物館《しょうぼうはくぶつかん》」（東京都《とうきょうと》）、パトカーや警察《けいさつ》のことが好《す》きなら「警察博物館《けいさつはくぶつかん》」（東京都《とうきょうと》）に足《あし》をはこんでみましょう。

どちらもワクワクする展示物《てんじぶつ》がいっぱい並《なら》んでいます。町《まち》で消防車《しょうぼうしゃ》やパトカーをみかけたときは、消防士《しょうぼうし》さんやおまわりさんたちのジャマをしないように、遠《とお》くからみましょう。

のりもの

66

生活《せいかつ》にかかせない、はたらく車《くるま》って？

わたしたちの生活《せいかつ》にかかせない、はたらく車《くるま》も見《み》ていきましょう。

おどろきのパワーをもつのが、けんせつ現場《げんば》ではたらく車《くるま》たち。油圧《ゆあつ》ショベルは、長《なが》いうでを使《つか》い、地面《じめん》をほったり土《つち》をかきあつめたりします。土《つち》をいっきにはこんでしまうのがブルドーザー。名《な》まえもカッコいいですよね。

油圧《ゆあつ》ショベルやブルドーザーのいどうは、タイヤではなく、「クローラー」というベルトのようなものでおこないます。クローラーは、地面《じめん》にあわせた形《かたち》で動《うご》くので、デコボコ道《みち》でもスムーズにいどうできます。

高《たか》いところにものをはこぶときは、クレーン車《しゃ》が活《かつ》やくします。土《つち》や

町《まち》にははたらく車《くるま》がいっぱい

たのもしいパワーで、わたしたちの
生活《せいかつ》を支《ささ》えてくれているよ。

たてものをたてたり、道路《どうろ》をつくったり、川《かわ》を広《ひろ》げたり。はたらく車《くるま》の活《かつ》やくによって、住《す》みやすい町《まち》ができあがるよ。

石《いし》をたくさんはこびたいときはダンプトラック。地面《じめん》をたいらにしたいときは、しんどうローラー。けんせつ現場《げんば》は、はたらく車《くるま》たちのオールスター会場《かいじょう》です。

町のなかでよく見《み》かけるのは、ゴミをあつめてくれるせいそう車《しゃ》でしょう。車《くるま》のうしろがわから、ゴミをどんどんとり入《い》れていきます。おいしそうにムシャムシャと、ゴミを食《た》べているようにもみえますよね。

せなかにつんだタンクを回《まわ》しながら走《はし》るのは、コンクリートミキサー車《しゃ》。かたまりやすい生《なま》コンクリートをはこんでいるので、走《はし》っているときも、かきまぜておく必要《ひつよう》があるのです。

事故《じこ》や故《こ》しょうで動《うご》けなくなった車《くるま》をはこぶのはレッカー車《しゃ》。たすけた車《くるま》をうしろの部分《ぶぶん》につなげて、なかよく走《はし》っていきます。

まだまだ、いっぱいあるはたらく車《くるま》。たくさんの車《くるま》が力《ちから》をあわせて、みなさんの生活《せいかつ》をまもってくれていることがよくわかりますね。

瀧靖之先生の実践アドバイス

このおはなしに興味《きょうみ》をもったら・・・

ドライブをしながら探《さが》してみよう

はたらく車《くるま》は、町《まち》のなかにたくさんいます。車《くるま》でドライブをしているときや、おうちのまわりを散歩《さんぽ》しているときなどに、ぜひ探《さが》してみてください。ただし、建設現場《けんせつげんば》や工事《こうじ》現場《げんば》はあぶないので注《ちゅう》意《い》が必要《ひつよう》です。

見《み》つけやすいのは、せいそう車《しゃ》でしょう。ゴミを集《あつ》める日《ひ》には、必《かなら》ずやってきてくれるからです。

スポーツ

67 サッカーってどんなスポーツ？

足《あし》だけでボールをあやつり、ゴールへ入《い》れる。だれにでもわかりやすいルールと、はなやかなプレー！　サッカーは大人《おとな》から子《こ》どもまで、みんなに愛《あい》されている世界的《せかいてき》なスポーツです。サッカーは11人対《にんたい》11人《にん》でたたかいます。11人《にん》は英語《えいご》で「イレブン」。だから、日本代表《にほんだいひょう》のことを「全日本《ぜんにほん》イレブン」とよんだりします。ただし、全日本少年《ぜんにほんしょうねん》サッカー大会《たいかい》では11人《にん》ではなく、1チーム8人《にん》というルールがとられています。フィールドも、大人《おとな》がつかっているものより、すこし小《ちい》さいです。そのほうが、1人《ひとり》の選手《せんしゅ》がたくさんボールにさわれるからです。

サッカーでボールをけるプレイは、おもに3つあります。自分《じぶん》でボー

サッカーは足《あし》でボールをける！

わかりやすいルールと
はなやかなプレーで大人気《だいにんき》！

世界中《せかいじゅう》で愛《あい》されているサッカー。ACミランの本田圭佑選手《ほんだけいすけせんしゅ》のように、海外《かいがい》で活《かつ》やくしているプロ選《せん》手《しゅ》もたくさんいるよ。

ルをけりながら走《はし》るドリブル。味方《みかた》にボールをわたすパス。ゴールに向《む》かってボールをけりこむシュート。この３つのプレイをうまくくみあわせながら、ゴールを目《め》ざし、チーム全員《ぜんいん》で試合《しあい》をすすめていきます。

チームのなかのポジションは、大《おお》きくわけて４つ。点《てん》をとるフォワード、まんなかでパスをまわすミッドフィルダー、守《まも》りをかためるディフェンダー、そしてキーパーです。ゴールの前《まえ》にいるキーパーは、１人《ひとり》だけ手《て》をつかってもいいというとくべつな選手《せんしゅ》です。

キーパー以外《いがい》の選手《せんしゅ》は、ほかのポジションの役《やく》わりをやってもかまいません。ディフェンダーが点《てん》をとってもいいし、フォワードが守《まも》ってもオーケー。この自由《じゆう》なところが、サッカーのおもしろさの１つです。

サッカーは世界中《せかいじゅう》にプロリーグがあり、日本人《にほんじん》もたくさんプレーしています。ドイツの香川真司《かがわしんじ》選手《せんしゅ》、イタリアの本田圭佑《ほんだけいすけ》選手《せんしゅ》などは、世界《せかい》トップレベルのチームでみとめられ、声《せい》えんをあびています。

瀧靖之先生の実践アドバイス

このおはなしに興味《きょうみ》をもったら・・・

ボールをけって遊《あそ》んでみよう

ボールがあれば、いつでもどこでも、だれとでも楽《たの》しめるのがサッカー。むずかしいことは何《なに》もありません。とにかくボールを好《す》きなようにけってみましょう。

2人《ふたり》以上《いじょう》が集《あつ》まったときは、しっかりとパスを回《まわ》し、1人《ひとり》のときは、ボールをけりながら走《はし》るドリブルのれんしゅうをするのがいいでしょう。

スポーツ

68

野《や》球《きゅう》ってどんなスポーツ？

野球《やきゅう》は、国民的《こくみんてき》スポーツとよばれるほど、日本人《にっぽんじん》が大好《だいす》きなスポーツです。もともとはアメリカで生《う》まれ、明治時代《めいじじだい》のはじめごろ（1872年《ねん》）に日本《にっぽん》へつたわってきました。英語《えいご》では「ベースボール」といいます。

野球《やきゅう》は、9人対《にんたい》9人《にん》でおこなう球技《きゅうぎ》です。ピッチャーがボールを投《な》げ、バッターがバットで打《う》ちかえします。打球《だきゅう》がフェアゾーンにとんだら、バッターはベースへむかってダッシュ。4つのベースをまわり、無《ぶ》事《じ》にホームまでかえってくることができたら1点《てん》です。

野球《やきゅう》の大《おお》きなとくちょうは、守《まも》る側《がわ》と攻撃《こうげき》する側《がわ》がわかれているところです。ピッチャーやキャッチャーなど、ボールを投《な》げたりとったりす

野球《やきゅう》は日本《にっぽん》の国民的《こくみんてき》スポーツ

ピッチャーがボールを投《な》げ、
バッターがバットで打《う》ちかえすよ。

野球《やきゅう》はアメリカで生《う》まれたよ。アメリカのプロ野球《やきゅう》、メジャーリーグでは田中将大選手《たなかまさひろせんしゅ》(ヤンキース)たちが活《かつ》やく中《ちゅう》。

るほうが守《まも》る側《がわ》。バッターやランナーなど、打《う》ったり走《はし》ったりするほうが攻撃《こうげき》する側《がわ》です。攻撃《こうげき》に３回失敗《かいしっぱい》してスリーアウトになったら、守《まも》る側《がわ》と攻撃《こうげき》する側《がわ》が交代《こうたい》します。

野球《やきゅう》のいちばんの見《み》せ場《ば》は、なんといってもホームランです。外野《がいや》のカベをノーバウンドでこえていく、とく大《だい》の大《おお》あたりのことです。ホームランは、だれが打《う》っても１点《てん》が入《はい》ります。もしランナーが３人《にん》たまっているときなら、いっきに４点《てん》もゲット！　大逆転《だいぎゃくてん》も可能《かのう》です。

日本《にっぽん》には現在《げんざい》、12のプロ野球《やきゅう》チームがあり、毎年《まいとし》リーグ戦《せん》をおこなっています。どのチームにも熱心《ねっしん》なファンがたくさんいて、とてももりあがっています。海《うみ》のむこうには、アメリカのプロ野球《やきゅう》「メジャーリーグ」もあります。ピッチャーのダルビッシュ有選手《ゆうせんしゅ》や田中将大選手《たなかまさひろせんしゅ》、バッターのイチロー選手《せんしゅ》など、多《おお》くの日本人選手《にっぽんじんせんしゅ》が、世界《せかい》のトッププレーヤーを相手《あいて》に大活《だいかつ》やくしています。

瀧靖之先生の実践アドバイス

このおはなしに興味《きょうみ》をもったら・・・

テレビの野球中継《やきゅうちゅうけい》を見《み》てみよう

野球《やきゅう》はほかのスポーツにくらべ、テレビで見《み》る機会《きかい》がたくさんあります。プロ野球中継《やきゅうちゅうけい》やスポーツニュース、春《はる》・夏《なつ》の高校野球中継《こうこうやきゅうちゅうけい》などが、その代表例《だいひょうれい》です。

もしテレビで野球《やきゅう》が流《なが》れていたら、どんなふうに試合《しあい》が進《すす》むのかを観察《かんさつ》してみましょう。ルールやプレーを自然《しぜん》と覚《おぼ》えることができます。

スポーツ

69 テニスってどんなスポーツ？

しかくいコートをネットで2つにわけ、ラケットという道具《どうぐ》をつかってボールを打《う》ちあうのがテニスです。

テニスの試合《しあい》には、1人《ひとり》対《たい》1人《ひとり》でたたかうシングルスと、2人《ふたり》対《たい》2人《ふたり》でたたかうダブルスがあります。シングルスとダブルスでは、たたかう人数《にんずう》だけでなく、コートの大《おお》きさも少《すこ》しちがいます。人数《にんずう》の多《おお》いダブルスのほうが、つかえるコートの面《めん》せきが広《ひろ》くなります。

プレイの基本《きほん》はシンプルです。じぶんのコートにボールが来《き》たら、ノーバウンドかワンバウンドで相手《あいて》プレイヤーのコートへかえす。相手《あいて》プレイヤーも同《おな》じように、あなたのコートへ打《う》ちかえす。このくりかえ

ラケットで打《う》ちあうテニス

ネットをはさんでボールを
打《う》ちあうスポーツだよ。

錦織圭選手《にしこりけいせんしゅ》は5さいのときにはじめてテニスラケットをもったんだって。いまでは世界《せかい》トッププレイヤーの1人《ひとり》だよ。

しを「ラリー」とよびます。ボールをかえせなかったり、コートの外《そと》に打《う》ってしまったら、相手《あいて》プレイヤーの得点《とくてん》になります。相手《あいて》プレイヤーがミスをした場合《ばあい》は、こちらに得点《とくてん》が入《はい》ります。どちらもミスをしなければ、ラリーはえんえんと続《つづ》きます。テニスには決《き》まった試合時間《しあいじかん》はありません。決《けっ》ちゃくがつかずに、何時間《なんじかん》も試合《しあい》がつづくこともあります。

テニスの得点《とくてん》は、かわったかぞえ方《かた》をします。0得点《ゼロとくてん》のままならラブ。1得点《とくてん》で15(フィフティーン)、2得点《とくてん》で30(サーティ)、3得点《とくてん》で40(フォーティ)です。おもしろいかぞえ方《かた》ですよね。テニスでは、4得点《とくてん》をあげると1ゲームとなり、6ゲームを先《さき》にとれば1セットをとったことになります。

日本《にっぽん》のテニスプレイヤーで、もっとも有名《ゆうめい》なのは錦織圭選手《にしこりけいせんしゅ》です。2007年《ねん》にプロデビューし、世界《せかい》の舞台《ぶたい》で大活《だいかつ》やく。2015年《ねん》には、日本人《にっぽんじん》として史上最高《しじょうさいこう》の世界《せかい》ランキング4位《い》にかがやきました。

瀧靖之先生の実践アドバイス

このおはなしに興味《きょうみ》をもったら・・・

まずはラケットで打《う》ちあう楽《たの》しさを知《し》ろう

はじめからルールを覚《おぼ》えなくてOK《オーケー》です。ラケットで打《う》ちあえるようになり、テニスのおもしろさがわかってからで大丈夫《だいじょうぶ》です。

もしルールを手軽《てがる》に覚《おぼ》えたいと思《おも》うなら、ゲームで学《まな》ぶという方《ほう》法《ほう》もあります。テニスのゲームは、操作《そうさ》が簡《かん》単《たん》で、子《こ》どもから大人《おとな》までたのしめるものがたくさん発売《はつばい》されています。

スポーツ

70

水泳《すいえい》ってどんなスポーツ?

お魚《さかな》のように水《みず》のなかを自由《じゆう》におよげたら、どんなに楽《たの》しいでしょう。水泳《すいえい》を練習《れんしゅう》したら、そんな夢《ゆめ》がかなうかもしれません。人間《にんげん》が水《みず》のなかをおよぐ動作《どうさ》は、どれも広《ひろ》い意味《いみ》で水泳《すいえい》です。でも、スポーツとしての水泳《すいえい》には、いくつかのポイントがあります。

まず場所《ばしょ》は、プールでおこなうのがふつうです。海《うみ》や川《かわ》では、あまりおよぎません。海《うみ》や川《かわ》は、水《みず》の流《なが》れがあってとても危《き》けんです。ぜったいに、子《こ》どもたちだけでかってにおよいではいけません。

プールのなかでは、自分《じぶん》のコースにそっておよぎます。他人《たにん》のコースに入《はい》ったり、およぐジャマをすることは、ルールいはんです。

水《みず》のなかでおよぐのが水泳《すいえい》

水泳《すいえい》には、おもに4つの
およぎ方《かた》があるよ。

スポーツとしての水泳《すいえい》は、室内《しつない》のプールでおこなうよ。水着《みずぎ》をきて、ぼうしをかぶってゴーグルをつけるよ。

およぎ方《かた》は、おもに4つあります。いちばんはやいおよぎ方《かた》とされているのが、クロールです。おなかを下《した》にして、両《りょう》うでを交互《こうご》にまわしながら、バタ足《あし》で進《すす》みます。自分《じぶん》の好《す》きなおよぎ方《かた》をしていい「自由形《じゆうがた》」という競技《きょうぎ》では、ほとんどの選手《せんしゅ》がクロールをえらびます。

平《ひら》およぎぎは、カエルのように両手両足《りょうてりょうあし》をまーるく動《うご》かすおよぎ方《かた》です。水《みず》の上《うえ》に顔《かお》を出《だ》しやすいので、息《いき》つぎがラクです。長《なが》いきょりをおよぐのに向《む》いています。

背《せ》およぎは、背中《せなか》を下《した》にして進《すす》むおよぎ方《かた》です。顔《かお》はプールの天井《てんじょう》のほうを向《む》いています。前《まえ》が見《み》えないので、右《みぎ》や左《ひだり》へ曲《ま》がっていかないように注意《ちゅうい》します。

バタフライは、もっともダイナミックなおよぎ方《かた》です。両手《りょうて》をいっしょに大《おお》きく回《まわ》しながら、両足《りょうあし》をそろえてキックします。タイミングを合《あ》わせるのがコツです。

瀧靖之先生の実践アドバイス

このおはなしに興味《きょうみ》をもったら・・・

まずは顔《かお》を水《みず》につける練習《れんしゅう》をしよう

水泳《すいえい》をはじめる前《まえ》に大切《たいせつ》なことは、やっぱり水《みず》になれること。水《みず》に顔《かお》をつけるのがこわい人《ひと》は、おうちにある洗面器《せんめんき》に水《みず》をはって練《れん》習《しゅう》してみましょう。さいしょはゆっくり、みじかい時間《じかん》でいいですよ。

お父《とう》さんやお母《かあ》さんとおふろに入《はい》ったとき、頭《あたま》まで湯《ゆ》ぶねにつかってみても、いいかもしれません。

スポーツ

71

体操《たいそう》ってどんなスポーツ？

マットの上《うえ》でとんだりはねたり、とび箱《ばこ》をかるがるととびこえたり。じぶんのからだをうまくつかって、ワザを成功《せいこう》させるのが体操《たいそう》というスポーツです。体操《たいそう》の基本《きほん》となるのは、マットうんどうです。クルッと前《まえ》にまわったり、サッと横《よこ》にまわったり、ふつうの生活《せいかつ》ではしないような動《うご》きをカッコよくこなします。じょうずな選手《せんしゅ》になると、空中《くうちゅう》で何回《なんかい》もまわったり、ひねりをくわえたりもします。

マットうんどうはいろいろな動《うご》きをするので、バランスかんかくがよくなり、からだもやわらかくなります。自分《じぶん》のからだを思《おも》ったとおりに動《うご》かす力《ちから》は、ほかのスポーツにちょうせんするときにもやくだちます。

からだをつかって ワザを成功《せいこう》させる

マットうんどうやとび箱《ばこ》などの
うんどうをまとめて体操《たいそう》というよ。

うつくしいワザをいくつも成功《せいこう》させる内村航平選手《うちむらこうへいせんしゅ》。2020年《ねん》の東《とう》京《きょう》オリンピックでも、メダルが期《き》待《たい》されているよ。

とび箱《ばこ》もとても楽《たの》しいです。じょ走《そう》をつけてふみきり板《いた》の上《うえ》にのり、高《たか》くジャンプして、とび箱《ばこ》をとびこえます。スピードをつけて走《はし》るコツや、ジャンプするタイミング、高《たか》くとびあがる力《ちから》などが身《み》につきます。

体操《たいそう》のれんしゅうは、着地《ちゃくち》したときやしっぱいしたときにケガをしやすいので、じゅんびうんどうをとくにねん入《い》りにおこないます。気《き》をつけるのは「くび」がついた部分《ぶぶん》です。あたまを支《ささ》えているくび、手《て》くび、足《あし》くびですね。グルグルとよくまわし、やわらかくしておきます。

日本人《にほんじん》は、世界的《せかいてき》にみても体操《たいそう》がとくいな国民《こくみん》です。オリンピックの「男子団体《だんしだんたい》そうごう」では、１９６０年《ねん》～１９７６年《ねん》まで５大会《たいかい》れんぞくの金《きん》メダル。「体操《たいそう》ニッポン」とよばれ、世界《せかい》にその名《な》をひびかせました。２０１１年《ねん》には、内村航平選手《うちむらこうへいせんしゅ》が世界選手権《せかいせんしゅけん》の「ゆか」で、37年《ねん》ぶりの金《きん》メダルをかくとく。その内村選手《うちむらせんしゅ》を中心《ちゅうしん》に、新《あたら》しい時代《じだい》のヒーローたちがつぎつぎと日本代表《にほんだいひょう》にあつまっています。

瀧靖之先生の実践アドバイス

このおはなしに興味《きょうみ》をもったら・・・

体操教室《たいそうきょうしつ》を見学《けんがく》にいってみよう

体操《たいそう》は独特《どくとく》な動《うご》きが多《おお》く、ケガをしやすいスポーツ。子《こ》どもたちだけでおこなうのは危《き》険《けん》です。練習《れんしゅう》をするときは、安全《あんぜん》な場所《ばしょ》で大人《おとな》に指導《しどう》してもらいましょう。最近《さいきん》は町《まち》の体操教室《たいそうきょうしつ》、体操《たいそう》クラブが増《ふ》えてきています。いちど、見学《けんがく》しにいってみてはどうでしょうか？　練習風景《れんしゅうふうけい》をみれば、楽《たの》しさがわかりますよ。

スポーツ

72 ストリートダンスってどんなおどり？

いま、小《ちい》さい子《こ》どもから大人《おとな》まではば広《ひろ》く人気《にんき》なのが、ストリートダンスです。その名《な》まえのとおり、もともとは道《みち》でおどられていました。ロックやヒップホップなど、テンポのよいリズムにあわせておどるダンスのことです。EXILE《エグザイル》やE-girls《イー・ガールズ》などのおにいさん、おねえさんたちがステージでかっこよくおどっているのをテレビで見《み》たことがありませんか？　あれがストリートダンスです。

ストリートダンスでは、首《くび》やむね、肩《かた》など、からだの一部分《いちぶぶん》だけをうごかしてリズムをとったり、からだを上《あ》げたり下《さ》げたりするうごきがとくちょうです。ほかにもリズムをとりながら足《あし》をふみだすステップや、

リズムにのって元気《げんき》におどろう!

ノリノリの音楽《おんがく》にあわせ
みんなでおどるのは楽《たの》しいよ。

コンクールやショーなど、ステージでおどるときは、みんなかっこいい衣《い》しょうを着《き》るよ。

からだをくるっとまわすターン、ステップしながら腰《こし》をひねるツイストなどをくみあわせておどっていきます。はじめはゆっくり、じょじょにはやいテンポにあわせてうごけるようになります。

これらのうごきは、テレビできいているおなじみの曲《きょく》にあわせておこなうので、運動《うんどう》がにがてな人《ひと》でも、リズムにのって楽《たの》しくつづけることができます。

おどるときの服《ふく》そうは、Tシャツやハーフパンツなど、うごきやすければなんでもOK。みんな、ぼうしやバンダナなどで、かっこよくきめています。こまかいルールはないので、はじめやすいのもいいですね。最近《さいきん》では、キッズ向《む》けのダンススクールもたくさんあり、習《なら》いごととしてはじめる人《ひと》がふえています。コンクールなど、おともだちといっしょにステージに上《あ》がるのも楽《たの》しみのひとつ。同《おな》じ衣《い》しょうでノリノリ、みんなキラキラかがやいて見《み》えます。

瀧靖之先生の実践アドバイス

このおはなしに興味《きょうみ》をもったら・・・

音楽《おんがく》に合《あ》わせて体《からだ》を動《うご》かす ダンスは脳《のう》にも◎！

ダンスは平成《へいせい》23年度《ねんど》から小学校《しょうがっこう》の体育《たいいく》で必《ひっ》修《しゅう》になりました。音楽《おんがく》にのってリズミカルに体《からだ》を動《うご》かすことは、脳《のう》によい影響《えいきょう》をあたえます。

ステップなどを何度《なんど》もくりかえし体《からだ》で覚《おぼ》えることで脳内《のうない》に新《あら》たなネットワークをつくるほか、幸福感《こうふくかん》や活力《かつりょく》などにかかわるさまざまな物質《ぶっしつ》が分泌《ぶんぴ》されることがわかっています。

スポーツ

73 バレエってどんなことをするの?

女《おんな》の子《こ》に人気《にんき》の習《なら》いごと、バレエはどのようなものでしょう?ひらひらとしたスカートに、ほっそりしたトウシューズ、すっきりまとめたおだんごヘアなど、かわいらしいよそおいは、みなさんにもおなじみですね。

バレエをおどる人のことをバレリーナといいます。バレエはヨーロッパではじまったおどりで、「白鳥《はくちょう》の湖《みずうみ》」や「くるみわり人形《にんぎょう》」など、クラシック音楽《おんがく》の名曲《めいきょく》にあわせておどります。

ことばをつかわず、音楽《おんがく》とふりつけだけで長《なが》いものがたりを表現《ひょうげん》します。たとえば、「白鳥《はくちょう》の湖《みずうみ》」は、王子《おうじ》さまに見《み》そめられた白鳥《はくちょう》の精《せい》が、

バレリーナ、きれいだね！

まっしろい衣《い》しょうがすてき！
「白鳥《はくちょう》の湖《みずうみ》」の１シーン。

バレリーナならだれもがやってみたい「白鳥《はくちょう》の湖《みずうみ》」。つま先《さき》をぴんとのばして白鳥《はくちょう》の精《せい》になりきるよ。

黒鳥《こくちょう》の精《せい》にじゃまされながらも、王子《おうじ》とむすばれるロマンティックなおはなしです。絵本《えほん》のなかに出《で》てくるような、おひめさまと王子《おうじ》さまのものがたりがステージの上《うえ》でくりひろげられ、王子《おうじ》と白鳥《はくちょう》の精《せい》がペアでおどる場面《ばめん》は、いちばんもりあがるシーンです。

バレエでは、あしをつま先《さき》までぴんとのばして立《た》つポーズや、空中《くうちゅう》たかくとぶジャンプ、くるくる片《かた》あしでまわる技《わざ》など、うつくしいうごきがたくさんあります。

バレエをならうと、しぜんと立《た》ち方《かた》やかかたの位置《いち》などを意識《いしき》するようになるので、しせいがよくなり、首《くび》が長《なが》くすっきりみえます。レッスンでもストレッチをくりかえすので、からだがやわらかくなり、ふだんの動作《どうさ》もとてもしなやかになります。

また、あいさつをはじめとしたさまざまなお作法《さほう》が身《み》につけられるので、立《た》ち居《い》ふるまいもすてきなレディのようになりますよ。

瀧靖之先生の実践アドバイス

このおはなしに興味《きょうみ》をもったら・・・

音楽《おんがく》とスポーツが融合《ゆうごう》した バレエレッスン

3〜5歳《さい》は音楽《おんがく》やスポーツの才能《さいのう》が花開《はなひら》く時期《じき》です。この時期《じき》にはじめた音楽《おんがく》やスポーツは、のちに種目《しゅもく》を変《か》えても、基礎的《きそてき》な能力《のうりょく》として、プラスになります。

クラシック音楽《おんがく》にあわせてこまかく体《からだ》を動《うご》かすバレエは、脳全体《のうぜんたい》によい影響《えいきょう》をあたえるおすすめの習《なら》いごとです。

スポーツ

74 フィギュアスケートってどんなことをするの？

浅田《あさだ》真央《まお》選手《せんしゅ》や羽生《はにゅう》結弦《ゆづる》選手《せんしゅ》など、世界《せかい》でたくさんの選手《せんしゅ》が活躍《かつやく》しているフィギュアスケート。あんなふうにかろやかにすべったり、ジャンプをきめてみたいと、あこがれている人《ひと》も多《おお》いでしょう。日本《にっぽん》から女子《じょし》の選手《せんしゅ》が4人、男子《だんし》の選手《せんしゅ》が2人《ふたり》、世界《せかい》チャンピオンになっています。10代《だい》のわかい選手《せんしゅ》たちも、世界《せかい》に挑戦《ちょうせん》しています。

フィギュアスケートのとくちょうは、ジャンプ、スピンなど、陸《りく》の上《うえ》ではできないワザを、スケートのすべる力《ちから》をつかって、つぎつぎときめられるところです。男子《だんし》では4回転《かいてん》ジャンプ、女子《じょし》では浅田《あさだ》真央《まお》選手《せんしゅ》で有名《ゆうめい》なトリプルアクセル（3回転半《かいてんはん》）などの大《おお》ワザがみりょくです。

華《か》れいなワザに注目《ちゅうもく》！

かろやかにすべって、
回転《かいてん》やジャンプをきめるよ。

世界《せかい》のトップでメダルあらそいをしている浅田真央選手《あさだまおせんしゅ》。はなやかな衣《い》しょうもすてき。

スピンは、バレリーナのようにじゅうなん性《せい》をいかしてまわったり、体《からだ》をわっかのようにしたりと、うつくしいワザです。かれいなふりつけをしながら、氷《こおり》の上《うえ》をなめらかにすべるスケーティングやステップもみどころです。キラキラのはなやかな衣《い》しょうもすてきですね。

競技《きょうぎ》ではワザのひとつひとつに得点《とくてん》がつきますが、芸術性《げいじゅつせい》も評価《ひょうか》されます。2~4分《ぷん》のみじかいプログラムのなかで、さまざまなものがたりや気《き》もちを表現《ひょうげん》します。

フィギュアスケートは夢《ゆめ》のようなあこがれの世界《せかい》とおもうかもしれませんが、近《ちか》くにスケートリンクがあれば、レッスンをうけることができます。まずは、スケートのくつをはいて、氷《こおり》の上《うえ》をなめらかにすべることからスタート。なれてくれば、うしろ向《む》きにすべったり、片足《かたあし》をあげてすべることができるようになります。スター選手《せんしゅ》のようにたかくジャンプをするのも、夢《ゆめ》ではないのです。

瀧靖之先生の実践アドバイス

このおはなしに興味《きょうみ》をもったら・・・

氷《こおり》の上《うえ》をすべる楽《たの》しさを体験《たいけん》しよう

見《み》るだけではなく、実際《じっさい》に体験《たいけん》してみましょう。

まずは氷《こおり》の上《うえ》にひとりで立《た》つことからはじめ、歩行《ほこう》、滑走《かっそう》とじょじょにステップアップしていきます。コツをつかむまではむずかしいかもしれませんが、一歩一歩《いっぽいっぽ》、成功《せいこう》をつみかさねていき、じょうずにすべれるようになったときの達成感《たっせいかん》も大《おお》きいですよ。

スポーツ

75 スキーってどんなスポーツ？

気温《きおん》のひくくなる冬《ふゆ》をメインにおこなうスポーツのことを「ウインタースポーツ」といいます。氷《こおり》の上《うえ》をすべるスケートとならび、ウインタースポーツの代表《だいひょう》として楽《たの》しまれているのがスキーです。

スキーは氷《こおり》の上《うえ》ではなく、雪《ゆき》の上《うえ》をすべります。雪《ゆき》がふるのはお外《そと》ですから、スキーもお外《そと》に出《で》なければできません。ふつうは、雪《ゆき》のつもった山《やま》の坂道《さかみち》でやります。

スキーの大《おお》きなとくちょうは、ほそ長《なが》い２本《ほん》の板《いた》をつかうことです。その板《いた》をりょう足《あし》にはき、坂道《さかみち》をすべりおりるのです。ちょっと思《おも》いうかべてみましょう。空気《くうき》のおいしい山《やま》の上《うえ》。おひさまが明《あか》るくかがやい

雪《ゆき》の上《うえ》をすべるのがスキー

長《なが》い２本《ほん》の板《いた》をはいて、
雪《ゆき》のつもった坂《さか》をすべりおりるよ。

足《あし》には板《いた》、顔《かお》にはゴーグル、頭《あたま》にはヘルメットをつけるよ。はじめはストックをもたずに、ゆるやかな坂《さか》をすべろう。

ています。目《め》の前《まえ》には、だれも足《あし》あとをつけていないまっ白《しろ》な雪《ゆき》。りょう足《あし》にスキーをはき、ほおに風《かぜ》を受《う》けながら、ゆっくりとすべっていく……。どうです、気《き》もちよさそうでしょう？

スキーでつかう道具《どうぐ》は、２本《ほん》の板《いた》だけではありません。りょう手《て》にストックというぼうをにぎります。ストックをにぎることで、バランスをとりやすくなり、ころびにくくなります。ゴーグルをつけ、ヘルメットもかぶります。スキーができる場所《ばしょ》は、雪《ゆき》がふるようなさむいところですから、あたたかいスキーウェアもしっかりと着《き》なければなりません。上《うえ》から下《した》までバッチリそろったら、スキーのじゅんびが完了《かんりょう》です。

ところで、スキーは下《した》までおりてしまったら、おしまいです。もういちどやるには、どうしたらいいでしょう？　こたえはリフト。スキー場《じょう》には、下《した》から上《うえ》まではこんでくれる、リフトというロープウェイのようなべんりなのりものがあるのです。

瀧靖之先生の実践アドバイス

このおはなしに興味《きょうみ》をもったら・・・

雪《ゆき》の日《ひ》のソリあそびから はじめてみよう

スキーは多《おお》くの道具《どうぐ》が必要《ひつよう》なので、雪《ゆき》がふったらすぐにやってみるというわけにはいきませんよね。まずは雪《ゆき》になれるため、ソリからはじめてみてはどうでしょう？　雪《ゆき》がふったら、どこか坂道《さかみち》のある広場《ひろば》を見《み》つけソリですべってみるのです。ソリならば、スキーよりもころびにくく、あまりこわさも感《かん》じずにすべれるはずです。

スポーツ

76

オリンピックってなあに？

オリンピックは4年《ねん》に1度《ど》のペースで開《ひら》かれる、世界的《せかいてき》なスポーツのおまつりです。夏《なつ》と冬《ふゆ》の大会《たいかい》があり、IOC《アイオーシー》（国《こく》さいオリンピック委員会《いいんかい》）によって開《ひら》かれる場所《ばしょ》や、おこなわれる競技《きょうぎ》が決《き》められています。

2020年《ねん》には、56年《ねん》ぶりに東京《とうきょう》でオリンピックが開《ひら》かれることになり、日本中《にっぽんじゅう》がもりあがっています。

オリンピックが目《め》ざしているのは、スポーツをとおして人《ひと》をそだてること、平和《へいわ》でよりよい世界《せかい》をつくることです。国《くに》どうしがなかよくなるために開《ひら》くおまつりですから、勝《か》ち負《ま》けよりも、参加《さんか》することに価値《かち》があります。

オリンピックはスポーツのおまつり

世界中《せかいじゅう》のスポーツ選手《せんしゅ》たちが

あつまって、競《きそ》いあうよ。

2012年《ねん》、ロンドンオリンピックで優勝《ゆうしょう》し、表《ひょう》しょう台《だい》で金《きん》メダルをかけてもらった体操《たいそう》の内村航平《うちむらこうへい》選手《せんしゅ》。

でも、やっぱり勝《か》ちたいですよね。オリンピックで１位《い》になると、表《ひょう》しょう台《だい》のいちばん上《うえ》に立《た》ち、金《きん》メダルを首《くび》からかけてもらえます。２位《い》は銀《ぎん》メダル、３位《い》は銅《どう》メダルがもらえます。オリンピックで１位《い》になるということは、そのスポーツで世界一《せかいいち》になるということです。世界中《せかいじゅう》のアスリートたちが、金《きん》メダルをとるために、毎日《まいにち》がんばってれんしゅうしています。

　オリンピックのもとになるおまつりが生《う》まれたのは、いまから約《やく》２８００年前《ねんまえ》の古代《こだい》ギリシアです。現在《げんざい》のようなオリンピックが開《ひら》かれるようになったのは、１８９６年《ねん》のことです。第《だい》１回大会《かいたいかい》が開《ひら》かれたのはギリシアのアテネ。13カ国《こく》の男子《だんし》が参加《さんか》し、８つの競技《きょうぎ》がおこなわれました。それから１００年後《ねんご》の２０００年《ねん》。シドニーで開《ひら》かれたオリンピックでは、参加国《さんかこく》が２００カ国《こく》までふえ、28もの競技《きょうぎ》がおこなわれました。

瀧靖之先生の実践アドバイス

このおはなしに興味《きょうみ》をもったら・・・

オリンピックマークをかいてみよう

オリンピックのマークは、５つの輪《わ》っかがくみあわさった形《かたち》をしています。テレビやお店《みせ》で見《み》たことがある人《ひと》もいるでしょう。オリンピックのことを別名《べつめい》「五輪《ごりん》」とよぶのは、このマークがあるからです。輪《わ》っかは、世界《せかい》の５大陸《たいりく》をあらわしています。青《あお》、黄《き》、黒《くろ》、緑《みどり》、赤《あか》。５つの色《いろ》をつかって、マークをかいてみましょう。

にっぽん

77

日本《にっぽん》とはどんな国《くに》？

地球《ちきゅう》でもっとも大《おお》きな大陸《たいりく》、ユーラシア大陸《たいりく》の東《ひがし》の海《うみ》に、ぽっかりうかんだ島国《しまぐに》が日本《にっぽん》です。この「日本《にっぽん》」という名前《なまえ》には、「ひのもと」「太《たい》陽《よう》がのぼるところ」という意味《いみ》がこめられています。

太陽《たいよう》はどの方角《ほうがく》からのぼってくるか知《し》っていますか？ 朝《あさ》、おひさまが顔《かお》を出《だ》すのは東《ひがし》の方角《ほうがく》。つまり日本《にっぽん》は、世界《せかい》の東《ひがし》のほう、おひさまがのぼってくる場所《ばしょ》にある国《くに》ということをあらわしています。

さて、日本《にっぽん》には、おもに5つの島《しま》と、小さなたくさんの島《しま》があります。北《きた》のほうにある大《おお》きな島《しま》が北海道《ほっかいどう》。いちばん広《ひろ》くて、まんなかに寝《ね》そべっているのが本州《ほんしゅう》です。そのおなかのあたりにある島《しま》が四国《しこく》で、お

日本《にっぽん》ってこんなかたち！

あなたのおうちは日本《にっぽん》のどこに
あるかさがしてみよう。

北《きた》の大《おお》きな島《しま》が北海道《ほっかいどう》。まんなかにあるのが本州《ほんしゅう》。そして、四国《しこく》、九州《きゅうしゅう》、沖縄本島《おきなわほんとう》や小《ちい》さな島《しま》をあわせると6852こに！

となりには九州《きゅうしゅう》があります。そして南《みなみ》には沖縄本島《おきなわほんとう》。ほかにも、小《ちい》さな島《しま》がなんと６８４７こもあるんですって！

まわりを海《うみ》でかこまれている日本《にっぽん》には、山《やま》もたくさんあります。日本《にっぽん》一高《いちたか》い富士山《ふじさん》は、大《おお》きいだけでなく、とてもきれいな形《かたち》をしているので、外国《がいこく》の人《ひと》たちにもよく知《し》られています。もしかしたら、新幹線《しんかんせん》のまどから見《み》たことがある人《ひと》もいるかもしれませんね。

ほかの国《くに》とくらべて、小《ちい》さいといわれることの多《おお》い日本《にっぽん》。でも、おんなじ言葉《ことば》をしゃべって、おんなじ暮《く》らしをしているようでも、場所《ばしょ》によって、地《ち》いきによって、行事《ぎょうじ》やしきたり、よく食《た》べるものだってちがっています。

みなさんがすんでいるのは、どのあたりですか？　まずは、自分《じぶん》がすむまちから、日本《にっぽん》にはどんなすてきな人《ひと》たちがすんでいるのか、どんなうつくしいけしきや、おいしいものがあるか、さがしてみましょう。

瀧靖之先生の実践アドバイス

このおはなしに興味《きょうみ》をもったら・・・

地図《ちず》を見《み》ながら おはなししよう！

グローバル教育《きょういく》の重《じゅう》要性《ようせい》が語《かた》られるなかで、自分《じぶん》が暮《く》らしている国《くに》についての知識《ちしき》をきちんと身《み》につけることの大切《たいせつ》さも見直《みなお》されています。日本地図《にほんちず》や世界《せかい》地図《ちず》を見《み》ながら、まず自分《じぶん》たちが住《す》んでいるところはどこにあるのかたしかめてみましょう。旅行《りょこう》などで訪《おとず》れたことがある場所《ばしょ》についておはなしするのもいいですね。

にっぽん

78

都《と》道《どう》府《ふ》県《けん》てなあに？

おうちにとどくおてがみやはがきのあて名《な》には、どんなことがかいてあるでしょう。ゆうびんばんごうのほかに、住所《じゅうしょ》と名《な》まえ。その住所《じゅうしょ》のいちばんまえに、「都《と》」や「道《どう》」、「府《ふ》」、「県《けん》」などの文字《もじ》がついているはずです。

日本《にっぽん》は5つの島《しま》と小《ち》さなたくさんの島《しま》でできていますが、またそのなかで47この大《おお》きなかたまりにわかれています。「都《と》」や「道《どう》」、「府《ふ》」、「県《けん》」は、そのかたまりにつく名《な》まえなんです。

「都《と》」と「道《どう》」は、東京都《とうきょうと》と北海道《ほっかいどう》でひとつずつ。「府《ふ》」は京都府《きょうとふ》と大《おお》阪府《さかふ》でふたつあります。そのほかは「県《けん》」が43こです。ぜんぶあわせて

地《ち》いきをわける都《と》道《どう》府《ふ》県《けん》

日本《にっぽん》には、ぜんぶで47の
都道府県《とどうふけん》があるよ。

日本《にっぽん》は47このかたまりにわかれていて、それぞれに「都《と》」「道《どう》」「府《ふ》」「県《けん》」のどれかがついているよ。

「とどうふけん」。なんだかじゅもんみたいですね。

日本《にっぽん》では奈良時代《ならじだい》ごろから、それぞれの地《ち》いきが小《ちい》さな国《くに》のようにわかれていました。たとえば、いまの新潟県《にいがたけん》のあたりは「越後国《えちごのくに》」、滋賀《しが》県《けん》のあたりは「近江国《おうみのくに》」とよばれていたり、静岡県《しずおかけん》のあたりには「遠江《とおとうみの》国《くに》」「駿河国《するがのくに》」「伊豆国《いずのくに》」の３つの国《くに》がありました。香川県《かがわけん》の名物《めいぶつ》「さぬきうどん」は「讃岐国《さぬきのくに》」でうまれたうどんだから、いまもそうよばれているのですね。

江戸時代《えどじだい》には、国《くに》は68こあり、さらにそのなかで大名《だいみょう》がおさめる「藩《はん》」にわかれていました。藩《はん》がなくなって、いまの都道府県《とどうふけん》ができたのは明治時代《めいじじだい》になってからのことです。

ところで、ほとんどの都道府県《とどうふけん》には、もんしょうやはたなどのシンボルマークがあります。県《けん》のかたちをしていたり、名産品《めいさんひん》を絵《え》にしていたり。あなたがすんでいる都道府県《とどうふけん》はどんなマークですか？

瀧靖之先生の実践アドバイス

このおはなしに興味《きょうみ》をもったら・・・

むかしの名《な》まえと県境《けんざかい》を調《しら》べてみよう

実際《じっさい》に自分《じぶん》たちが住《す》んでいる地域《ちいき》が、むかしの名前《なまえ》でなんとよばれていたかを調《しら》べてみましょう。

また、機会《きかい》があれば県境《けんざかい》を見《み》に行《い》ってみるのもよいでしょう。山《やま》や川《かわ》などが県境《けんざかい》になっているところばかりではなく、市街地《しがいち》や道路《どうろ》のほか、ショッピングモールなどの建物《たてもの》のなかに県境《けんざかい》があるところもあります。

にっぽん

79 お正月《しょうがつ》ってどんなことをするの？

１年《ねん》がおわって、またあたらしい１年《ねん》がはじまるお正月《しょうがつ》。おせちを食《た》べて、ちょっとおめかしをして、みんなではつもうで。のんびりしていて、なんだかキラキラしていて、お正月《しょうがつ》ってたのしいな。

お正月《しょうがつ》はもともと、おうちに「歳神《としがみ》さま」をおむかえする行事《ぎょうじ》です。年《とし》のはじめに地上《ちじょう》にやってくる歳神《としがみ》さまに、田《た》んぼや畑《はたけ》に作物《さくもつ》がよくみのるように、家族《かぞく》がずっとしあわせでいられるようにとおいのりするため、いろいろなごちそうやおかざりを用意《ようい》しました。

１月《がつ》１日《ついたち》から３日《みっか》は三《さん》が日《にち》といって、みんなでおせち料理《りょうり》を食《た》べます。むかしはあたたかい料理《りょうり》をつくるときに、毎日《まいにち》「かまど」をつかっ

お正月《しょうがつ》にかかせないあれこれ

おせち料理《りょうり》やお正月《しょうがつ》のかざりは、
「歳神《としがみ》さま」へのささげもの。

門松《かどまつ》やかがみもち、おせち料理《りょうり》の
ひとつひとつに、おめでたい意味《いみ》
がこめられているよ。

ていました。お正月《しょうがつ》の三《さん》が日《にち》は、かまどの神《かみ》さまにも休《やす》んでもらうために、保存《ほぞん》のきくおかずをおせちとしてつくっておいたといわれています。くろまめ、きんとん、かずのこ、こぶまき、たづくり、紅白《こうはく》なます。おせちに入《はい》っているものはそれぞれ、きれいなだけでなく、しあわせをよぶおめでたい意味《いみ》がこめられています。

おかざりにもそれぞれ意味《いみ》があります。げんかんにたてる門松《かどまつ》は、歳神《としがみ》さまがまよわずにおうちに来《こ》られるようにする目《め》じるし。しめかざりは、神《かみ》さまが入《はい》ってもいいきれいなおうちだということをあらわしています。かがみもちは、おうちにやってきた神《かみ》さまがやどる場所《ばしょ》だといわれています。おそなえがおわったかがみもちは、おしるこなどにしていただきます。神《かみ》さまのおもちだから、げんきいっぱいになれるかも。

お正月《しょうがつ》がきたら、神《かみ》さまとみんなに、げんきにごあいさつしましょう。あけまして、おめでとうございます！

瀧靖之先生の実践アドバイス

このおはなしに興味《きょうみ》をもったら・・・

親子《おやこ》いっしょに楽《たの》しみながら お正月《しょうがつ》の準備《じゅんび》を！

お正月《しょうがつ》のかざりつけや、おせちの準備《じゅんび》を子《こ》どもといっしょにやってみましょう。ちかごろはおせちをつくるおうちも少《すく》なくなっているかもしれませんが、なますなどあまり手間《てま》のかからないものを数品《すうひん》だけでも手《て》づくりしてみませんか。料理《りょうり》やおかざりにどんな意味《いみ》がこめられているのか確認《かくにん》しながら準備《じゅんび》を楽《たの》しみましょう。

にっぽん

80

七五三《しちごさん》てなあに？

11月《がつ》になると、神社《じんじゃ》のまわりにきれいなきものをきたおともだちがいっぱい。みんな、どうしておめかしをしているのかな？

毎年《まいとし》11月《がつ》15日《にち》は、七五三《しちごさん》の日《ひ》。七五三《しちごさん》は、子《こ》どもが3さい、5さい、7さいになったことをおいわいする行事《ぎょうじ》です。

むかしからつたわる子《こ》どものぎしきにあわせて、七五三《しちごさん》のねんれいがきまっています。むかしは3さいになると「髪置《かみおき》」といって、それまでみじかく切《き》っていたかみのけをのばしはじめるぎしきをおこないました。5さいは、はじめて男《おとこ》の子《こ》がはかまをはく「袴儀《はかまぎ》」。そして7さいでは、女《おんな》の子《こ》が大人《おとな》と同《おな》じおびをしめる「帯解《おびとき》」がおこなわれていました。

七五三《しちごさん》のおいわいに行《い》こう！

家《いえ》の近所《きんじょ》や、ゆかりのある神社《じんじゃ》へ
七五三《しちごさん》のおまいりに行《い》くよ。

ちとせあめのふくろには、つる、かめなどのおめでたい絵《え》がえがかれているよ。

七五三《しちごさん》といえば、かかせないのがちとせあめ。こりこりかりかり、あまくておいしいちとせあめをたべるのがおたのしみのひとつです。ちとせあめがほそく、ながくつくられているのは、どうしてでしょう。おいしいあめをたくさんたべてほしいから？　いいえ、そうじゃありません。ちとせあめの「ちとせ」は1000年《ねん》のこと。ながーくのびたあめには、子《こ》どもに長生《ながい》きをしてほしいというねがいがこめられています。

七五三《しちごさん》は、だいじなだいじな子《こ》どもがぶじにすくすく大《おお》きくなってくれたことをよろこんで、神《かみ》さまにかんしゃする日《ひ》です。おとうさんも、おかあさんも、おじいちゃんも、おばあちゃんも、おばさんも、おじさんも、せんせいも、よく行《い》くパン屋《や》の店員《てんいん》さんも、みんな、あなたがせいちょうして、大《おお》きくなるのがとってもうれしいんですよ。

七五三《しちごさん》で神社《じんじゃ》におまいりをするときは、これからもげんきでいられるように、しっかりおねがいしましょうね。

瀧靖之先生の実践アドバイス

このおはなしに興味《きょうみ》をもったら・・・

行事《ぎょうじ》の写真《しゃしん》をいっしょに見《み》よう

むかしから、子《こ》どもは7歳《さい》までは神《かみ》の子《こ》といって、いつ神《かみ》さまのもとへ帰《かえ》ってしまってもおかしくない存在《そんざい》だと考《かんが》えられてきました。そのため、節目節目《ふしめふしめ》に成長《せいちょう》を祝《いわ》う神事《しんじ》があります。お宮参《みやまい》りやお食《く》いぞめ、初節句《はつぜっく》や誕生日《たんじょうび》など、記念日《きねんび》の写真《しゃしん》をいっしょに見《み》ながら、みんなが成長《せいちょう》をよろこんでいることを子《こ》どもに伝《つた》えましょう。

にっぽん

81

神社《じんじゃ》とお寺《てら》はどうちがうの？

みなさんのおうちのちかくには、神社《じんじゃ》やお寺《てら》がありますか？　そういえば、神社《じんじゃ》とお寺《てら》って、どんなちがいがあるのでしょう。

神社《じんじゃ》は、神《かみ》さまをおまつりしているところ。そして、お寺《てら》は仏《ほとけ》さまの教《おし》えを伝《つた》えるところ。これがいちばんわかりやすいちがいです。

神社《じんじゃ》で神《かみ》さまにおつかえするひとたちのことを「神職《しんしょく》」といいます。神職《しんしょく》には、ぐうじさんやねぎさんがいます。ごきとうのときに鈴《すず》をならしたり、おみくじをわたしてくれる女《おんな》のひとはみこさんです。

お寺《てら》にはおぼうさんがいます。おぼうさんは、おしょうさんや、あじゃりとよばれることもあります。女《おんな》の人《ひと》のおぼうさんは、あまさんと

神社《じんじゃ》とお寺《てら》のちがいは？

神社《じんじゃ》にはぐうじさんやみこさん、
お寺《てら》にはおぼうさんがいるよ。

神社《じんじゃ》は神《かみ》さまをまつるところで、お寺《てら》はおぼうさんが修行《しゅぎょう》をするところ。そのほかにもいろいろなちがいがある！

よばれています。おぼうさんたちは、仏《ほとけ》さまの教《おし》えを学《まな》ぶためにお寺《てら》でいろいろな修行《しゅぎょう》をしたり、わたしたちのご先祖《せんぞ》さまのくようのためにお経《きょう》をあげたりしてくれます。

でも、なんだか似《に》ているところもあるような。はつもうではどちらにも行《い》くことがあるし、おみくじは神社《じんじゃ》にもお寺《てら》にもあります。それもそのはず、むかしは神《かみ》さまも仏《ほとけ》さまも、いっしょくたにおまつりされていたことがあるんです。

ふるくから日本《にっぽん》では、あらゆるものに神《かみ》さまがやどると考《かんが》えられていました。飛鳥時代《あすかじだい》ごろに仏教《ぶっきょう》が伝《つた》わってくると、もともと信《しん》じられていた神《かみ》さまと仏《ほとけ》さまが、ごちゃごちゃにまざってしまいました。

神社《じんじゃ》とお寺《てら》をはっきりくべつするようになったのは、ずっとあとの明《めい》治時代《じじだい》になってからのこと。だからいまでも、同《おな》じようなしきたりや行《ぎょう》事《じ》がのこっているんです。

瀧靖之先生の実践アドバイス

このおはなしに興味《きょうみ》をもったら・・・

近所《きんじょ》にある神社《じんじゃ》とお寺《てら》に足《あし》を運《はこ》んでくらべてみよう

神社《じんじゃ》のおまいりは
二礼《にれい》、二拍手《にはくしゅ》、一礼《いちれい》

神社《じんじゃ》とお寺《てら》のかんたんな見分《みわ》け方《かた》として、鳥居《とりい》のあるなしがあげられます。鳥居《とりい》があるほうが神社《じんじゃ》、ないほうがお寺《てら》です。

ところが、ややこしいことに、神仏習合《しんぶつしゅうごう》のなごりで鳥居《とりい》が残《のこ》っているお寺《てら》もあるのです。大阪府《おおさかふ》にある四天《してん》王寺《のうじ》や、愛知県《あいちけん》の豊川《とよかわ》稲荷《いなり》、東京都《とうきょうと》の高尾山《たかおさん》薬王院《やくおういん》は、仏教寺院《ぶっきょうじいん》ですが鳥居《とりい》があります。

神社《じんじゃ》とお寺《てら》では、おまいりの仕方《しかた》もちがいます。神社《じんじゃ》での参拝《さんぱい》は、拝殿《はいでん》の前《まえ》で「二礼《にれい》、二《に》拍手《はくしゅ》、一礼《いちれい》」をするのが基本《きほん》。お寺《てら》では本堂《ほんどう》のご本尊《ほんぞん》にむかって、静《しず》かに手《て》を合《あ》わせて頭《あたま》を下《さ》げます。

いっしょに近所《きんじょ》の神《じん》社《じゃ》やお寺《てら》におまいりに行《い》って、そこがどんな変遷《へんせん》をたどり、いまのすがたになったのか調《しら》べてみましょう。

にっぽん

82

十二支《じゅうにし》ってなあに？

十二支《じゅうにし》は、もともと方角《ほうがく》や年月《ねんげつ》をかぞえるためにつくられたことばに、動物《どうぶつ》をあてはめたものです。十二支《じゅうにし》にえらばれている動物《どうぶつ》は、ねずみ、うし、とら、うさぎ、りゅう、へび、うま、ひつじ、さる、とり、いぬ、いのししの12しゅるい。「ね・うし・とら・う・たつ・み・うま・ひつじ・さる・とり・いぬ・い」とおぼえます。

動物《どうぶつ》たちは、なぜこのじゅんばんに並《なら》んでいるのでしょう。それには、こんな伝説《でんせつ》があります。

あるとき、神《かみ》さまが動物《どうぶつ》たちにいいました。

「1月1日《がっついたち》の朝《あさ》、わしのところへ来《き》た12ひきの動物《どうぶつ》を、先《さき》についたもの

十二支《じゅうにし》、いえるかな？

ねずみからはじまる十二支《じゅうにし》、
ぜんぶおぼえていえるかな？

「ね・うし・とら・う・たつ・み・うま・ひつじ・さる・とり・いぬ・い」とおぼえよう！

からじゅんばんに1年《ねん》ずつ動物《どうぶつ》の王《おお》さまに任命《にんめい》しよう」

これを聞《き》いた動物《どうぶつ》たちは、自分《じぶん》が1番《ばん》になろうと夜《よ》あけまえから神《かみ》さまのもとへといそぎました。朝《あさ》になり、神《かみ》さまのところにまっさきにとうちゃくしたのはうしでした。しかし、もうすぐゴール、というところで、うしのせなかからねずみがひらり。そのまま神《かみ》さまの前《まえ》にトトトッと走《はし》って1位《い》になってしまったんです。おしくも2位《い》になったうしは「モー！」といいながらくやしがりました。そのあと、神《かみ》さまのところにつぎつぎと動物《どうぶつ》があらわれ、十二支《じゅうにし》がそろいました。

ところで、十二支《じゅうにし》にはねこがはいっていません。ねずみやいぬがいるのに、どうしてねこがいないんでしょう。それは、ねずみがねこにうそをついて、神《かみ》さまのところに行《い》く日《ひ》にちを1日《にち》おくれて伝《つた》えていたからだといわれています。だから、ねこはそのことをおこって、ねずみを追《お》いかけるようになったんですって。

瀧靖之先生の実践アドバイス

このおはなしに興味《きょうみ》をもったら・・・

方角《ほうがく》あてクイズをやってみよう!

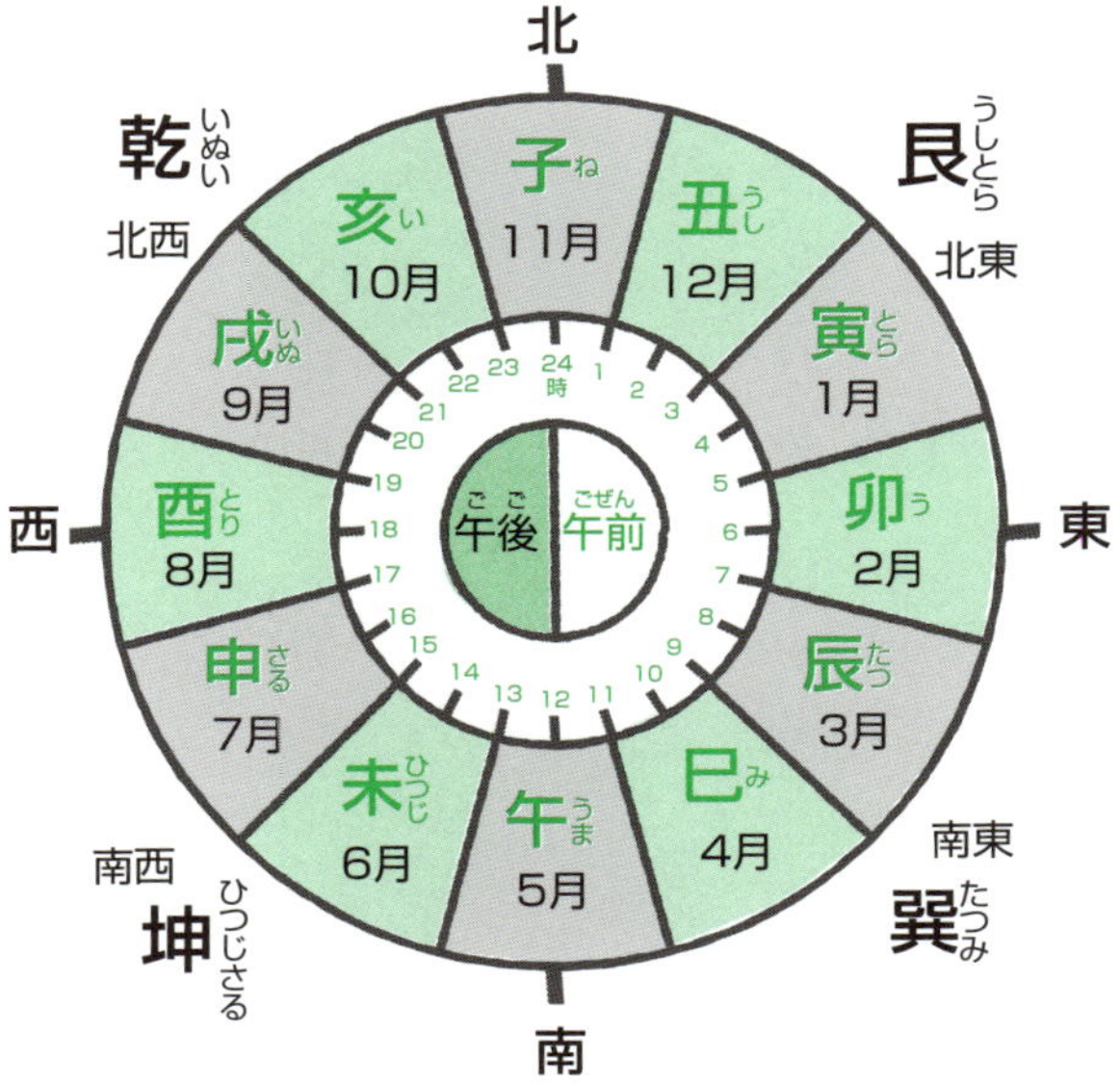

十二支《じゅうにし》は、年《とし》をかぞえるだけでなく、方角《ほうがく》をあらわすものでもあります。北《きた》は子《ね》、北東《ほくとう》は丑《うし》と寅《とら》をあわせて艮《うしとら》、東《ひがし》は卯《う》、南東《なんとう》は辰《たつ》と巳《み》で巽《たつみ》、南《みなみ》は午《うま》、南西《なんせい》は未《ひつじ》と申《さる》で坤《ひつじさる》、西《にし》は酉《とり》、北西《ほくせい》は戌《いぬ》と亥《い》で乾《いぬい》と呼《よ》びます。十二支《じゅうにし》の順番《じゅんばん》をおぼえて、方角《ほうがく》をあてるクイズをしてみましょう。ちょっとむずかしいですが、よい頭《あたま》の体操《たいそう》になりますよ。

にっぽん

83

日本《にっぽん》に伝《つた》わる神話《しんわ》ってどんなおはなし？

アマテラス、スサノオ、イザナギ、イザナミ、ニニギ……。これはぜんぶ、神《かみ》さまの名《な》まえです。みんなかわった名《な》まえですね。日本《にっぽん》の神話《しんわ》は、おおむかしの神《かみ》さまの時代《じだい》がえがかれているといわれています。神《しん》話《わ》によれば、国《くに》ができあがるまえ、日本《にっぽん》はまだ海《うみ》にもやもやとただようよくわからないものでした。それをイザナギ、イザナミ、という2柱《ちゅう》の神《かみ》さまがかきまぜてまずひとつの島《しま》をつくり、そのあとたくさんの島《しま》をうみだしました。このときに、たくさんの神《かみ》さまもうまれます。アマテラスやスサノオもそのなかにいました。

あるときスサノオがらんぼうをして、姉《あね》であるアマテラスが岩戸《いわと》のな

アマテラスの天岩戸伝説《あまのいわとでんせつ》

神《かみ》さまたちは、どんちゃんさわぎで
アマテラスの気《き》をひいたんだよ。

アマテラスは太陽《たいよう》の神《かみ》さま。いなくなるとまっくらになってしまうのでみんなたいへん！

かにかくれてしまいます。アマテラスは太陽《たいよう》の神《かみ》さまで、いなくなってしまうとこの世《よ》はまっくらになり、いろいろなわざわいがおこります。こまった神《かみ》さまたちはあれこれくふうをして、なんとかアマテラスに岩《いわ》戸《と》から出《で》てきてもらい、世界《せかい》に光《ひかり》がもどりました。

その後《ご》、スサノオは神《かみ》さまたちがすむ高天原《たかまがはら》から追放《ついほう》されますが、たどりついた出雲《いずも》の国《くに》で、怪物《かいぶつ》ヤマタノオロチをたいじしておひめさまと結婚《けっこん》します。その子《こ》どもであるオオクニヌシが、日本《にっぽん》の中《なか》つ国《くに》をしばらくおさめていたのですが、高天原《たかまがはら》の神《かみ》さまたちにすすめられ、アマテラスの子孫《しそん》に国《くに》をゆずることになりました。このときに、中《なか》つ国《くに》をあたらしくおさめたのがニニギです。その後《ご》、ニニギの子孫《しそん》として最初《さいしょ》の天皇《てんのう》である神武天皇《じんむてんのう》がうまれたとされています。

神《かみ》さまたちはいまも日本《にっぽん》の神社《じんじゃ》にまつられています。あなたのおうちの近《ちか》くの神社《じんじゃ》には、どんなおはなしをもつ神《かみ》さまがいるでしょうか。

瀧靖之先生の実践アドバイス

このおはなしに興味《きょうみ》をもったら・・・

神社《じんじゃ》の祭神《さいじん》を調《しら》べてみよう！

近所《きんじょ》の神社《じんじゃ》にまつられている神《かみ》さまの名前《なまえ》や、どんなエピソードがあるか調《しら》べてみましょう。

日本《にっぽん》の神話《しんわ》は登場人物《とうじょうじんぶつ》が多《おお》く、話《はなし》も複雑《ふくざつ》なため、あらすじをきちんと追《お》うのはむずかしいですが、それぞれの神《かみ》さまの有名《ゆうめい》なエピソードは絵本《えほん》の題材《だいざい》になっていることもあります。

たとえば、オオクニヌシは、有名《ゆうめい》な「いなばの白《しろ》うさぎ」のお話《はなし》に登場《とうじょう》します。お話《はなし》に出《で》てくる神《かみ》さまが自分《じぶん》の身近《みじか》な神社《じんじゃ》におまつりされていると知《し》ることで、子《こ》どもの探究心《たんきゅうしん》を引《ひ》き出《だ》すことができるでしょう。

ちなみに神話《しんわ》の舞台《ぶたい》といわれる場所《ばしょ》も日本《にっぽん》各地《かくち》に残《のこ》されています。天岩戸《あまのいわと》伝説《でんせつ》ゆかりの岩戸《いわと》は、宮崎県《みやざきけん》の天《あまの》岩戸《いわと》神社《じんじゃ》ほか、複数存在《ふくすうそんざい》しています。

せかい

84
世界《せかい》にはどんな国《くに》があるの？

世界《せかい》にはたくさんの国《くに》があります。日本《にっぽん》より大《おお》きい国《くに》もあれば、小《ちい》さな国《くに》もあります。くらしている人《ひと》の数《かず》も、日本《にっぽん》より多《おお》い国《くに》もあれば、少《すく》ない国《くに》もあります。言葉《ことば》や、生活《せいかつ》のスタイルも国《くに》によってさまざまです。

現在《げんざい》、世界《せかい》には１９６の国《くに》があります。国《くに》の面積《めんせき》がいちばん広《ひろ》いのは、ロシアです。ユーラシア大陸《たいりく》の北側《きたがわ》にある国《くに》です。ロシアがもつ土地《とち》の面積《めんせき》は、日本《にっぽん》の40倍以上《ばいいじょう》。ものすごい広《ひろ》さですね。

反対《はんたい》に、国《くに》の面積《めんせき》がいちばんせまいのは、バチカン市国《しこく》です。イタリア半島《はんとう》のまんなかあたりにある国《くに》です。キリスト教《きょう》カトリックの法王《ほうおう》が住《す》んでいることで、よく知《し》られています。大《おお》きさは０・44平方《へいほう》キロメー

大《おお》きな国《くに》や小《ちい》さな国《くに》
いろんな国《くに》がある！

世界《せかい》には現在《げんざい》、
196の国《くに》があるんだよ。

国《くに》の面積《めんせき》がいちばん広《ひろ》いのはロシア。人口《じんこう》がいちばん多《おお》いのは中国《ちゅうごく》。いちばん面積《めんせき》がせまくて人口《じんこう》が少《すく》ないのは、バチカン市国《しこく》。

トル。東京《とうきょう》ドームの約《やく》10こ分《ぶん》です。

ちなみに日本《にっぽん》の面積《めんせき》の大《おお》きさは、１９６カ国中《こくちゅう》で61番《ばん》めです。地図《ちず》だと小《ちい》さく見《み》える日本《にっぽん》ですが、世界《せかい》では大《おお》きいほうなのですね。

人口《じんこう》がいちばん多《おお》い国《くに》は、中国《ちゅうごく》です。その数《かず》、なんと13億《おく》７０００万《まん》人以上《にんいじょう》！　世界全体《せかいぜんたい》の人口《じんこう》が約《やく》73億人《おくにん》といわれていますから、じつに６人《にん》に１人《ひとり》以上《いじょう》が中国《ちゅうごく》でくらしていることになります。人口《じんこう》がいちばん少《すく》ないのは、またもやバチカン市国《しこく》。面積《めんせき》がいちばん小《ちい》さいのですから、人数《にんずう》が少《すく》ないのもしかたありませんよね。現在《げんざい》、約《やく》８００人《にん》がくらしています。

国《くに》の面積《めんせき》で61番《ばん》めの日本《にっぽん》は、人口《じんこう》では10番目《ばんめ》めです。これがどういうことかわかりますか？　日本《にっぽん》は世界的《せかいてき》にみると、面積《めんせき》にくらべて、人《ひと》がたくさんくらしている国《くに》だということです。電車《でんしゃ》が満員《まんいん》になったり、道《どう》路《ろ》がじゅうたいになったりするのも、きっとそのせいでしょうね。

瀧靖之先生の実践アドバイス

このおはなしに興味《きょうみ》をもったら・・・

地球儀《ちきゅうぎ》で日本《にっぽん》を探《さが》そう

世界《せかい》にたくさんの国《くに》があることを実感《じっかん》するために、地球儀《ちきゅうぎ》をさわってみましょう。地球《ちきゅう》儀《ぎ》は、まるい地球《ちきゅう》をそのまま模型《もけい》にしたもので、色《いろ》や大《おお》きさに決《き》まりはありませんが、たいてい上《うえ》に北極《ほっきょく》、下《した》に南極《なんきょく》が描《えが》かれています。文《ぶん》ぼう具屋《ぐや》さんやデパートなどで売《う》っています。日本《にっぽん》はどこにあるのか探《さが》してみましょう。

せかい

85

世界《せかい》にはどんなことばがあるの？

日本《にっぽん》では昼間《ひるま》にあいさつをするとき、「こんにちは」というあいさつをしますね。よいことをしてもらったら「ありがとう」といいます。世界《せかい》にはいま、およそ3000〜8000この言語《げんご》があるといわれています。ということは、世界《せかい》には同《おな》じ数《かず》だけの「こんにちは」「ありがとう」があるということです。ちょっと信《しん》じられませんよね。

世界《せかい》でもっともやりとりしやすいのは、アメリカやイギリスでおもにつかわれている英語《えいご》です。英語《えいご》で「こんにちは」は「Hello（ハロー）」。「ありがとう」は「Thank you（サンキュー）」です。

おいしい料理《りょうり》で有名《ゆうめい》なフランスのあいさつは「Bonjour（ボン

各国《かっこく》の「こんにちは」と「ありがとう」

同《おな》じ意味《いみ》でも、ことばによって

こんなにちがうんだね！

Hello（ハロー）
Thank you（サンキュー）

英語《えいご》

こんにちは
ありがとう

日本語《にほんご》

Guten tag（グーテンターグ）
Danke（ダンケ）

ドイツ語《ご》

Bonjour（ボンジュール）
Merci（メルシー）

フランス語《ご》

안녕하세요（アニョハセオ）
감사합니다（カムサハムニダ）

韓国語《かんこくご》

你好（ニーハオ）
谢谢（シェイシェイ）

中国語《ちゅうごくご》

ジュール)」。声《こえ》に出《だ》していってみましょう。ボンジュール！「ありがとう」はフランス語《ご》で「Merci(メルシー)」です。

ドイツ語《ご》で「こんにちは」は「Guten tag(グーテンターグ)」。「ありがとう」は「Danke(ダンケ)」。あまり聞《き》きなれないドイツ語《ご》ですが、グミ、アルバイト、リュックサックなどは、じつはドイツ語《ご》です。

13億人《おくにん》以上《いじょう》がくらす中国《ちゅうごく》のあいさつは「你好(ニーハオ)」。日本《にっぽん》と同《おな》じように漢字《かんじ》をつかう国《くに》ですが、よみ方《かた》やつかい方《かた》はだいぶちがいますよね。「ありがとう」は「谢谢(シェイシェイ)」です。

おとなりの韓国《かんこく》では、「こんにちは」が「안녕하세요(アニョハセオ)」。「ありがとう」が「감사합니다(カムサハムニダ)」。なれないうちは、発音《はつおん》がむずかしいですね。

元気《げんき》な「こんにちは」「ありがとう」は、相手《あいて》をうれしい気持《きも》ちにさせます。いろんな国《くに》のことばで、世界中《せかいじゅう》におともだちをつくりましょう。

瀧靖之先生の実践アドバイス

このおはなしに興味《きょうみ》をもったら・・・

いろいろな国《くに》の映画《えいが》を見《み》てみよう

ふだんの生活《せいかつ》で外国《がいこく》のことばにふれるなら、海外《かいがい》でつくられた映画《えいが》やテレビ番組《ばんぐみ》をみるのが近道《ちかみち》です。無理《むり》をして字幕《じまく》の文字《もじ》を読《よ》むことはありません。動《うご》きやリアクションだけで内容《ないよう》がわかるアニメやスポーツなどから見《み》てみましょう。その国《くに》の文化《ぶんか》を知《し》ることにもつながります。いろいろな国《くに》の作品《さくひん》を楽《たの》しんでみてください。

せかい

86

世界《せかい》にはどんなお金《かね》があるの？

日本《にっぽん》ではお金《かね》をかぞえるときに「円《えん》」をつかいますよね。しかし、お金《かね》の単位《たんい》に「円《えん》」をつかっているのは日本《にっぽん》だけ。外国《がいこく》では別《べつ》のお金《かね》がつかわれています。

アメリカでつかわれているお金《かね》は「ドル」。アメリカはお金《かね》もちで信《しん》用《よう》のある国《くに》なので、「ドル」をほしがる人《ひと》は世界中《せかいじゅう》にいます。アメリカ国内《こくない》だけでなく、グアムやプエルトリコなどでも、「ドル」は公式《こうしき》につかわれています。

カナダでつかわれている「カナダドル」、ニュージーランドでつかわれている「ニュージーランドドル」なども、名前《なまえ》に「ドル」が入《はい》ってい

「ドル」と「ユーロ」が二《に》大《だい》通《つう》貨《か》

お金《かね》の単位《たんい》に「円《えん》」を

つかっているのは日本《にっぽん》だけ。

ドル

ユーロ

アメリカでつかわれている「ドル」と、おもにヨーロッパでつかわれている「ユーロ」。二大通貨《にだいつうか》とよばれているよ。

ますが、アメリカの「ドル」とは別《べつ》のお金《かね》です。

アメリカの「ドル」と並《なら》び、世界《せかい》の二大通貨《にだいつうか》とよばれているのが「ユーロ」です。おもにヨーロッパの国《くに》でつかわれています。お札《さつ》には、昔《むかし》の建《けん》ちく様式《ようしき》をモデルにした、想像《そうぞう》の建物《たてもの》が描《えが》かれています。

日本《にっぽん》に近《ちか》い国《くに》では、中国《ちゅうごく》の「元《げん》」がよく知《し》られています。韓国《かんこく》は「ウォン」、タイは「バーツ」、ベトナムは「ドン」というお金《かね》をつかっています。

国《くに》それぞれでつかえる、いろいろなしゅるいのお金《かね》。でも、みなさんは日本《にっぽん》の「円《えん》」以外《いがい》のお金《かね》をもっていませんよね？　海外旅行《かいがいりょこう》へ出《で》かけたときは、どうやってお買《か》いものをすればいいのでしょう？　そのときは銀行《ぎんこう》などで、自分《じぶん》のもっている「円《えん》」を外国《がいくに》のお金《かね》に交《こう》かんしてもらえばいいのです。外国《がいくに》の人《ひと》も同《おな》じように、日本《にっぽん》へ来《く》るときは自分《じぶん》の国《くに》のお金《かね》を「円《えん》」に交《こう》かんしています。

瀧靖之先生の実践アドバイス

このおはなしに興味《きょうみ》をもったら・・・

外国《がいこく》のお金《かね》を見《み》せてもらおう

すごーい!
パパにもらった
アメリカのお金《かね》なの

「円《えん》」以外《いがい》のお金《かね》があることを知《し》るには、本物《ほんもの》の外国《がいこく》のお金《かね》をさわってみるのがいちばんです。みなさんのまわりに外国《がいこく》のお金《かね》をもっている人《ひと》がいないか、さがしてみてください。

たとえば、夏休《なつやす》みや連休《れんきゅう》に海外旅行《かいがいりょこう》へ行《い》く人《ひと》がいたら、硬貨《こうか》1枚《まい》でもいいから、もちかえって見《み》せてもらいましょう。

せかい

87 世界《せかい》にはどんな国旗《こっき》があるの？

国旗《こっき》は、その国《くに》を象《しょう》ちょうする旗《はた》です。国《くに》の数《かず》だけ国旗《こっき》はあります。日本《にっぽん》の国旗《こっき》は、白地《しろじ》のまんなかに赤《あか》い丸《まる》がえがかれた「日《ひ》の丸《まる》」です。とってもわかりやすいデザインですよね。日本《にっぽん》の国旗《こっき》がなぜ日《ひ》の丸《まる》になったのかについては、いくつかの説《せつ》があります。「太陽《たいよう》がたいせつな存在《そんざい》だったから」「赤《あか》と白《しろ》で縁起《えんぎ》がよいから」などです。

世界《せかい》の国々《くにぐに》にも、それぞれの国旗《こっき》があります。有名《ゆうめい》なのが、アメリカの「星《せい》じょう旗《き》」です。星《ほし》とシマもようで、できています。星《ほし》の数《かず》はアメリカのいまの州《しゅう》の数《かず》、しまの数《かず》はアメリカが独立《どくりつ》したときの州《しゅう》の数《かず》をあらわしています。

国旗《こっき》のデザインは国《くに》それぞれ

国《くに》の象《しょう》ちょうである国旗《こっき》は、
国《くに》の数《かず》と同《おな》じだけあるんだよ。

イギリス

アメリカ

イタリア

フランス

ルーマニア

ベルギー

ハンガリー

オランダ

色《いろ》もガラもさまざまな世界《せかい》の国《こっ》旗《き》。それぞれの国《くに》がたどってきた歴史《れきし》や、国民《こくみん》の思《おも》いなどがこめられているよ。

イギリスの国旗《こっき》は、「ユニオン・ジャック」とよばれています。青地《あおじ》に、赤《あか》と白《しろ》の線《せん》がいくつもひかれています。イギリスを構成《こうせい》する4つの地域《ちいき》の旗《はた》をくみあわせてつくられました。

アメリカもイギリスも、国《くに》をつくっている州《しゅう》や地域《ちいき》をモチーフにして、国旗《こっき》がデザインされているのですね。

フランスの国旗《こっき》は、青《あお》・白《しろ》・赤《あか》の3色《しょく》にぬりわけられた「トリコロール」です。3色《しょく》はそれぞれ「自由《じゆう》・平等《びょうどう》・博愛《はくあい》」をあらわしています。「自由《じゆう》・平等《びょうどう》・博愛《はくあい》」は、フランス革命《かくめい》の目標《もくひょう》でした。いまも、フランスはその思《おも》いをたいせつにしているのです。

フランスのように、3色《しょく》にぬりわけられた国旗《こっき》をもつ国《くに》は、ほかにもたくさんあります。イタリアやベルギー、ルーマニアなどです。オランダやハンガリーのように、3色《しょく》が横《よこ》にぬりわけられている国《くに》もあります。

瀧靖之先生の実践アドバイス

このおはなしに興味《きょうみ》をもったら・・・

万国旗《ばんこっき》をじっくり見《み》てみよう

運動会《うんどうかい》などで、たくさんの国旗《こっき》がつながった「万国旗《ばんこっき》」の飾《かざ》りつけを見《み》たことがありますよね。「万国《ばんこく》」とは、「すべての国《くに》」という意味《いみ》です。万国旗《ばんこっき》を見《み》かけたときは、はしから順番《じゅんばん》にどこの国《くに》の旗《はた》かをあててみてください。ぜんぶおぼえてしまったら、次《つぎ》はおうちで自分《じぶん》だけのオリジナル万国旗《ばんこっき》をつくってみるのも楽《たの》しいですよ。

せかい

88

時《じ》差《さ》ってなあに？

地球《ちきゅう》は大《おお》きいので、わたしたちがくらす日本《にっぽん》と、日本《にっぽん》からとおくはなれた外国《がいこく》とでは、時間《じかん》にズレがあります。この時間《じかん》のズレを「時差《じさ》」といいます。たとえば日本《にっぽん》が夜《よる》の10時《じ》のときに、お昼《ひる》の2時《じ》だったり夕方《ゆうがた》の5時《じ》だったりする国《くに》が、世界《せかい》にはあるということです。

海外旅行《かいがいりょこう》に行《い》ったことのある人《ひと》は、次《つぎ》のような経験《けいけん》をしたことはありませんか？

昼間《ひるま》に飛行機《ひこうき》で出発《しゅっぱつ》して、長《なが》い時間《じかん》ずーっと乗《の》っていたのに、外国《がいこく》へ着《つ》いたらまだ昼間《ひるま》だったのでおどろいた。外国《がいこく》へ着《つ》いてから（あるいは日本《にっぽん》へ戻《もど》ってきてから）、眠《ねむ》い気《き》はするのに、なかなか寝《ね》られなくてこまった。

時差《じさ》は日本《にっぽん》と外国《がいこく》との時間《じかん》のズレ

日本《にっぽん》から東西《とうざい》にとおくなるほど、
時差《じさ》は大《おお》きくなる！

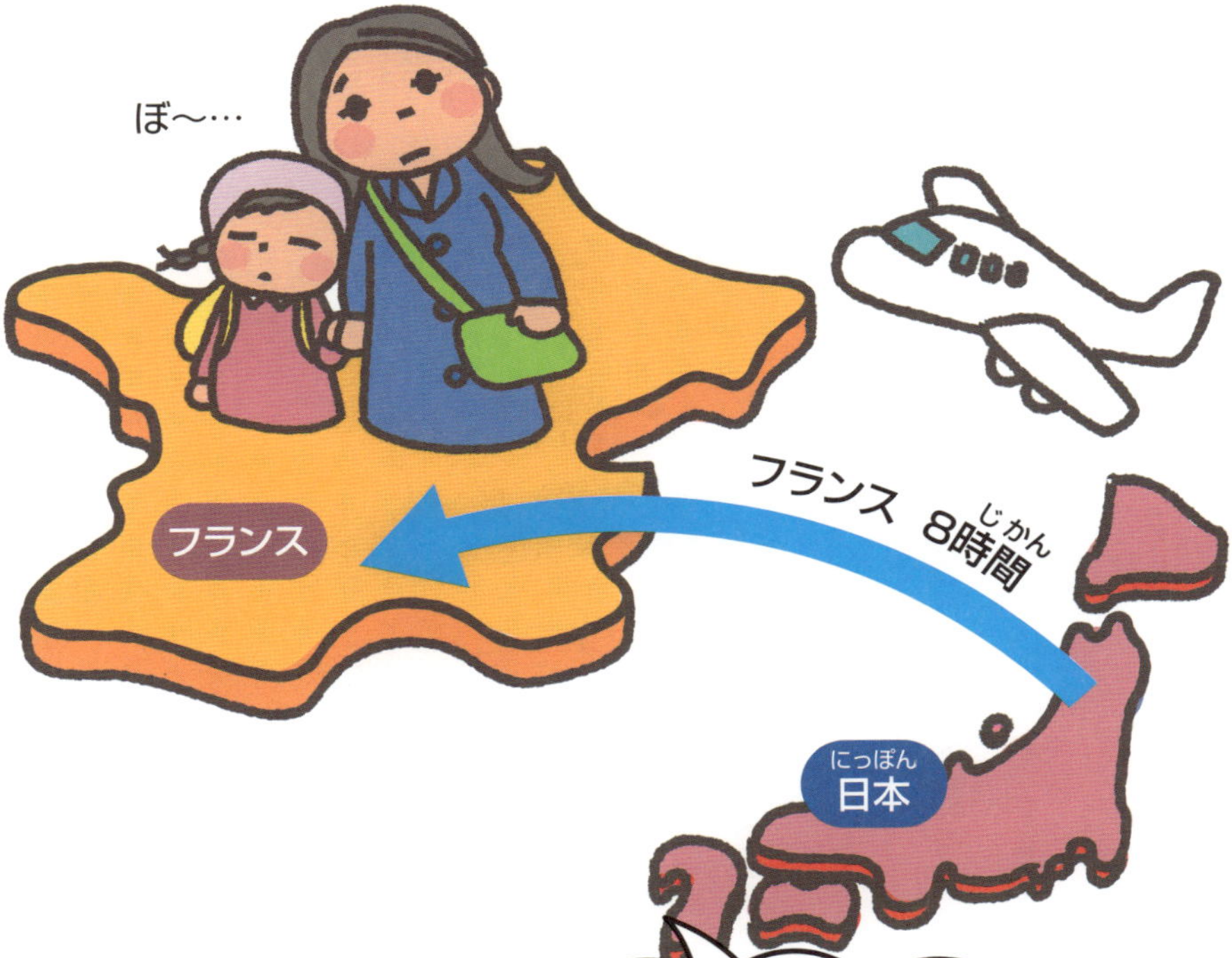

時差《じさ》の大《おお》きい外国《がいこく》へ旅行《りょこう》に出《で》かけたとき、頭《あたま》がボーッしたり眠《ねむ》れなくなったりすることを「時差《じさ》ボケ」というよ。

こうした感覚《かんかく》の多《おお》くは、時差《じさ》が原因《げんいん》でおこります。時差《じさ》によって時間《じかん》の感覚《かんかく》がくるったり、眠《ねむ》れなくなったりすることを「時差《じさ》ボケ」とよびます。日本《にっぽん》と外国《がいこく》との時間《じかん》がズレているせいで、頭《あたま》がボケーッとなってしまうのですね。

日本《にっぽん》との時差《じさ》がどれぐらいになるかは、場所《ばしょ》によってちがいます。地《ち》球《きゅう》は24時間《じかん》で1周《しゅう》するので、東西《とうざい》にだいたい24分《ぶん》の1ごとが目安《めやす》となります。同《おな》じアジアの中国《ちゅうごく》なら1時間《じかん》。とおくヨーロッパのフランスなら8時間《じかん》。日本《にっぽん》との距離《きょり》が東西《とうざい》にはなれるほど、時差《じさ》も大《おお》きくなります。

ちなみに現在《げんざい》、世界《せかい》の時間《じかん》の基準《きじゅん》となっているのは、イギリスのグリニッジ天文台《てんもんだい》というところです。日本《にっぽん》の場合《ばあい》は、兵庫県《ひょうごけん》の明石市《あかしし》を基準《きじゅん》に、国《くに》の標準時間《ひょうじゅんじかん》がさだめられています。また、アメリカやロシアなど、広《ひろ》い国土《こくど》をもつ国《くに》では、同《おな》じ国《くに》のなかにいくつもの標準時間《ひょうじゅんじかん》がもうけられている場合《ばあい》もあります。

瀧靖之先生の実践アドバイス

このおはなしに興味《きょうみ》をもったら・・・

時計《とけい》のワールドタイム機能《きのう》を操作《そうさ》してみよう

腕《うで》時計《どけい》や置《お》き時計《どけい》には、「ワールドタイム」という、とても便利《べんり》な機能《きのう》がついたものがあります。海外旅行《かいがいりょこう》へよく出《で》かける人向《ひとむ》けに、時差《じさ》がすぐに計算《けいさん》できるようなつくりになっています。時計売《とけいう》り場《ば》へ行《い》くチャンスがあったら、お店《みせ》の人《ひと》にお願《ねが》いして、実際《じっさい》にワールドタイム機能《きのう》のついた時計《とけい》を見《み》せてもらいましょう。

しごと

89 おかしをつくる人《ひと》はどんなことをするの？

ケーキやさんは、いつもあまいにおいでいっぱいです。みんながにっこりするにおい。あまいおかしのいいにおい！

ケーキやさんには、ピカピカ光《ひか》るおおきなガラスケースがあります。ケースのなかは色《いろ》とりどり。きれいなおかしがたくさんおぎょうぎよくならんでいます。まっしろなクリームに赤《あか》いいちごがのったショートケーキ、ロールケーキにチョコレートケーキ。シュークリームもプリンもゼリーもクッキーもたくさんあります。どれもみんなおいしそう！

でも、こんなにたくさんのおかし、だれがつくっているのかな？

ケーキやさんには、おかしをつくる人《ひと》がいます。

ケーキやさんにはおかしをつくる人《ひと》がいるよ！

ケーキやプリン、クッキーなど
いろいろなおかしをつくるよ。

おかしを食《た》べた人《ひと》がしあわせなきもちになりますようにと、こころをこめてつくっているよ。

ガラスケースのむこうがわ、お店《みせ》のおくのほうをみてみると……。

おかしをつくる人《ひと》が、おおきなまるいケーキをつくっています。スポンジケーキにクリームをしぼりだし、レースのお花《はな》のようにかざりました。フルーツもいっぱいのせて、それから、チョコレートでできたカードを1まい、そっとのせました。なんとかいてあるのでしょう？

「おたんじょうび、おめでとう！」

バースデーケーキができあがりました。たいせつなおいわいの日《ひ》におくる、こころのこもったケーキです。

おかしをつくる人《ひと》はいつもおもっています。バースデーケーキやクリスマスケーキをつくるときも、小《ちい》さなクッキーを焼《や》くときもこうおもっています。

「このおかしを食《た》べた人《ひと》がしあわせなきもちになりますように」

それでみんな、おかしを食《た》べるとにっこりするのかもしれませんね。

瀧靖之先生の実践アドバイス

このおはなしに興味《きょうみ》をもったら・・・

いっしょにおかしをつくって食《た》べてみよう

おかしはとても魅力《みりょく》的《てき》でとくべつな「たべもの」です。ケーキ屋《や》さんでこころがはずむのは子《こ》どもも大人《おとな》も同《おな》じですね。

おかしをつくる人《ひと》の姿《すがた》を見《み》ることができる店《みせ》へ出《で》かけてみてください。人《ひと》の手《て》からおかしがつくりだされるようすを実際《じっさい》に見《み》ることで、自然《しぜん》とその仕事《しごと》に対《たい》する興味《きょうみ》をもつことができます。

また、かんたんなレシピでかまいませんので、クッキーやパンケーキなどのおかしをいっしょにつくってみてください。つくって食《た》べる楽《たの》しさ、つくったものをだれかに食《た》べてもらうよろこびを豊《ゆた》かに感《かん》じることができます。

おかしの材料選《ざいりょうえら》び、計量《けいりょう》、調理《ちょうり》などは、科《か》学的《がくてき》な世界《せかい》を体験《たいけん》するよい入口《いりぐち》にもなります。

しごと

90

お花《はな》やさんはどんなことをするの？

「いらっしゃいませ！ どんな花《はな》たばにいたしましょう」

おおきな花《はな》、ちいさな花《はな》。赤、白、きいろ、ピンク、むらさき……。お花《はな》やさんのおみせには、いろいろな色《いろ》やかたちの花《はな》がたくさんならんでいます。

お花《はな》やさんは、おきゃくさんのきぼうやちゅうもんをきいて、それにぴったりの花《はな》をえらんで花《はな》たばをつくります。

「ははの日《ひ》のプレゼントにしたいんです」

「それなら赤《あか》いカーネーションにしましょう」

花《はな》たばでみんなのおもいをとどけるよ！

プレゼントやおみまいにぴったりな
花《はな》たばをこころをこめてつくります。

だれにどんな花《はな》をおくるのかな？それをきいてから、ぴったりの花《はな》をえらびすてきな花《はな》たばにしてくれるよ。

「おともだちのおみまいにもっていきます」

「やさしいピンクのスイートピーがおすすめですよ」

「だいすきな人《ひと》のおたんじょう日《び》におくります」

「じょうねってきな、まっかなバラの花《はな》たばはいかがですか？」

「これから、おはかまいりにいくんです」

「おちついたきいろと白《しろ》のキクの花《はな》をごよういしますね」

おきゃくさんはみんな、花《はな》たばにたいせつなおもいをこめてだれかにとどけるのです。

すてきな花《はな》たばができました。どれも注文《ちゅうもん》にぴったり！　お花《はな》やさんはいつも、みんなのおもいによりそって花《はな》たばをつくっているんですよ。

瀧靖之先生の実践アドバイス

このおはなしに興味《きょうみ》をもったら・・・

花《はな》を贈《おく》ったり、部屋《へや》に飾《かざ》ったりしてみよう

プレゼント、お見舞《みま》い、冠婚葬祭《かんこんそうさい》などで花《はな》を贈《おく》りあう風習《ふうしゅう》は人《ひと》と人《ひと》とのこころの交流《こうりゅう》になります。おりにふれ花《はな》を贈《おく》りあうことは、コミュニケーションについて学《まな》ぶよい機会《きかい》です。また、ふだんから部屋《へや》に花《はな》を飾《かざ》ると、五《ご》感《かん》によい刺激《しげき》を与《あた》えます。子《こ》ども自身《じしん》で花《はな》を選《えら》び飾《かざ》りつけると色彩《しきさい》感覚《かんかく》や空間認識《くうかんにんしき》を養《やしな》うこともできます。

しごと

91 アイドルってどんなことをするの？

テレビをつけると、ノリノリのたのしい音楽《おんがく》がながれてきました！ アイドルの女《おんな》の子《こ》たちが、リズムにあわせておどっています。両手《りょうて》をたたいて、1、2、3、4！ 足《あし》ぶみしながら、1、2、3、4！ みんな、とってもじょうずです。

こんどはおどりながらうたいはじめました。ひとりの女《おんな》の子《こ》がまんなかに立《た》っておおきな声《こえ》でうたいます。ほかの子《こ》たちは、声《こえ》をあわせてコーラスです。みんなの声《こえ》がよくひびきあってきれいなハーモニー。音楽《おんがく》がおわったらポーズをきめて、にっこりえがお。みんな、かわいい！ また音楽《おんがく》がはじまって、こんどは男《おとこ》の子《こ》のアイドルがとうじょう

アイドルはうたもおどりも じょうずだよ！

ファンにたのしんでもらえるように
れんしゅうもがんばるよ。

うたやおどりだけでなく、おわらいばんぐみやドラマ、えいがなどにも出《で》ているよ。好《す》きなアイドルはいるかな？

しました。男《おとこ》の子《こ》たちもうたっておどって、みんな、かっこいい！

アイドルを見《み》ていると、わくわくたのしい気分《きぶん》になりますね。ほかにも、アイドルはおわらいばんぐみに出《で》たり、テレビドラマやえいがでおしばいをしたり、いろんなところでかつやくしています。

ファンの人《ひと》たちはみんなで、アイドルをおうえんしています。アイドルはファンの人《ひと》にたのしんだり、かんどうしたりしてもらえるように、うたやおどりなどをいっしょうけんめいにれんしゅうしているんですよ。

みなさんには、だいすきなあこがれのアイドルはいますか？　アイドルをまねして、うたったりおどったりすることはありますか？　こんど、テレビのまえで、だいすきなアイドルといっしょにうたっておどってみてください。はずかしがらずにやってみると、もっとわくわくたのしい気分《きぶん》になってくるかもしれませんよ。

瀧靖之先生の実践アドバイス

このおはなしに興味《きょうみ》をもったら・・・

うたったりおどったりしてみよう

華《はな》やかなアイドルにあこがれを抱《いだ》く子《こ》は少《すく》なくありません。好《す》きになりわくわくする気《き》持《も》ちは感受性《かんじゅせい》を豊《ゆた》かにし、音楽《おんがく》やダンス、芝《しば》居《い》などの芸術表現《げいじゅつひょうげん》を知《し》るきっかけにもなります。

〝鑑賞《かんしょう》の楽《たの》しみ〟だけでなく、まねをして〝演《えん》ずる楽《たの》しみ〟もおすすめします。3〜5歳《さい》の時期《じき》は音楽《おんがく》の才能《さいのう》が花開《はなひら》く頃《ころ》です。

しごと

92 お医《い》者《しゃ》さんはどんなことをするの？

コホンコホン、せきが出《で》ます。それにおでこが熱《あつ》くて、なんだか元気《げんき》が出《で》ません。病気《びょうき》かな。しんぱいだなあ。きょうは、ようちえんはおやすみ。お医者《いしゃ》さんにみてもらいましょう。

からだのちょうしがしんぱいなときは病院《びょういん》にいきます。病院《びょういん》にはお医《い》者《しゃ》さんがいて、病気《びょうき》にかかっていないかどうかしんさつしてくれます。もし、なにかの病気《びょうき》にかかっていたら、元気《げんき》になるようにちりょうしてもらいます。

病院《びょういん》のまちあいしつで、みんな、じぶんのじゅんばんがくるのをしずかにまっています。しんさつってどんなことをするのかな？　こわくな

みんなの健康《けんこう》をまもるよ

からだのちょうしがしんぱいなときは
お医者《いしゃ》さんにみてもらおう！

せきは出《で》るかな？　熱《ねつ》はあるかな？　じぶんのからだのちょうしをお医者《いしゃ》さんにつたえてしんさつしてもらうよ。

いかな？　どきどきするなぁ。

名《な》まえがよばれ、いよいよじゅんばんです。ドアをあけてしんさつしつに入《はい》っていくと、白衣《はくい》をきたお医者《いしゃ》さんがいました。イスにすわってむかいあうと、にっこり。やさしいこえでいいました。

「こんにちは。きょうはどうされましたか？」

「はい、せきが出《で》て、熱《ねつ》があります」

お医者《いしゃ》さんは、まず目《め》をみて、首《くび》のまわりをさわって、のどのおくをのぞいて、それから胸《むね》と背中《せなか》にちょうしんきをあてて音《おと》をききました。

なあんだ、ちょっとくすぐったいけど、ぜんぜんこわくない。

「のどがはれていますね。おくすりをのんで、おうちで2、3日《にち》しずかにすごしていれば、すぐに元気《げんき》になるでしょう。はい、いいですよ」

ああ、よかった！　すぐに元気《げんき》になるって。もうしんぱいしなくてだいじょうぶです。おくすり、しっかりのみますね！

瀧靖之先生の実践アドバイス

このおはなしに興味《きょうみ》をもったら・・・

健康《けんこう》やからだのことについて話《はな》してみよう

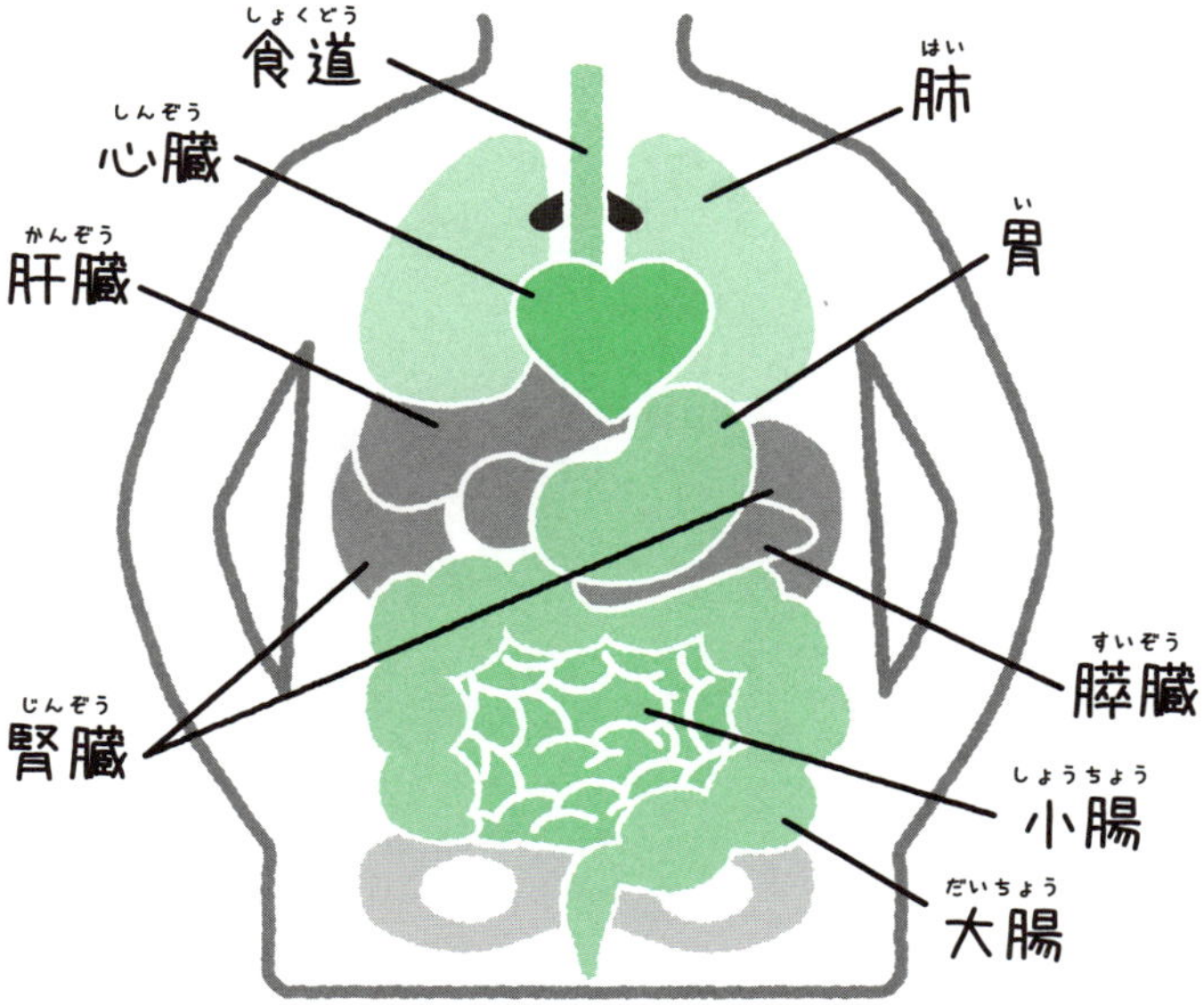

お医者《いしゃ》さんは子《こ》どもにも案外《あんがい》身近《みぢか》な存在《そんざい》です。

治療《ちりょう》のほか、健康診《けんこうしん》断《だん》や予防接種《よぼうせっしゅ》でも接《せっ》します。健康《けんこう》やからだのこと、なぜお医者《いしゃ》さんにみてもらうのかを子《こ》どもにもわかりやすく話《はな》してあげましょう。自分《じぶん》のからだについて知《し》ることは、科学《かがく》や医《い》療《りょう》について興味《きょうみ》をもつよいきっかけになります。

しごと

93

おまわりさんは どんなことをしているの？

おまわりさんは毎日《まいにち》、交番《こうばん》の前《まえ》に立《た》っています。背中《せなか》はまっすぐ、まじめな顔《かお》でしんけんに町《まち》のようすを見《み》ています。町《まち》にかわったことがないかな、こまっている人《ひと》はいないかなと、いつも見《み》まもってくれます。

おばあさんがひとり、きょろきょろしながら交番《こうばん》にやってきました。

「すみません。このへんにゆうびんきょくはありますか？」

「ゆうびんきょくならこの道《みち》をまっすぐ進《すす》んで、信号《しんごう》を左《ひだり》にまがったところです」

おまわりさんは道案内《みちあんない》もします。

こんどは男《おとこ》の子《こ》が走《はし》って交番《こうばん》にやってきました。

おまわりさんは町《まち》を見《み》まもっているよ

パトロールにでかけたり
交通《こうつう》せいりもしているよ。

町《まち》にかわったことがないかな？
こまっている人《ひと》はいないかな？
みんな安全《あんぜん》にくらしているかな？

「おとしものです！　公園《こうえん》でおさいふをひろいました」

「とどけてくれてありがとう。落《お》とした人《ひと》にかえせるようあずかります」

交番《こうばん》のおまわりさんは、ときどき交番《こうばん》からでかけていくこともあります。町《まち》の中《なか》をパトロールしにいきます。かわったことがないかこまっている人《ひと》がいないか、昼《ひる》も夜《よる》も、みんながぐっすり眠《ねむ》る真夜中《まよなか》にも町《まち》の中《なか》をみまわって、つうほうがあるとすぐにかけつけます。

それから、おまわりさんは交差点《こうさてん》で交通《こうつう》せいりもしています。

ピッピー！　おまわりさんが強《つよ》くふえをふきました。あ、あぶない！

信号《しんごう》が赤《あか》なのに横断歩道《おうだんほどう》をわたろうとした人《ひと》がいますよ！

「信号《しんごう》が青《あお》になってからわたってくださいね！」

おまわりさんは大人《おとな》にも子《こ》どもにも、交通《こうつう》ルールをまもってもらうようにしています。おまわりさんは、みんなが安心《あんしん》して安全《あんぜん》にくらせるように、いつでも見《み》まもってくれているのです。

瀧靖之先生の実践アドバイス

このおはなしに興味《きょうみ》をもったら・・・

おまわりさんをどこで見《み》かけたか話《はな》してみよう

子《こ》どもたちも交番《こうばん》や町《まち》で警察官《けいさつかん》を見《み》かけることがあると思《おも》います。制服姿《せいふくすがた》なので少《すこ》し近《ちか》づきにくいかもしれませんが、町《まち》の安心安《あんしんあん》全《ぜん》のために仕事《しごと》をしていること、困《こま》ったことがあれば助《たす》けてくれることを教《おし》えてあげてください。さまざまな犯《はん》罪《ざい》や事故《じこ》から身《み》を守《まも》る知恵《ちえ》をつけることは大《たい》切《せつ》です。

しごと

94 消防士《しょうぼうし》さんはどんなことをするの？

火事《かじ》です！　消防隊《しょうぼうたい》、きんきゅう出動《しゅつどう》！

消防士《しょうぼうし》さんたちは、すばやく消防車《しょうぼうしゃ》や救急車《きゅうきゅうしゃ》にのりこみ、おおいそぎで火事《かじ》がおこった現場《げんば》にかけつけます。

おそろしいまっかな炎《ほのお》が、めらめらと燃《も》えあがっています。

「放水《ほうすい》はじめ！」「よし！」

消防士《しょうぼうし》さんたちのおおきなかけ声《こえ》がひびき、消防車《しょうぼうしゃ》の太《ふと》いホースからいきおいよく水《みず》がふきだしました。

水《みず》は燃《も》えあがるほのおにめいちゅう！　火《ひ》は小《ちい》さくなり、消《け》しとめることができました。けがをした人《ひと》もいません。ああ、よかった！

消防士《しょうぼうし》は火事《かじ》を消《け》しにいくよ！

みんなのたいせつな命《いのち》や家《いえ》を
まもるためにかけつけるよ。

いつでも出動《しゅつどう》できるように消防車《しょうぼうしゃ》や救急車《きゅうきゅうしゃ》や消火《しょうか》せんの点検《てんけん》や消火《しょうか》や救助《きゅうじょ》の訓練《くんれん》をしているよ。

火事《かじ》はいつおこるかわかりません。もしおおきな火事《かじ》になったら、たいせつな家《いえ》もざいさんも燃《も》えてなくなってしまいます。けが人《にん》や命《いのち》を落《お》とす人《ひと》がでるかもしれません。

それで消防士《しょうぼうし》さんは朝《あさ》も夜《よる》も1日中《にちじゅう》、すぐ出動《しゅつどう》できるようにじゅんびしています。消防車《しょうぼうしゃ》や救急車《きゅうきゅうしゃ》がいつでも出発《しゅっぱつ》できるように、毎日点検《まいにちてんけん》します。サイレンがなるかな？　ライトがつくかな？　無線機《むせんき》がきこえるかな？　水《みず》を出《だ》すホースはこわれていないかな？　火《ひ》を消《け》す水《みず》がでるかどうか、消火《しょうか》せんの点検《てんけん》もします。

重《おも》いホースをもって火《ひ》を消《け》したり、人《ひと》を助《たす》けたりする訓練《くんれん》もします。高《たか》いビルやせまい道路《どうろ》、どんなにたいへんなところでも火事《かじ》の火《ひ》を消《け》しとめ、人《ひと》の命《いのち》を助《たす》けにいけるように。

あ！　また通報《つうほう》がきました。火事《かじ》です！　急《いそ》げ！　消防士《しょうぼうし》さんたちは、みんなをまもるため、きょうもおおいそぎでかけつけます。

瀧靖之先生の実践アドバイス

このおはなしに興味《きょうみ》をもったら・・・

防災訓練《ぼうさいくんれん》などに参加《さんか》してみよう

消防士《しょうぼうし》は子《こ》どものあこがれの職業《しょくぎょう》のひとつ。消防車《しょうぼうしゃ》も大人気《だいにんき》です。地域《ちいき》の防災訓練《ぼうさいくんれん》では消防士《しょうぼうし》や消防車《しょうぼうしゃ》に接《せっ》することができるので積極的《せっきょくてき》に参加《さんか》してみましょう。

火災《かさい》だけでなく地震《じしん》や台風、洪水《こうずい》などの災害《さいがい》についても知《し》る、よい機会《きかい》になります。防《ぼう》災《さい》のための日頃《ひごろ》の準備《じゅんび》や訓練《くんれん》の大切《たいせつ》さも学《まな》べますよ。

しごと

95 パイロットはどんなことをするの？

ゴーッ！　大《おお》きなひこうきが空港《くうこう》の滑走路《かっそうろ》からとびたちました。これから目的地《もくてきち》にむかって、時速約《じそくやく》９００キロメートルで空《そら》をとびつづけるのです。おおぜいの乗客《じょうきゃく》をのせたひこうきをそうじゅうするのは、そうじゅうしとふくそうじゅうし、ふたりのパイロットです。

そうじゅうせきはひこうきのいちばん前《まえ》、コックピットというへやにあります。コックピットのじょうぶで大《おお》きなガラスまどからは、すばらしいけしきが見《み》えます。ぽっかりうかぶ白《しろ》い雲《くも》、富士山《ふじさん》の火口《かこう》や青《あお》い海《うみ》、まっかな夕《ゆう》やけ、かがやく星《ほし》、光《ひかり》のカーテンのようなオーロラ。

でも、パイロットに、うつくしいけしきをゆっくりながめるひまはあ

パイロットはひこうきを そうじゅうするよ！

ひこうきは空《そら》のたかいところを
とびつづけるよ。

いつも安全《あんぜん》に時間《じかん》どおりに目的《もくてき》の空《くう》港《こう》へ行《い》けるよう、気《き》をゆるめずにそうじゅうしてるよ。

りません。安全《あんぜん》にそうじゅうするために、けっして気《き》をゆるめません。

とんでいる方向《ほうこう》や高《たか》さはだいじょうぶかな？　雲《くも》や気流《きりゅう》のようすはどうかな？　万《まん》がいちのときはどの空港《くうこう》に着陸《ちゃくりく》すればいいかな？　コンピュータとつうじるたくさんの計器《けいき》をしっかり見《み》ています。

天気《てんき》が悪《わる》くなったり、お客《きゃく》さんがきゅうに病気《びょうき》になったり、思《おも》いがけないことがおこることもあります。そんなときもおちついて、ぶじに着《ちゃく》陸《りく》できるようにします。いつも安全《あんぜん》に時間《じかん》どおりに目的《もくてき》の空港《くうこう》へ行《い》けるよう、そうじゅうしているのです。

パイロットの機内《きない》アナウンスが聞《き》こえてきました。

「みなさま、ご搭乗《とうじょう》まことにありがとうございます。当機《とうき》はまもなく着《ちゃく》陸《りく》たいせいに入《はい》ります。目的地《もくてきち》の天候《てんこう》は良好《りょうこう》との報告《ほうこく》をうけております」

さあ、もうすぐ着陸《ちゃくりく》です！　窓《まど》の外《そと》に、おもちゃみたいに小《ちい》さな家《いえ》や自動車《じどうしゃ》がたくさん見《み》えてきましたよ。

瀧靖之先生の実践アドバイス

このおはなしに興味《きょうみ》をもったら・・・

空港《くうこう》に出《で》かけて本物《ほんもの》の飛行機《ひこうき》を見《み》てみよう

空港《くうこう》に出《で》かけると、搭乗《とうじょう》しなくても、展望《てんぼう》デッキなどから飛行機《ひこうき》を間近《まぢか》に見《み》ることができます。空港《くうこう》には国内《こくない》各地《かくち》、世界各国《せかいかっこく》からやってきた大勢《おおぜい》の人《ひと》もいます。

離陸《りりく》する飛行機《ひこうき》はどこへいくのだろう。着《ちゃく》陸《りく》する飛行機《ひこうき》はどこからきたのだろう。そんな話《はなし》をするのは広《ひろ》い世《せ》界《かい》に思《おも》いをめぐらせるいい機会《きかい》です。

しごと

96 宇宙飛行士《うちゅうひこうし》はどんなことをするの？

あれれ!? キャンディがプカプカ、空中《くうちゅう》にういています！ それをパクリ、宇宙飛行士《うちゅうひこうし》が食《た》べました。ここは地球《ちきゅう》のまわりをぐるぐるまわっている国際宇宙《こくさいうちゅう》ステーションです。地上《ちじょう》から約《やく》400キロメートル、地球《ちきゅう》のような重力《じゅうりょく》がないので、ものも人《ひと》もうかんでしまうのです。

宇宙飛行士《うちゅうひこうし》は宇宙《うちゅう》ロケットで国際宇宙《こくさいうちゅう》ステーションまでいって、いろいろな研究《けんきゅう》や実験《じっけん》、観測《かんそく》などのしごとをしながら生活《せいかつ》しています。

宇宙飛行士《うちゅうひこうし》のごはんは宇宙食《うちゅうしょく》です。プラスチック容器《ようき》に入《はい》った水《みず》でもどすスクランブルエッグやスープ、ふくろ入《い》りやかんづめのステーキやチキンやカレー、地球《ちきゅう》で食《た》べるのとおなじパンやくだものや野菜《やさい》もあ

宇宙《うちゅう》でおしごとをするよ！

いろいろな研究《けんきゅう》や実験《じっけん》、観測《かんそく》などの
しごとをしながら生活《せいかつ》しているよ。

地球《ちきゅう》のような重力《じゅうりょく》がないから、ものも人《ひと》もプカプカうかぶよ。ねるときはうかばないようにからだをしばるよ。

ります。なかなかおいしそうですよ。おっと、こぼさないように気《き》をつけて！　こぼすとプカプカういてちらばってしまいます。

ねむるときは小《ちい》さい寝室《しんしつ》や寝《ね》ぶくろに入《はい》って、体《からだ》をかるくしばります。ねているうちにプカプカういて、どこかにいってしまうからです。

宇宙《うちゅう》ステーションの外《そと》に出《で》てしごとをするときは、からだをまもる宇《う》宙服《ちゅうふく》をきます。なかにいるときは、地球《ちきゅう》とおなじようなシャツやズボンでだいじょうぶ。せんたくできないので下着《したぎ》はたくさんもっていきます。

仕事《しごと》がおやすみのときは、好《す》きな本《ほん》を読《よ》んだり、音楽《おんがく》をきいたり、DVDで映画《えいが》をみたり。窓《まど》からみえる地球《ちきゅう》や星《ほし》はとてもきれいで、写《しゃ》真《しん》にとることもできます。1週間《しゅうかん》にいちど、家族《かぞく》と電話《でんわ》ではなしもできるそうです。

夜《よる》、空《そら》をみあげてみてください。月《つき》と星《ほし》とがかがやくところ、そこが宇宙《うちゅう》。宇宙飛行士《うちゅうひこうし》はなかまと協力《きょうりょく》し、いまも宇宙《うちゅう》ではたらいています。

瀧靖之先生の実践アドバイス

このおはなしに興味《きょうみ》をもったら・・・

JAXA《ジャクサ》の施設《しせつ》や宇宙《うちゅう》センターに出《で》かけてみよう

宇宙《うちゅう》にかかわる研究《けんきゅう》や開発《かいはつ》をおこなっている日本《にっぽん》唯一《ゆいいつ》の機関《きかん》がＪＡＸＡ《ジャクサ》（宇宙航空研究《うちゅうこうくうけんきゅう》開発機構《かいはつきこう》）です。

北海道《ほっかいどう》から沖縄《おきなわ》まで日本各地《にっぽんかくち》にＪＡＸＡ《ジャクサ》の実験場《じっけんじょう》や宇宙《うちゅう》センター、展示施設《てんじしせつ》があり、一般公開《いっぱんこうかい》されています。ロケットの打《う》ち上《あ》げも見学可能《けんがくかのう》です。ぜひ本物《ほんもの》を間近《まぢか》で見《み》てみましょう。

しごと

97 電車《でんしゃ》の運転士《うんてんし》さんはどんなことをするの?

電車《でんしゃ》のいちばん前《まえ》にある運転席《うんてんせき》。白《しろ》いてぶくろをはめた、かっこいい制服姿《せいふくすがた》の運転士《うんてんし》さんが、ゆびさしかくにんで安全《あんぜん》をチェックしています。

「信号《しんごう》よし! 車両《しゃりょう》よし! 異常《いじょう》なし!」

駅《えき》のホームに発車《はっしゃ》メロディーがながれてきました。かけこみ乗車《じょうしゃ》するあぶない人《ひと》はいないかな? 車《しゃ》しょうさんからのあいずで、お客《きゃく》さんたちの安全《あんぜん》もしっかりたしかめました。電車《でんしゃ》のドアがしまったら、出発進行《しゅっぱつしんこう》!

電車《でんしゃ》がうごきだしました。ゆっくりとスピードをあげます。運転士《うんてんし》さんが左手《ひだりて》でつかんでいるレバーはマスターコントローラーといいます。

安全運転《あんぜんうんてん》しているよ！

出発《しゅっぱつ》のときにゆびさしかくにんをして
かわったことがないかしっかりたしかめるよ。

かならず「信号《しんごう》よし！　車両《しゃりょう》よし！
異常《いじょう》なし！」と声《こえ》に出《だ》して安全《あんぜん》をたしかめてから、出発《しゅっぱつ》するよ。

スピードをあげるときにつかいます。右手《みぎて》でつかんでいるレバーはブレーキハンドル。スピードをさげるときにつかいます。

ほかにも運転席《うんてんせき》にはメーターやボタンがたくさんあります。運転士《うんてんし》さんはこれをたしかめながら、運行時刻《うんこうじこく》をまもって運転《うんてん》しています。

運転席《うんてんせき》はとてもみはらしがよく、ずっと先《さき》まで続《つづ》く線路《せんろ》がよく見《み》えます。むこうから反対《はんたい》のほうにむかう電車《でんしゃ》が、スピードをあげて走《はし》ってきました。電車《でんしゃ》と電車《でんしゃ》がすれちがうとき風《かぜ》がおこってゴーゴーうなります。そんなときも運転士《うんてんし》さんはちゃんと安全《あんぜん》をたしかめています。

電車《でんしゃ》のスピードがさがりました。もうすぐつぎの駅《えき》です。ホームのはじの停止線《ていしせん》にピタッと電車《でんしゃ》がとまりました。ドアがあいて、電車《でんしゃ》からお客《きゃく》さんがおり、ホームでまっていたお客《きゃく》さんがのりました。運転士《うんてんし》さんはまた、ゆびさしかくにんで安全《あんぜん》をたしかめ、出発進行《しゅっぱつしんこう》！　こうやって安全運転《あんぜんうんてん》してくれるから、みんな安心《あんしん》して電車《でんしゃ》にのれるんですね。

瀧靖之先生の実践アドバイス

このおはなしに興味《きょうみ》をもったら・・・

電車《でんしゃ》に乗《の》ってでかけよう！

子《こ》どもはのりものが好《す》きですが、とくに電《でん》車《しゃ》は大人気《だいにんき》。電車《でんしゃ》でどんどんでかけてみましょう。

各地《かくち》にある鉄道博物《てつどうはくぶつ》館《かん》では実物《じつぶつ》の車両《しゃりょう》や鉄《てつ》道《どう》関連《かんれん》の貴重《きちょう》な資料《しりょう》など、鉄道《てつどう》のさまざまな展示《てんじ》を見《み》ることができます。また運転体験《うんてんたいけん》ができるイベントもあります。展示《てんじ》や体験《たいけん》で楽《他の》しみながら興味《きょうみ》を深《ふか》めましょう。

しごと

98

プロサッカー選手《せんしゅ》はどんなことをするの？

ドリブルしながら走《はし》ってきた選手《せんしゅ》から、ゴール前《まえ》にいた選手《せんしゅ》にすばらしいパスがとおりました。そしてシュート！　ボールはゴールネットを大《おお》きくゆらして、得点《とくてん》です！

ゴールを決《き》めた選手《せんしゅ》はえがおでとびあがり、かけよってきたチームの仲間《なかま》とだきあってよろこんでいます。おおぜいのサポーターたちの大《だい》かんせいがサッカー場《じょう》にひびきわたりました。

プロのサッカーの試合《しあい》は大迫力《だいはくりょく》！　選手《せんしゅ》はみんなキラキラかがやくようなすばらしいプレーで、かっこいい！　ファンはみんな大《だい》こうふん！

プロサッカー選手《せんしゅ》は子《こ》どものころからサッカーが大好《だいす》きで、いっしょ

プロ選手《せんしゅ》の試合《しあい》は大《だい》迫力《はくりょく》！

試合《しあい》のないときも走《はし》ったり
ボールをけったり、練習《れんしゅう》しているよ！

子《こ》どものころからいっしょうけんめいサッカーのれんしゅうをしたよ。
ごはんもしっかり食《た》べたよ。

うけんめい練習《れんしゅう》をしてきた人《ひと》ばかりです。そのなかでもとくにすばらしいプレーができる人《ひと》たちがプロになれるのです。

プロのなかから、さらに選《えら》ばれて国《くに》の代表選手《だいひょうせんしゅ》になってワールドカップやオリンピックに出《で》る選手《せんしゅ》もいます。外国《がいこく》のチームに入《はい》って活《かつ》やくする選手《せんしゅ》もいます。

プロサッカー選手《せんしゅ》になってからも、たくさんトレーニングをして、からだをきたえます。試合《しあい》でたくさん走《はし》るので、ふだんから走《はし》って体力《たいりょく》をつけています。うまくボールをけったりパスしたり、相手《あいて》からボールをうばったりする練習《れんしゅう》もします。けがしないように体調《たいちょう》もととのえます。栄養《えいよう》のバランスを考《かんが》えて、肉《にく》も魚《さかな》もやさいもごはんもしっかり食《た》べます。

大迫力《だいはくりょく》で、キラキラかがやくようなかっこいいプレーは、試合《しあい》のないときもいっしょうけんめいに練習《れんしゅう》して、しっかりごはんをたべて、からだをきたえているからできるんですよ。

瀧靖之先生の実践アドバイス

このおはなしに興味《きょうみ》をもったら・・・

プロの試合《しあい》を観戦《かんせん》しにいこう

いま、もっとも子《こ》どもたちに人気《にんき》があるスポーツはサッカーです。ワールドカップで優勝《ゆうしょう》したなでしこの活躍《かつやく》もあって、男《おとこ》の子《こ》だけでなく女《おんな》の子《こ》にも人気《にんき》があります。幼《おさな》い頃《ころ》からサッカーをはじめる子《こ》も多《おお》いようです。

サッカーに興味《きょうみ》をもったら、プロの試合《しあい》をスタジアムに観戦《かんせん》しにいってみましょう。テレビ中継《ちゅうけい》では味《あじ》わえない会場《かいじょう》の雰囲気《ふんいき》、プロの選手《選しゅ》のプレーなどを目《ま》の当《あ》たりにするのは、まさに百聞《ひゃくぶん》は一見《いっけん》にしかず。迫力《はくりょく》と感動《かんどう》を全《ぜん》身《しん》で感《かん》じとることができます。

サッカーだけでなく、野球《やきゅう》、テニス、バスケットボール、相撲《すもう》など、他《ほか》の競技《きょうぎ》にも興味《きょうみ》をもったら、会場《かいじょう》に足《あし》を運《はこ》んでトップアスリートの活躍《かつやく》を観戦《かんせん》してみてください。

しごと

99

ようちえんやほいくえんの先生《せんせい》はどんなことをするの？

「おはようございます！」

ようちえんやほいくえんの先生《せんせい》は毎朝、にっこりやさしいえがおで、みんなが元気《げんき》にやってくるのをまっています。きょうはなにをしてあそぶのかな？　どんなことをするのかな？

先生《せんせい》がみんなにいいました。

「おてんきがいいので、そとであそびますよ」

やったー！　みんな、おそとが大好《だいす》きです。

砂場《すなば》でお山《やま》をつくっていたら先生《せんせい》がみてくれました。

「すごい！　りっぱなお山《やま》ができたね」

ようちえん、ほいくえんの先生《せんせい》はみんなを見《み》まもっているよ！

いつもニコニコやさしいえがおで
園《えん》にくるのをまっていてくれるよ。

先生《せんせい》はそとでもおへやでも、みんなといろいろなことをするよ。いっしょにおひるごはんも食《た》べるよ。

先生《せんせい》といっしょになわとびもします。

「じょうずにとべるようになったね！」

先生《せんせい》にほめてもらうとうれしいなー！

おへやのなかでも、先生《せんせい》とあそびます。お絵《え》かきやおりがみ、こうさくもします。先生《せんせい》はいろんなもののつくり方《かた》をおしえてくれます。

おひるごはんの時間《じかん》になりました。いっぱいあそんだから、おなかがへってぺこぺこ。先生《せんせい》とおともだち、みんなで食《た》べるとおいしいなぁ。

みんなでうたうとき、先生《せんせい》はピアノをひいてくれます。絵本《えほん》やかみしばいもよんでくれます。おともだちとけんかしたときは、先生《せんせい》がはなしをきいてなかなおりさせてくれます。どんなときも先生《せんせい》はやさしいえがおです。だからみんなもしぜんとにっこりえがおになるのかな。

もう、かえる時間《じかん》になりました。「先生《せんせい》、さようなら」「また、あしたね！」あしたはなにしてあそぼうかな？　たのしみですね。

瀧靖之先生の実践アドバイス

このおはなしに興味《きょうみ》をもったら・・・

園《えん》で楽《たの》しかったことについて話《はな》してみよう

幼稚園《ようちえん》や保育園《ほいくえん》の先生《せんせい》は、子《こ》どもにとって親《おや》や祖父母《そふぼ》以外《いがい》の身近《みぢか》な大人《おとな》の代表《だいひょう》です。

また、幼稚園《ようちえん》や保育《ほいく》園《えん》は、身内《みうち》以外《いがい》の人間《にんげん》と信頼関係《しんらいかんけい》を築《きず》く経験《けいけん》をする第一歩《だいいっぽ》となる場《ば》です。子《こ》どもはなにか不安《ふあん》に感《かん》じることもあるかもしれません。こまったことや不安《ふあん》なことを話《はな》してくれたら、耳《みみ》を傾《かたむ》けましょう。

帰宅《きたく》してから、なにげなく園《えん》でのできごと、楽《たの》しかったこと、うれしかったことを話題《わだい》にして、おもしろく会話《かいわ》してみてください。

家庭《かてい》で楽《たの》しく話題《わだい》にすることは、「先生《せんせい》が好《す》き」「園《えん》が好《す》き」という前向《まえむ》きな気持《きも》ちをはぐくみます。そのような前向《まえむ》きな気持《きも》ちは、社会性《しゃかいせい》やコミュニケーション能力《のうりょく》の基礎《きそ》になります。子《こ》どもの自信《じしん》になっていきます。

しごと

100 マンガ家《か》はどんなことをするの？

マンガの本《ほん》は見《み》たことがあるかな？　どんなマンガが好《す》きですか？　テレビのマンガかな？　映画《えいが》のマンガかな？

マンガにはいろいろな絵《え》がありますね。かわいい絵《え》、きれいな絵《え》、かっこいい絵《え》。どんな絵《え》が好きかな？

それから、マンガにはいろいろなおはなしがありますね。楽《たの》しくて笑《わら》ってしまうおはなし、ヒーローがかっこよくかつやくするおはなし、きれいなおひめさまがでてくるおはなし、ちょっとこわくてドキドキするおはなし。どんなおはなしが好《す》きかな？

マンガをかいているのはマンガ家《か》です。

おはなしをかんがえて絵《え》をかくよ！

かわいい絵《え》、きれいな絵《え》、かっこいい絵《え》

いろんな絵《え》をじょうずにかくよ！

マンガにでてくるじんぶつの、いろいろなようすや気《き》もちがつたわるようにかくよ。

みんながおもしろいなぁ、楽《たの》しいなぁ、びっくりしたなぁ、もっと見《み》たいなぁ、よみたいなぁと思《おも》うようなおはなしをたくさんかんがえて、それをいっしょうけんめい絵《え》にかきます。

マンガ家《か》が白《しろ》い紙《かみ》に黒《くろ》インクのペンで、だれかの顔《かお》をかいていますよ。目《め》と鼻《はな》をかいて、まゆげを「ハ」の字《じ》に、口《くち》を「へ」の字《じ》にかくと……、こまった顔《かお》がかけました。まゆげの「ハ」の字《じ》をさかさまにすると……、おこった顔《かお》になりました。こんどは目《め》と鼻《はな》をかいて、まゆげはまっすぐ、口《くち》の「へ」の字《じ》をさかさまに……、わあ、にっこり笑顔《えがお》になりました。

こんなふうにマンガ家《か》は絵《え》のかきかたをくふうして、マンガにでてくるキャラクターのいろいろな気《き》もちやようすがつたわるようにします。

こんどみなさんも絵《え》をかいてみてください。好《す》きなマンガをまねしてもいいし、人《ひと》やどうぶつなどを自由《じゆう》にかいてみるとおもしろいですよ。

瀧靖之先生の実践アドバイス

このおはなしに興味《きょうみ》をもったら・・・

身近《みぢか》なものを絵《え》にかいてみよう

幼児《ようじ》向《む》けの図鑑《ずかん》にはマンガのキャラクターが登場《とうじょう》するものもあり、楽《たの》しく世界《せかい》を広《ひろ》げることができます。

好《す》きなマンガをまねしてかいたり、身近《みぢか》な人《ひと》やいきものなどをかいてみましょう。

絵《え》をかくためには対《たい》象《しょう》をじっくり見《み》て、イメージを広《ひろ》げます。楽《たの》しみながら豊《ゆた》かな観察《かんさつ》眼《がん》と想像力《そうぞうりょく》が育《そだ》ちます。

東北大学 加齢医学研究所
教授・医学博士
瀧《たき》 靖之《やすゆき》

1970年生まれ。医師、医学博士。東北大学大学院医学系研究科博士課程修了。東北大学加齢医学研究所機能画像医学研究分野教授。東日本大震災後、被災地の健康調査や医療支援を行うために設立された東北大学東北メディカル・メガバンク機構教授。脳の発達、加齢のメカニズムを明らかにする世界最先端の脳画像研究を行う。読影や解析をした脳MRIはこれまでに16万人にのぼる。

STAFF

編集　中村直子(宝島社)、宮本香菜(宝島社)、星野由香里
装丁　小口翔平、上坊菜々子(tobufune)
執筆協力　廿楽玲子、石井かつこ、有限会社アンド・エーシー(津久井幹永、大井芽生)、石上ゆかり、新井文乃、田中絵真、宮本幸枝
イラスト　ながのまみ(表紙ほか)、笹山敦子、アベクニコ
写真　村上昭浩(瀧 靖之)、アフロ、PIXTA
DTP　オフィス・ストラーダ

脳の専門家が選んだ
「賢い子」を育てる100のおはなし

2016年9月10日　第1刷発行
2017年4月7日　第3刷発行

監修　瀧 靖之
発行人　蓮見清一
発行所　株式会社宝島社
〒102-8388
東京都千代田区一番町25番地
営業　03(3234)4621
編集　03(3239)0927
http://tkj.jp
振替　00170-1-170829　(株)宝島社
印刷・製本　図書印刷株式会社

ISBN978-4-8002-5971-4